가까운
사이

전남대학교 인문학연구원 HK+가족커뮤니티사업단
가족커뮤니티 인문지표 총서 01

가족커뮤니티의 개념들 관계편 1

가까운 사이

발행일 2023년 2월 28일
집필자 류도향 장복동 조경순 최성만 김청우 김민영
박준상 정성훈 김영걸 정진범 이원석 최종훈
오창환 김연민 김경호 한의숭 박구용 이정란
발행인 정성택
발행처 전남대학교출판문화원

등록 1981. 5. 21. 제53호
주소 61186 광주광역시 북구 용봉로 77
전화 062-530-0573
팩스 062-530-0579
홈페이지 http://www.cnup.co.kr
이메일 cnup0571@hanmail.net

ISBN 978-89-6849-950-0 (93810)

이 저서는 2018년 대한민국 교육부와 한국연구재단의 지원을 받아
수행된 연구임 (NRF-2018S1A6A3A04042721)
This work was supported by the Ministry of Education of the Republic of Korea and the National Research Foundation of Korea(NRF-2018S1A6A3A04042721)

전남대학교 인문학연구원 HK+가족커뮤니티사업단
가족커뮤니티 인문지표 **총서 01**

류도향 · 장복동 · 조경순 · 최성만 · 김청우 · 김민영
박준상 · 정성훈 · 김영걸 · 정진범 · 이원석 · 최종훈
오창환 · 김연민 · 김경호 · 한의숭 · 박구용 · 이정란
공저

가까운 사이

가족커뮤니티의 개념들 1 관계편

전남대학교출판문화원

들어가는 말

한국사회의 가족과 공동체는 현재 급진적인 변동 과정에 놓여 있습니다. 저출산·고령화의 인구변화와 함께 심화하고 있는 1인가구 현상이 가장 눈에 띄는 방증입니다. 동거, 비혼, 비친족 가구, 비혼 출산, 자발적 한부모, 무자녀 등 다양한 형태의 신(新)가족들이 등장하면서 누가 가족이고 무엇이 가족인지 가족의 의미도 불투명해졌습니다. 결혼, 출산, 양육, 장례 등 일반적인 생애경로를 따라 과거로부터 전승된 공동체 문화와 의례도 변형을 겪거나 점점 사라지고 있습니다. 이와 더불어 동맹, 상부상조, 연대를 가능케 했던 공통의 상징지각 및 공통감각에 커다란 침식이 일어나는 것처럼 보입니다.

알파고, 챗GTP 등의 등장으로 가시화된 소위 4차산업혁명의 기술(인공지능, 증강현실, 사물인터넷, 생명공학 등)은 우리에게 미래 공동체의 가능성에 대한 더욱 근본적인 성찰을 촉구하고 있습니다. SF영화나 소설에서 상상된 초지능, 초연결, 초융합 시대가 가까이 도래하면서, 서로 기대고 돌보는 사람(人)의 근원적 존재 방식과 공동체 개념에 어떤 변화가 일어날지 보다 구체적인 전망이 필요해졌습니다.

『가족커뮤니티의 개념들 – 관계편』 1~3권은 이러한 시대 흐름을 배경으로, 오늘날 가족과 공동체의 변화를 '관계'의 관점에서 새롭게 성찰하려는 시도입니다. 이 책은 혈연, 지연, 학연, 민족 등의 집단동질성에 기반했던 공동체서사를 다원화하고, 나아가 민주적이고 평화로운 관계의 형식을 상상하고 발명하는 데 필요한 인문학 개념들을 제시하고 있습니다.

우리가 일상에서 경험하는 공동체는 다채롭게 분화하고 변이하고 있지만, 그에 대한 우리의 인식은 혈연/비혈연, 정상가족/비정상가족, 개인/공동체, 사적영역/공적영역의 이분법적 틀을 크게 벗어나지 못하고 있습니다. 사람들 사이의 인정과 신뢰, 갈등과 분쟁의 문제를 사유하는 방식도 관례와 통념에 따르거나 스펙터클 사회의 이미지로 귀착되는 경우가 많습니다. 또한 공동체 해체를 진단하고 그에 대응하는 국가정책은 정량화 및 수치화할 수 있는 현황에 초점을 맞춰 새로운 연대의 가능성을 포착하는 데 한계를 보이고 있습니다.

이 책은 가족과 공동체의 변화 과정에서 출현하는 파열과 탈구를 서사화하고, '이미 그러나 아직(already not yet)' 우리에게 오지 않은 공동체를 담론화하기 위한 일종의 방법론적 도구입니다. 이는 지금까지 가족과 공동체 관련 정책 입안과 실행의 기반이 된 사회과학적 지표를 보완하는 일종의 인문학적 지표라고도 할 수 있습니다. 여기서 말하는 지표는 일반적인 의미에서 '지표'가 아니라, 현실에 통합적으로 개입할 수 있는 가치체계 및 담론의 구성을 위한 열린 개념들을 의미합니다.

이 책이 가족커뮤니티에 관한 개념의 포괄적 목록을 모두 망라하여 작성한 것은 아닙니다. 그 대신 지금까지 가족커뮤니티 관련 국내 연구 분야에서 인문학적 담론을 형성하는 데 중요한 위치를 점한 범주와 개념들을 세심히 선별하고자 했습니다. 이 선별작업은 전남대 인문학연구원 인문한국플러스(HK+) 사업 연구성과에 바탕하고 있습니다.

전남대학교 인문학연구원은 2018년부터 HK+ 사업 국가전략 분야에 선정되어 〈초개인화 시대, 통합과 소통을 위한 가족커뮤니티 인문학〉이라는 아젠다로 인문기반 융복합 집단연구를 수행해 왔습니다. HK+ 사업의 공동 연구진은 전통적인 가족과 공동체를 보완하고 확장하는 열린 친밀관계의 장(場)을 '가족커뮤니티'로 정의하고, 인문학적 문제의식에서 전통부터 현대까지 가족커뮤니티 담론을 폭넓게 탐색했습니다. 그리고 공동체 내·외부 관계성의 거리, 밀도, 문화적 맥락과 정치적 지형을 학제적이고 융복합적인 접근을 통해 심도 있게 고찰하여, 공동체를 형성하는 관계의 척도를 '인접성', '타자성', '지속성'으로 설정했습니다.

첫째, 인접성은 어떻게 서로가 가까워지고 멀어지는지 그 관계 맺음의 양상—함께 속해 있다는 감정, 공유되는 관심, 상호주관적으로 인정되는 가치, 공통의 상호행위—을 정동적, 감성적, 사회문화적으로 분석하기 위한 척도입니다. 둘째, 타자성은 조화롭고 통일된 전체에 대한 낭만적 상상을 거부하고, 차이와 이질성을 포용하는 비균질적이고 울퉁불퉁한 공동체의 잠재성을 찾기 위한 척도입니다. 이는 국가와 사회가 정한 주류적 관계규범성을 문제화하고 새로운 관계의 윤리를 탐색하는 데 중요한 사유지점을 제공합니다. 셋째, 지속성은 공동체의 운명성 또는 영원성에 대한 신화적 이데올로기를 해체하고, 단절과 연속, 파열과 생성, 닫힘과 열림 사이에서 공동체가 계속해서 생성, 변형, 형성되는 질적 과정을 성찰하기 위한 척도입니다.

『가족커뮤니티의 개념들 - 관계편』 1~3권의 제목은 위 세 가지 척도를 대중적 언어로 변환한 것으로, 1권의 제목인 '가까운 사이'는 '인접성'을, 2권의 제목인 '나와 타자'는 '타자성'을, 3권의 제목인 '함께하는 시간'은 '지속성'을 재구성한 것입니다. 그리고 각 척도에서 주요한 개념들이 각 권마다 18개씩 선정되었습니다.

1권 가까운 사이

① 가족하기-되기 ② 감통 ③ 곁 ④ 닮음, 유사 ⑤ 멂/가까움 ⑥ 배려 ⑦ 사이 ⑧ 신뢰 ⑨ 얼굴과 책임 ⑩ 연대 ⑪ 의리 ⑫ 이웃 ⑬ 자기애 ⑭ 접촉과 만짐 ⑮ 정성 ⑯ 지기 ⑰ 친밀함·친밀성 ⑱ 친족

2권 나와 타자

① 가족 안의 이방인 ② 갈등 ③ 난민 ④ 노인 ⑤ 사회적 배제와 포용 ⑥ 소수자-되기 ⑦ 이민족 ⑧ 인정투쟁 ⑨ 자기방어 ⑩ 젠더 ⑪ 초국적 가족 ⑫ 초국적 이주민 ⑬ 퀴어 ⑭ 타자이해 ⑮ 탈가정 청소년 ⑯ 평화 ⑰ 혐오 ⑱ 환대

3권 함께하는 시간

① 가정의례 ② 계승 ③ 공동경험 ④ 공산 ⑤ 나이듦/죽음 ⑥ 놀이 ⑦ 무위의 시간 ⑧ 비밀 ⑨ 생애동반자 ⑩ 식구 ⑪ 장소/집 ⑫ 질적 시간 ⑬ 집합기억 ⑭ 짝/반려 ⑮ 추억 ⑯ 퀴어시간성 ⑰ 탄생 ⑱ 희로애락

이 개념들에 대한 공동저술을 위해 인문학 제분야뿐만 아니라, 사회학, 인류학, 교육학, 간호학, 신학 등 다양한 학제를 아우르는 연구자들이 필진으로 참여해주셨습니다.

이 책은 통상적인 사전처럼 형식적 정의를 하는 것이 아니라, 개념의 확장된 논의와 현실적용을 위한 비평을 담고 있습니다. 각 개념어들은 〈개념의 기본적 정의〉, 〈개념의 기원과 발전〉, 〈의미와 해석〉, 〈참고문헌 더 읽을거리〉의 순서로 서술되어 있습니다. 〈개념의 기본적 정의〉는 개념이 함축한 주요 의미를 설명해주고, 〈개념의 기원과 발전〉은 해당 개념을 역사적·이론적 맥락 위에서 이해할 수 있게 해줍니다. 또한 〈의미와 해석〉은 오늘날 현실과 연관하여 생각할 거리를 제시하고, 〈참고문헌 더 읽을거리〉는 독자들이 스스로 더 공부할 수 있도록 지침을 제공해줍니다.

이 책에 수록된 개념들은 하늘에 떠 있는 별들을 자유롭게 잇고 거기에 새로운 이름을 붙이듯이, 체계적 분류나 위계를 거부하는 짜임관계를 이루며 시민들 개개인의 성찰을 독려합니다. 독자들은 흥미와 관심사항에 따라 개념들을 살펴보면서 자신의 현실을 돌아보고 도래할 공동체의 다양한 형식을 숙고할 수 있을 것입니다.

우리는 이 책에 수록된 개념들에 대한 의문을 수용합니다. 중요한 개념들이 누락되었거나 적절성이 떨어진 개념들이 선별되었다고 생각하는 이도 있을 것입니다. 무엇이 핵심 개념인지를 구성하는 것은 어떤 이론적 관점과 지향성을 갖는지에 따라 각양각색일 수 있기 때문입니다.

하지만 이 책의 개념들은 과거에서부터 현재까지 전승되면서 여전히 생명력을 잃지 않고, 무엇보다 국내 굴지의 연구자들이 미래를 향한 문제의식 속에서 천착한 연구대상이라는 공통점을 가지고 있습니다. 이 책의 공동연구가 가족커뮤니티에 대한 의미 있는 논의를 확장시키고, 지금 이곳과는 다른 사회에 대한 인문학적 상상력을 일깨울 수 있기를 바랍니다.

차례

전남대학교 인문학연구원

HK+가족커뮤니티사업단

가족커뮤니티 인문지표 총서

가족커뮤니티의 개념들

가족하기-되기 Doing-Becoming Families

기본적 정의

가족을 실체적 개념으로 귀착시키는 가족이데올로기를 넘어 혈연과 비혈연 관계를 포함한 다양한 가족적 관계를 동사적 의미로 이해하기 위한 용어로, 가족을 구성하는 의식적 실천과 신체적·정동적으로 서로에게 투과되고 스며드는 무의식적 소통의 계열들이 불연속적으로 이행하는 과정을 의미한다.

개념의 기원과 발전

이 개념은 20세기 후반 가족사회학자 모건(David Morgan)이 대안적 가족연구를 위해 제시한 '가족실천(family practices)'[1]을 재맥락화한 것이다.

---

1 1996년 저서에서 '가족하기(doing family)'라는 개념을 도입했고, 그 후 2011년 저서에서 '가족실천' 개념을 제시한다. David Morgan, *Rethinking Family Practices*, Palgrave Macmillan, 2011; 김혜경, 「가족구조에서 가족실행으로: '가족실천'과 '가족시연' 개념을 통한 가족연구의 대안 모색」, 『한국사회학』 Vol. 53, No. 3, 2019, 223-231쪽 참조.

서양에서 가족이라는 말은 살림살이와 생계활동을 같이 하는 오이코스(oikos, 집 또는 가정)에서 유래했다. 희랍어인 오이코스는 이코노미(economy, 경제)와 똑같은 어원을 갖는 말로서, 자급자족의 공동생산과 소비가 이뤄지는 경제공동체라는 의미를 강하게 띤다. 패밀리(Family)의 어원인 파물루스(Famulus)는 희랍어 오이코스를 로마어로 번역한 말인데, 그 뜻이 노예, 노예와 여자를 포함한 재산 소유물이다. 이처럼 가족은 지금 우리가 가족에 대해 떠올리는 것과는 달리, 사랑이나 정서적 유대에 기초한 공동체가 아니라 경제공동체로서 성격을 강하게 띠었다.

동양사회에서도 사정은 비슷하다. 유교문화권에서 가족은 집이라는 의미의 가(家)에서 연원하는데, 가(家)는 宀(집 면)자와 豕(돼지 시)자가 결합한 문자이다. 이는 집안의 귀중한 재산이었던 돼지의 우리를 반지하에 두고, 그 위에 사람이 사는 중국 가옥의 형태를 반영한 것이다. 이처럼 가족은 함께 생활하고 일하며 생명을 보존하는 거주의 장소와 밀접한 연관을 가지며, 경제적 필요를 충족하기 위한 운명공동체의 의미를 함축한다.[2]

오늘날 우리가 생각하는 일반적인 가족은 부부와 자녀의 사랑에 바탕을 둔 핵가족이다. 이는 서양에서 17세기 이후 개념화된 근대가족의 개념이라 할 수 있다. 근대 산업사회에서 경제, 규범, 교육 등의 기능이 전통적인 가족으로부터 독립하여 사회적 차원(자본주의, 법, 학교 등)으로 분화되면서, 근대가족은 성과 사랑을 중심에 정서적 기능에 초점을 두게 된다. 즉 전통사회에서 경제적 살림공동체였

2 류도향, 「열린 가족과 진보적 장소감」, 『인문학연구』 통권 1120호, 2020, 218쪽 참조.

던 가족이 근대사회에서 정서적 친밀공동체로 이행된 것이다.

근대가족은 부부와 자녀의 구성을 정상적인 형태로 간주하고, 정서적 태도와 친밀감으로 결속되어 평생 변치 않고 지속되는 것을 이상적 규범으로 삼는다.[3] 하지만 가족의 이런 정상성과 규범성은 특정한 사회경제적, 정치적 조건 아래에서, 즉 공/사 영역의 이분법적 구분과 성별노동, 계층별로 구조화된 경제구도, 부르주아적 가부장제 질서 속에서 구성된 역사적 산물일 뿐이다.

후기 근대에 이르러 근대가족의 정상성과 규범성은 근본적인 의문에 부쳐지게 된다. 서구사회에서는 우리보다 앞서 20세기 중반 무렵부터 정상가족 해체 담론이 시작되었다. 당시 서구사회에서는 결혼하지 않고 동거하는 이들이 늘어나고, 독신가구 및 이혼이 급격히 증가했다. 또한 한부모·재혼 가정, 동성애 커플 등 다양한 가족 형태가 출현하면서 더 이상 근대적 가족 개념으로 설명할 수 있는 새로운 가족 현상들이 출현했다. 기존에 익숙했던 가족의 표상으로는 친밀한 관계성과 그 관계에서 느끼는 실제 생활감정을 더 이상 적절하게 묘사할 수 없게 된 것이다.[4]

이에 가족의 변화를 해명하기 위한 새로운 이론틀이 모색되었다. 그 가운데 모건은 가족실천이라는 개념으로 가족을 하나의 고정된 자질이나 속성이 아니라, 사람 간 상호작용이나 가변적인 역동성 속에서 구축된 자질로서 재규정함으로써 전통가족과 신가족을 연결하는 고리를 만들고자 했다. 그는 가족을 실천으로 봄으로써, 가

3 엘리자베트 벡 게른스하임, 『가족 이후에 무엇이 오는가?』, 박은주 옮김, 새물결, 2005, 31-32쪽 참조.

4 엘리자베트 벡 게른스하임, 『가족 이후에 무엇이 오는가?』, 13쪽.

족을 하나의 본질로 환원시키지 않고, 저마다 친밀한 관계의 맥락에 따라 상이하게 정의해야 한다고 주장한다. 즉 해당 당사자가 무엇을 가족으로 간주하고 어떤 방식으로 가족행위를 실천하느냐에 따라 가족의 형태와 역할도 다양하다는 것을 인정해야 한다는 것이다.

핀치(Janet Finch)는 모건의 가족실천 개념을 가족시연(displaying families) 개념으로 발전시켰다.[5] 핀치에 따르면 가족은 실행되어야(done) 할 뿐 아니라, 시연되어야(displayed) 한다. 이는 가족실천이 유효하게 작동하려면 다른 가족구성원, 친구, 가족 이외의 제3자, 사회복지 담당자, 국가 등 유의미한 타자에 의해 인지되고 인정받는 사회적 퍼포먼스가 필요함을 의미한다. 즉 가족은 가족구성원들이 배우처럼 가족됨을 연기하고 타자가 관중처럼 그것을 가족적이라고 받아들이는지 여부에 따라 성립한다는 것이다. 가족실천과 가족시연은 산업화 이후 정상가족 모델로 간주된 (혼인과 혈연으로 결합한) 핵가족의 고정된 틀을 벗어나 다양한 형태의 가족'들'에 접근하는 유용한 방법론을 제공해준다. 이런 접근법은 영국 경험주의 사회학을 중심으로 중요한 영향력을 끼쳤으며, 가족에 대한 구체적 경험 조사를 기반으로 가족현실의 다층적 의미와 복합적 양상을 파악하는 데 유용하게 활용될 수 있다.[6]

그러나 서구 개인주의 문화를 바탕으로 고안된 가족하기 개념을 한국사회에서 그대로 사용하기에 난점이 있다. 서구사회처럼 개인주의 문화가 제도화되지 않는 한국사회에서 가족은 여전히 주체적

5 Janet Finch, "Displaying Families", *Sociology 4(1)*: 65-81, 2007.

6 앤서니 기든스, 필립 서튼, 『현대사회학』, 김미숙 외 6인 옮김, 을유문화사, 2017, 421-422쪽 참조.

선택과 실천의 문제로 접근하기 어렵기 때문이다. 한국인에게 가족은 정(精)이나 측은지심처럼 언어화하기 어려운 신체적, 정동적 감응과 유대의 관계성으로 특징지어지며, 민주적 의사소통 이전의 관습과 문화의 차원에서 좌우되는 측면이 강하다. 한국 가족의 이런 특성은 서구사회에서 발전한 가족하기 개념으로 온전히 설명되기 어려운 측면이 있다.[7]

여기서 제시하는 '가족하기-되기'는 주체적 개인의 수행성으로만 해석될 수 없는 가족수행성[8]의 복합적 성격을 분석하는 데 필요한 개념쌍이라 할 수 있다.

의미와 해석

가족하기와 되기의 변증법

우리가 현실에서 경험하는 가족은 단일한 의미망으로 포착되지 않고 하나의 형태로 통일되지도 않는다. 그것은 가족됨을 상호 실천

---

7 모건은 가족실천 개념을 사용하는 "행위자의 시각과 관찰자의 시각이 비록 중첩될 수는 있겠지만 필연적으로 상이하다"(데이비드 모건, 『가족의 탐구: 가족실행의 새로운 접근』, 294-295쪽)고 말하면서, 가족실천이 이 두 가지 시각을 모두 고려해야 한다고 주장한다. 하지만 가족실천 개념은 행위자의 시각에 우위를 두는 이론틀이며, 관찰자의 시각으로 가족을 바라보는 연구방법론으로는 한계가 있다. 모건의 가족실천 개념 비판에 대해서는 Morgan, *Rethinking Family Practices*, Palgrave Macmillan, 2011, 68-71쪽.

8 가족하기와 되기는 가족수행성으로 포괄될 수 있다. 버틀러에 따르면 "수행성이란 수동적으로 영향을 받는 과정과 능동적으로 행동을 취하는 조건 및 가능성을 모두를 칭한다". 주디스 버틀러, 『연대하는 신체들과 거리의 정치』, 김응산, 양효실 옮김, 창비, 2020, 92쪽.

하고 가족이라는 의미를 만들어가는 불연속적인 이행 과정 또는 찰나적인 통과 과정으로 출현한다. 따라서 가족을 한 마디로 정의하기는 매우 어려우며, 우리는 가족이라는 고정된 개념을 초과하는 어떤 '가족적인 것'[9]의 움직임을 감지할 뿐이다.

실제 가족현실은 가족하기와 되기의 변증법으로 파악될 수 있다. 이때 '가족하기'가 주체로서 행위자들의 구성과 실천에 강조점을 둔다면, '가족되기'는 신체적·정동적으로 투과되고 스며드는 비주체들의 감응과 유대에 강조점을 둔다. 가족하기는 가족되기를 통해 진정한 가족하기가 될 수 있고, 물론 반대도 마찬가지다.

가족은 -하기를 통해 관계를 성찰하면서 다양한 종류의 대립과 갈등을 중재하고 상호돌봄에 대한 책임을 지속적으로 실행에 옮길 수 있다. 다른 한편 -되기는 개인적 동일성/정체성으로 환원할 수 없는 더 크고 넓은 신체와 정동의 유대를 통해, 정상화된 가족하기를 우발적으로 흔들고 눈에 보이지 않게 미시적으로 재배치한다. 특히 가족되기는 가족하기 개념만으로 드러내기 어려운 인식론적 맹점, 즉 개인이라는 행위 주체의 실천 개념으로 접근하기 힘든 미시적·돌연변이적·불연속적 가족연결의 가능성을 가시화하는 데 중요한 개념축이다.

우리는 가족하기와 가족되기를 교차해서 가족을 재인식함으로써 기존의 정상가족담론이 담아내지 못하는 가족의 모순을 폭로하고 이미 새롭게 도래한, 아직 도래하지 않은 가족들을 탐색할 수 있다.

9 류도향, 「가족적인 것의 개념: 연결의 정치학을 위한 시론」, 『가족과 문화』, 제33집 4호, 2021.

가족하기

먼저 '가족하기'는 "가족을 명사로서가 아니라 형용사로서 사용"[10]하면서 "행위자가 … [가족이라고] 인식하고 규정하는 실행"[11]에 초점을 맞춘 개념이다. 이는 가족을 본질주의적으로 정식화하는 대신에 실천(함께 식사하기, 가족 행사 참여하기, 집안일하기, 아플 때 돌보기, 자녀 양육하기 등)으로 이해함으로써, 혈연관계로만 설명될 수 없는, 때론 친구 같기도 하고 이웃이기도 한 가족적인 여러 관계맺음을 위계나 차별 없이 가시화시키는 데 효과적이다.

가족하기에는 행위자의 준거틀로 파악할 수 없는 가족생활의 요소들, 즉 루틴한 일상의 수행으로서 습관적 행위나 의식적 차원에서 분명히 자각되지 않는 감정적 행위(애정표현, 기억, 추억) 등이 포함된다.[12] 하지만 이런 요소들은 가족구조의 관례적 틀을 벗어나기 힘든 수동성으로 치부되거나, 실천의 효과가 입증될 때 비로소 인지되고 시연(display)될 수 있는 부차적 문제로 간주된다. 따라서 가족하기 개념만으로는 개인의 주체적 실천에 의해 균질하게 마감되지 않는 울퉁불퉁한 관계의 역사를 온전히 해명하는 데 한계가 있다.

가족되기

우리는 가족이 된다는 말을 소극적으로 '혈연과 제도로 묶인 사이' 내지는 '한번 맺어지면 영원히 가는 사이' 등의 부동적 의미로

10 데이비드 모건, 『가족의 탐구: 가족실행의 새로운 접근』, 안호용 옮김, 이학사, 2012, 24쪽.

11 데이비드 모건, 『가족의 탐구: 가족실행의 새로운 접근』, 298쪽.

12 Morgan, *Rethinking Family Practices*, 23-24쪽.

이해한다. 하지만 여기서 가족되기는 서로의 필요와 이해관계가 어긋남에도 불구하고 함께 있는 시간 속에서 우리만의 특별한 관계의 역사가 만들어진다는 유동적 의미를 갖는다.

우리가 가족이 되는 것은, 버틀러의 말을 빌려오자면 주체의 수용성, 민감성, 취약성이 드러나는 위태로운 상황에서 우발적으로 발생하는 '사건'이다. 즉 신체를 지닌 존재가 아직 어리고, 아프고, 힘에 부치고, 늙고, 외롭고, 죽어가는 가장 연약한 순간에 전체주의 시스템에서 구멍이 난 것처럼 탈구된 예기치 못한 연대가 만들어진다. 가족되기의 힘은 '신체들'에서 발생한다. 이때 신체는 외부세계에 대한 경계선으로서 '바깥테두리'가 아닌, 중첩과 통과의 위치인 '문턱'의 의미를 갖는다.[13] 신체들의 대면과 접촉, 돌봄과 상호의존의 과정을 주목해 볼 때, 가족은 타자와 함께 부글거리는 미분적·정동적 물질 과정의 집합체처럼 현상한다. 다시 말해 신체들이 다른 신체들을 향해 열리고 함께 활동하면서 개인의 '끝점'이 아니라 가족의 '문턱'으로 작동하는 것이다.

한편으로 가족은 신체와 결부된 생물학적 재생산을 하면서 부지불식간에 서로를 사물처럼 대하고 익숙한 가족표상을 재현한다. 하지만 다른 한편으로 신체들은 천천히 응시되고 쓰다듬어지고 귀 기울여지면서 가족의 사물화 및 대상화에 저항하는 인간적 움직임을 만들어낸다.

---

13 개별 신체를 '테두리'가 아니라 '문턱'으로 이해하는 관점은 주디스 버틀러, 『비폭력의 힘: 윤리학-정치학 잇기』, 김정아 옮김, 문학동네, 2021, 30-31쪽 참조. 우리는 보통 신체를 독립적이고 자급자족적이라고 가정된 개인주체의 끝점, 즉 그것을 다른 개인주체와 구별짓는 바깥테두리로 간주한다. 하지만 우리가 상호의존관계를 통해 살아가는 존재임을 상기할 때 신체는 끝점이 아닌 문턱, 즉 "통과와 투과의 현장이자 타자를 향해 열려 있음의 증거"이다.

신체들은 유사해지면서 동시에 서로의 질적 차이를 가장 섬세하게 감지하는 장소이기 때문에, 우리는 신체를 매개로 가까워질 때 상대방을 나로 동일화시킬 수 없는 구체적인 타자로 마주치는 경험을 할 수 있다. 이런 타자성의 마주침이야말로 가족 표상체계의 동일성을 깨뜨리고 관계적 상상계를 재구성하는 일상정치의 발화점이 될 수 있다.

신체들의 -되기와 도래할 가족'들'

신체와 정동의 차원에서 겹치고 스며든 가족되기의 사건은 자유와 능동성, 우월함과 능력과 같은 주체적 행위가 아니라, 소속과 내맡김, 연민과 공감처럼 객체를 우위에 놓는 태도를 기반으로 하는데, 이는 가족하기의 관점에서 볼 때 자기 삶을 책임 있게 운영 하지 못하는 '주체 이전적' 태도라 할 수 있다.

하지만 이런 태도는 주체의 의도와 기획을 중지시키고 타자에게로 전염과 감염을 감행하게 한다는 점에서 '주체 이후적'이기도 하다. 다시 말해 주체의 구성 능력을 초과하는 어떤 힘으로서 신체들은, 이해관계에 따라 분리된 주체들의 영토를 탈영토화하고 주체가 자신의 고정된 정체성의 경계를 적극적으로 넘나들며 가족적 관계를 맺을 수 있도록 촉발한다.

신체들의 -되기는 정상성을 전제한 폐쇄적 가족연결의 한계지점을 드러내고, 사회적 성공과 경쟁의 논리가 내면화된 주체의 가족실천을 일시중지시키는 비판적 계기라는 점에서, 도래할 가족'들'의 중요한 징후로 독해될 필요가 있다. 다시 말해 우리 시대 가족의 의미는 정상적이고 안정적인 제도적 공간이 아니라, 신체들의 취약함이 드러나는 어슷하고 비스듬한 장소들, 주체화 과정의 역설이나 아포리아가 경험되면서 새로운 자기-조직화에 내몰린 주체의 혼돈스런 가장자리들에서 재사유되어야 한다. 저마다의 가족하기-되기를 성찰하는 작업은, 지금 여기서 나와 네가 함께 살아가는 특이한 관계의 장소를 두려움과 낙인 없이 아래로부터 평등하게 재배치하는 원천이 될 것이다.

참고문헌 및 더 읽을거리

권용혁, 『열린공동체를 꿈꾸며』, 이학사, 2021.

기든스, 앤서니/서튼, 필립, 『현대사회학』, 김미숙 외 6인 옮김, 을유문화사, 2017.

김순남, 『가족을 구성할 권리: 혈연과 결혼뿐인 사회에서 새로운 유대를 상상하는 법』, 오월의 봄, 2022.

김혜경, 「가족구조에서 가족실행으로: '가족실천'과 '가족시연' 개념을 통한 가족연구의 대안 모색」, 『한국사회학』 Vol. 53, No. 3, 2019.

류도향, 「가족적인 것의 개념: 연결의 정치학을 위한 시론」, 『가족과 문화』, 제33집 4호, 2021.

류도향, 김청우, 강의혁, 「가족과 커뮤니티에 대한 인문지표 제언」, 『철학·사상·문화』 제35집, 2021.

데이비드 모건, 『가족의 탐구: 가족실행의 새로운 접근』, 안호용 옮김, 이학사, 2012.

신지영, 「가족과 들뢰즈-가타리의 <무리> ; 과정으로서의 가족 개념의 정립을 위하여」, 『범한철학』 Vol. 99, No. 4, 2020.

앤서니 기든스, 필립 서튼, 『현대사회학』, 김미숙 외 6인 옮김, 을유문화사, 2017.

정성훈, 『가족과 국가 이후의 공동체』, 보고사, 2022.

버틀러, 주디스, 『연대하는 신체들과 거리의 정치』, 김응산, 양효실 옮김, 창비, 2020.

버틀러, 주디스, 『비폭력의 힘: 윤리학-정치학 잇기』, 김정아 옮김, 문학동네, 2021.

바렛, 미셸/맥킨토시, 메리, 『반사회적 가족』, 김혜경, 배은경 옮김, 나름북스, 2019.

해러웨이, 도나, 『트러블과 함께하기 - 자식이 아니라 친척을 만들자』, 최유미 옮김, 마농지, 2021.

Morgan, David, *Rethinking Family Practices*, Palgrave Macmillan, 2011.

Finch, Janet, “Displaying Families”, *Sociology 4(1)*: 65-81, 2007.

감통感通 Gamtong(affective communication)

기본적 정의

감통(感通)이란 '감이수통(感而遂通)'에 어원을 둔 말로 '서로 공감하여 마침내 소통한다'는 의미에서 감성적 상호 교섭을 통해서 소통이 가능하다는 뜻을 내포한다. 감통에서 감(感-감성적 교류)과 통(通-합리적 소통)의 상관적 갈래는 다양하게 구성된다. 그것은 ① 감성적 교류를 통한 합리적 소통의 확산, ② 상호성의 맥락에서 합리적 소통을 매개한 감성적 교류의 보편화, ③ 감성적 교류와 합리적 소통의 공시화(共時化)를 통한 감통의 현재화(顯在化)라는 세 가지 차원을 포괄한다.

개념의 기원과 발전

감통(感通)의 어원, '느껴서 마침내 통한다'

동양 사상사에서 감통(感通)의 의미는 역(易)[1]의 존재론적 성격

1 '역(易)'은 변역(變易), 곧 우주의 존재세계는 끊임없이 변화하고 바뀐다는 의미에

과 실천적 특성에 대한 해명을 통해 분명하게 드러난다.

> 역(易)은 생각도 없고 작위(作爲)하는 것도 없다. 고요히 움직이지 않다가, 느껴서 마침내 천하의 일에 통한다. 천하의 지극히 신령스러운 자가 아니면 그 누가 여기에 참여할 수가 있겠는가?[2]

하늘은 인간 삶의 존재론적 근거로서 천명(天命)으로 부여받은 본성과 밀접한 상관관계를 맺는다. 하늘은 아직 발현되지 않은 '미발(未發)' 상태에서 생각이나 의식, 의도적 행위도 없이 고요히 움직이지 않다가, 인간의 행위에 감응(感應)하여 소통함으로써 마침내 발현된 '이발(已發)'의 상태로 전환한다. 하늘의 무작위적(無作爲的) 의지가 인간의 행위를 매개로 드러나 인간과 감통(感通)한다는 맥락에서 하늘과 인간의 실존적 삶은 긴밀한 상호성을 지닌다.

『주역』에서 하늘과 인간의 존재론적 연관성을 강조한다면, 『논어』의 다음 구절은 사회적 관계에서 감통의 의미를 제시한다.

서 유래했다. '역'은 천인합일(天人合一)의 관점에서 하늘이 인간의 길흉화복(吉凶禍福)을 주재한다고 믿었던 시대에 하늘의 뜻을 물어 인간이 나아가야 할 길을 결정하는 데 중요한 지침으로 작용했다. '역'은 괘(卦)와 효(爻)로 상징하고 문자로 풀이하여 우주 대자연의 이치를 궁구한 최고 경전이자 철학서다. '역'은 원래 인간의 미래를 점치는 복서(卜書)였으나, 주(周)나라 때 집대성(集大成)되었기 때문에 『주역(周易)』이 '역'을 대표하는 이름으로 불렸다. 공자가 주역 해설서, 십익(十翼)을 쓰면서 중국 최고의 경전으로 자리 잡았으며, 진한대(秦漢代)에서부터 철학적·윤리적으로 연구되기 시작했다. 『주역』의 해석방법론에는 크게 『주역』을 복서(卜筮)와 관련지어 해석하는 상수학(象數學)과 천인성명(天人性命)의 의리를 밝히는 데 중점을 두는 의리학(義理學) 두 가지가 있다.

2 『周易』「繫辭上」10. 易无思也, 无爲也, 寂然不動, 感而遂通天下之故, 非天下之至神, 其孰能與於此? "寂然不動, 感而遂通天下之故"者, 旣无思无爲, 故'寂然不動.' 有感必應, 萬事皆通, 是'感而遂通天下之故' 王弼 注, 孔穎達 疏, 『周易正義』(『十三經注疏本』1), 北京大學出版社, 2000, 335쪽.

법령으로 이끌고 형벌로 다스리면, 백성은 형벌에서 벗어나려고 할 뿐 부끄러움을 모른다. 덕으로 이끌고 예로써 다스리면 백성이 부끄러워할 줄 알아 감화·감통할 것[有恥且格]이다.[3]

우리는 이 인용문의 '유치차격(有恥且格)'이라는 구절에서 감통의 사회적 의미를 확인할 수 있다. 주희(朱熹)는 '격(格)'을 '이른다[至]'는 의미로 이해하여 '부끄러움을 느껴 선에 이르는 것'으로 독해했다. 반면 정약용(丁若鏞)은 '격(格)'을 '가(假)'와 통용되는 글자로 이해하여 감화(感化)·감통(感通)·감격(感格)의 의미로 해석한다. 왜냐하면 진정한 사회적 소통은 법이나 제도를 통한 강제적 규율이 아니라, 덕과 예에 바탕을 둔 자발적·자율적 상호관계－공감[感]과 소통[通]－에서 이루어진다고 보았기 때문이다. 정약용은 '격'을 감통의 의미로 해석할 수 있는 근거로서 고전의 용례를 다음과 같이 제시한다.

아! 옛 요임금을 생각해보건대, 지극한 공적이 미치지 않은 데가 없으시니, 공손하고, 사리에 밝고, 행동거지가 빛이 나고, 사려가 깊은 것이 모두 본성에 따라 편안히 하셨으며, 진실로 공경스럽고 양보할 수 있어서, 그 덕성의 광채가 사방을 뒤덮었고, **하늘과 땅까지 감통하였다**.[4]

3 『論語』「爲政」3. 子曰. "道之以政, 齊之以刑, 民免而無恥. 道之以德, 齊之以禮, **有恥且格**. 본문의 번역은 정약용의 『논어고금주(論語古今註)』의 주석에 따랐다. 이 번역의 차이가 감통의 의미를 드러내는 뚜렷한 근거가 된다.

4 『尙書』「虞書·堯典」. 曰若稽古帝堯, 曰放勳, 欽明文思安安, 允恭克讓, 光被四表, **格于上下**.

완악하고 참소하는 말을 하는 자들이 만약 충직함에 있지 않거든, 활의 명중률로 (그의 사람됨을) 밝히며, 종아리를 쳐서 기억하게 하며, 글로 써서 기록하여 더불어 살고자 할 것이니, 악공이 바친 말을 받아들여 때로 선양하여, **감통하면 그들을 천거하여 등용하고**, 그렇지 않으면 형벌로 위엄을 보여야 한다.[5]

그대가 군자와 벗하는 것을 보니, 그대의 얼굴빛을 부드럽고 온화하게 하여 무슨 허물을 짓지 않을까 염려하는 것 같도다. 그대가 집에 있는 것을 보니 어두운 방구석에서도 오히려 부끄럽지 않도다. 밝게 드러나지 않는다고 해서 아무도 나를 보지 못한다고 말하지 말라. **신의 감통을 헤아릴 수 없거늘**, 하물며 싫증낼 수 있겠는가?[6]

공자가 말했다. "**무릇 백성은 덕으로 가르치고 예로 가지런하게 하면 백성들은 감통(감화)하는 마음을 갖게 되고**, 법령으로 가르치고 형벌로 가지런히 하면 백성들이 도망하여 면하려는 마음을 가진다. 그러므로 군주 된 자가 자식처럼 백성을 사랑하면 백성들이 친밀하게 여기고, 믿음으로 모이게 하면 백성들이 배반하지 않으며, 공손함으로 대하면 백성들도 따르는 마음을 가진다.[7]

감성적 교류[感]와 합리적 소통[通]의 상관적 갈래

서로 공감하여 마침내 소통한다는 의미를 지닌 '감이수통', 즉

---

5 『尙書』「虞書·益稷」. 庶頑讒說, 若不在時, 侯以明之, 撻以記之, 書用識哉. 欲並生哉. 工以納言, 時而颺之, **格則承之庸之**, 否則威之.

6 『詩經』「大雅·蕩之什」〈抑〉. 視爾友君子, 輯柔爾顔, 不遐有愆. 相在爾室, 尙不愧于屋漏. 無曰不顯, 莫予云覯. **神之格思**, **不可度思**, 矧可射思.

7 『禮記』「緇衣」. 子曰, **夫民敎之以德**, **齊之以禮**, **則民有格心**. 敎之以政, 齊之以刑, 則民有遯心. 故君民者子以愛之則民親之, 信以結之則民不倍, 恭以涖之則民有孫心.

‘감통’은 감성적 상호 교섭 작용, 다시 말해 감성적 차원에서 서로 스며듦을 통해서 소통이 가능하다는 의미를 담고 있다. 동양 사상사적 맥락에서 대화 윤리의 핵심이라 할 수 있는 감통은 개인과 개인, 개인과 집단, 집단과 집단 사이에 감정적 유대를 맺는 공감, 그리고 끊임없이 상호 작용하여 이해의 지평을 넓혀가는 소통을 순차적(順次的)으로 포함한다.

다원적 관계망으로 구성되는 공동체는 세 가지 차원에서 감성적 교류[感]와 합리적 소통[通]의 상관적 갈래－① 감성적 교류를 통한 합리적 소통의 확산, ② 상호성의 맥락에서 합리적 소통을 매개한 감성적 교류의 보편화, ③ 감성적 교류와 합리적 소통의 공시화(共時化)를 통한 감통의 현재화(顯在化)－를 포함한다. 특히 유교적 감통의 실천윤리는 감성적 차원에서 서로 스며듦을 통해 합리적 소통으로 진전(進展)할 수 있다는 점을 강조한다.

맹자의 성선설을 입증하는 사례로 자주 인용되는 ‘차마 하지 못하는 마음’[不忍人之心]에 대한 해석은 감성적 교류와 합리적 소통이 특정한 맥락에서 도덕 행위로 발현되는 과정을 잘 보여준다. 특히 아래 인용문에서 장식(張栻)의 부연 해설은 인간이 선험적으로 내재한 도덕적 단서(端緖)인 ‘차마 하지 못하는 마음’이 감성적 지각·감성적 교류와 결합되어 도덕 행위로 드러나는 수행과정을 설명하는 데 근거를 제시한다.

> 어떻게 사람들이 모두 이런 마음을 갖고 있다는 것을 알 수 있는가? ‘언뜻 어린아이를 본다[乍見孺子]’는 데서 알 수 있다. 반드시 ‘언뜻 본다[乍見]’고 한 것은 바야흐로 이때 조치하거나 행위 하지 않았는

> 데도 그 단서가 발현했기 때문이다. 깜짝 놀라 불쌍하게 여긴다는 것은 마음속에서 섬뜩하여 움직이며 측은한 마음이 생긴다는 것이다. 이때는 교분을 위해서도 아니고, 명예를 바라서도 아니며, 나쁜 평판을 싫어해서도 아닌데 깜짝 놀라 불쌍하게 여기는 마음이 드러난 것이다. 이것이 내면의 마음이 차마 하지 못하는 실상이다. 이것은 본래 가지고 있는 것이 아닌가? 만약 교분을 위하고 명예를 바라며 나쁜 평판을 싫어하는 것이 조금이라도 싹튼다면 사사로운 욕심이 본심을 가린 것이다. 측은한 마음을 사람이 본래 지녔다면, 부끄러워하고 미워하는 마음, 사양하는 마음, 잘잘못을 가리는 마음 또한 본래 지닌 것이다.[8]

사람들은 어린아이가 우물에 빠지려는 사태에 직면했을 때, 의도적 행위 없이 그 어린아이를 '언뜻 본다.' 장식은 이 '언뜻 본다'는 감성적 지각에서 이미 측은하게 여기는 마음의 단서가 발현되어 있다고 말한다. 이때 어린아이를 불쌍히 여겨, 모른 척 지나치지 못하는 마음은 선험적인 도덕지각능력이다.

이처럼 감성적 교류 또는 감각적 직관이 타인과의 윤리적 소통의 바탕을 이뤄 도덕행위로 이어지는 경우는 제나라 선왕(宣王)이 '흔종(釁鐘)'의식에 희생(犧牲)으로 쓰기 위해 끌려가는 소를 보고 양으로 바꾸라고 말한 사례[9]에서 잘 드러난다. 당시 사람들은 선왕이 재물을 아끼기 위해 비싼 소를 값싼 양으로 바꿨다고 비판했다. 그러나 이들이 간과한 점은 선왕이 눈앞에서 직접 소를 보았지만 양을 보지 못했다는 직관적 사실이다. 두려움에 떨며 죽음을 향해

---

8 張栻, 「孟子說」卷2, 『張栻全集』上, 長春出版社, 1999, 290쪽.

9 『孟子』, 「梁惠王上」7.

끌려가는 소를 보는 선왕의 감각적 지각행위가 차마 그것을 볼 수 없게 만드는 내재적인 도덕적 감성과 결합되어 소를 양으로 바꾸는 감통 행위로 나타난 것이다. 따라서 본다는 것은 보이는 사물을 내면에 고정시키는 지성적 행위이기 이전에 그 사물과 보는 자 사이에서 발생하는 대면이자 접촉이고 소통이다. 이로부터 상대적인 두 가지 사실을 확인할 수 있다.[10] 첫째, 봄은 인식 주체가 인식하는 정신의 내부로 환원되지 않는 물질적인 것과 만나고 얽히도록 한다. 둘째, 보이는 것은 단순히 물질적인 대상이 아니라 보는 자 자신 안에서 어떤 행위를 촉발하는 '정신적인 것'이다.

의미와 해석

감통과 '잘 사귐'의 공동체

정약용에 따르면, 법제(政)·형벌(刑), 덕(德)·예(禮)로 대칭되는 실천윤리 구조에서 인간의 도덕적 자율성과 자발적 행위가능성을 확인할 수 있는 근거는 '격'을 감통·감화로 이해했을 때만 가능하다. 하늘의 질서와 인간의 공동체적 질서를 동일한 결로 사유하는 유학의 관점에서 내면으로부터 우러나오는 위선 없는 감통은 공동체에 대대적 소통의 숨을 틔우는 전제조건이다.

수기(修己)와 치인(治人)으로 짝지어진 유교공동체의 구성 원리는 자아실현과 공동선의 실현이라는 대대성(對待性)의 구조로 바꿔

10 박준상, 『열림과 떨림』, 자음과 모음, 2015, 110쪽.

말할 수 있다. 정약용이 구상한 좋은 사회, 즉 '잘 사귐[善際]'의 공동체-인간 사이의 공감과 소통이 확연하게 펼쳐지는 공동체-는 사회나 커뮤니티를 구성하는 데 있어 타자의 존재론적 필연성을 요청하며, 자아의 의미도 대대적(對待的) 관계에서 획득된다는 점을 나타낸다. 정약용은 인간이 '사이[間]' 존재, 관계망으로 접속된 존재라는 점에서 상호 통섭적 공감[感]과 서로 트임을 전제한 소통[通]으로 이루어진 '잘 사귐[善際]'의 공동체를 다음과 같이 요약하여 제시한다.

> 무릇 사람이 이 세상에 살아가는 것을 더듬어 보면, 태어나서 죽는 그 날까지 더불어 살아가는 사람뿐이다. 가까운 이는 부자와 형제요, 먼 이는 친구와 마을 사람이며, 낮은 이는 신하와 종 어린아이요, 높은 이는 군사(君師)와 나이든 어른이다. 무릇 나와 더불어 둥근 머리에 모난 발로 하늘을 이고 땅을 밟고 살아가는 자는 모두 나와 더불어 서로 기다리고 서로 돕고 서로 사귀고 서로 접촉하고 서로 바로잡으면서 살아간다. 여기 '나' 한 사람과 저기 '저' 한 사람, 두 사람 사이에 서로 사귀는 일이 생기게 마련이다. 사귀기를 잘하면 효(孝)·제(弟)·우(友)·자(慈)·충(忠)·신(信)·목(睦)·인(婣)이 되고, 사귀기를 잘하지 못하면 패(悖)·역(逆)·완(頑)·은(嚚)·간(奸)·특(慝)·원악(元惡)·대대(大憝)가 된다. 우리의 도는 무엇을 행하려 하는 것인가? 그것은 사귀기를 잘하고자 하는 것에 지나지 않을 뿐이다.[11]

상호성·대대성을 바탕으로 한 '잘 사귐'의 윤리, 관계의 정치는 찰스 테일러(Charles Taylor)가 인간을 대화망 속의 존재, 즉 여러 갈

11 다산학술문화재단, 『定本與猶堂全書 9』, 사암, 2013, 157쪽.

래의 '관계망' 안에서 복잡하게 연결된 존재로 해명한 것과 유사한 맥락을 갖는다. "나는 내가 어느 곳에서 말하는지를 정의함으로써 내가 누구인지를 정의한다. 나의 가계에서, 사회적 공간에서, 사회적 지위와 직능의 자리에서, 사랑하는 사람과 친밀한 관계에서, 그리고 결정적으로 나를 가장 중요하게 정의하는 관계가 이루어지는 도덕적, 정신적 방향의 공간에서, 자아는 '대화의 망(web of interlocution)' 안에서만 존재하는 것이다."[12]

인간은 어떤 대화자들과 관계를 맺을 때만 자아라는 관계적 자아의 의미를 찾을 수 있다. 관계적 자아는 사회의 전통적 관계망의 토대로서 유교 가족 윤리에서 더욱 선명하게 나타난다. '부자자효(父慈子孝)'의 관계에서 부모의 내리사랑 방식으로서 '자애'와 자식의 부모에 대한 존대 방식인 '효', '형우제공(兄友弟恭)'의 관계에서 형의 '우애'와 동생의 '공경'은 수직적인 상하 질서와 규범으로만 작용하지 않는다. 오히려 가부장적 위계 구조의 고착성에서 벗어나 부모의 자식, 형과 동생의 관계에서 자식과 동생이 감통의 하위주체에 머물지 않고 상호주체로서 자율성을 갖는다.

감통, '관계맺음' 그리고 '맞아들임'

에마뉘엘 레비나스(Emmanuel Levinas)의 주장은 정약용이 '잘 사귐(善際)' 개념을 매개로 드러내고자 한 자아와 타자 사이의 관계맺음의 윤리와 연결된다는 점에서, 감통의 의미를 둘러싸고 한 걸음 나아간 논의의 여지를 제공한다.

12 찰스 테일러, 『자아의 원천들』, 권기돈·하주영 옮김, 새물결, 2015, 82, 83쪽.

> 이미 동일자와 타자가 가까이서 말해지는 동일자와 타자 사이의 결합은 전면에서의 그리고 정면에서의 맞아들임, 나에 의한 타자의 맞아들임이다. 이것은 전체성으로 환원될 수 없는 결합인데, 왜냐하면 '마주 대함'의 자리는 '～옆에 있음'의 변형이 아니기 때문이다. 내가 접속어 '와'를 통해 나와 타인을 연결시켰을 경우라도, 타인은 계속해서 나와 마주하며 얼굴 속에서 스스로를 계시한다.[13]

> 틀림없이 타자는 나와 대면한다. 적, 친구, 나의 스승, 나의 학생으로, 무한에 대한 나의 관념을 통해 나와 대면한다. 물론 우리는 반성을 통해 이 대면을 의식할 수 있다. 그러나 이 반성의 '반-자연적' 위치는 의식의 삶에서의 한 우연이 아니다. 이 반성은 자기를 문제 삼음을 함축한다. 그 자체가 타자와 마주해서 그리고 타자의 권위 아래서 생산되는 비판적 태도를 함축한다.[14]

주디스 버틀러((Judith P. Butler)가 지적하듯이, 윤리는 무엇인가를 호혜적으로 주고받는 흥정의 대상이 아니라는 점에서, 레비나스가 말하는 윤리는 호혜성을 근간으로 삼지 않는다. 달리 말하자면 타자에 대한 나의 윤리는 나에 대한 타자의 윤리를 전제하지 않는다. 왜냐하면 우리가 사귀는 이유가 서로 간에 혜택을 주고받기 때문이라면, 우리는 서로 경계 지어진 원자적 존재로서 나의 자기-보존을 가장 근본적인 것으로 삼을 것이기 때문이다.[15] "만일 내가 오직 나와 가까운 곳에 존재하는 이들, 나에게 이미 익숙한 이들과만 엮여 있다면, 결국 나의 윤리는 언제나 편협하고 공동체주의적이자

---

13 에마뉘엘 레비나스, 『전체성과 무한』, 김도형·문성원·손영창 옮김, 그린비, 2019, 109쪽.

14 에마뉘엘 레비나스, 같은 책, 103쪽.

15 주디스 버틀러, 『연대하는 신체들과 거리의 정치』, 김응산·양효실 옮김, 159쪽.

배제적일 수밖에 없다."[16]

버틀러는 "관계성이란 그 자체로 바람직한 것도 아니고 이어져 있다는 표시도 아니며 파괴라는 반(反)테제에 맞세워야 할 윤리도 아니라"고 지적하면서, "오히려 관계성이란 어떤 곤란하고 양가적인 역장이니, 윤리적 의무의 무제를 풀기 위해서는 관게성의 항시적 구성 요소로서 잠재적 파괴성을 고려해야 한다"고 강조한다.[17] 관계를 맺는다는 것이 긍정적 측면에서 친교와 우정, 조화와 환대만을 의미하지 않으며, 동시에 타자를 배제·파괴하는 양면성이 있다는 것이다.

한편 정약용은 관계맺음의 긍정적 측면에 초점을 맞춰 공동체의 행위자 연계망을 이루는 데 있어서 '사귐을 잘한다'는 의미에서 '선어제(善於際)'를 강조한다. '선(善)'이라는 수식어가 암시하듯이 '선어제'는 인간은 관계망으로 접속된 존재라는 점에서 열린 사고에 바탕을 둔 상호 공감과 유연한 소통을 함축한다. 특히 정약용은 행위윤리의 중심개념인 서에 대한 논의에서 서를 추서와 용서로 구별한다. 추서(推恕)와 용서(容恕)는 타자와의 관계맺음에 있어 큰 차이를 촉발한다. 추서는 나와 타자를 동등한 위상에 두고 미루어 행하는 행위다. 용서는 수직적 위계적 관계에서 가능한 행위다. 추서가 나로부터 실현가능한 것이라면, 용서는 타인의 행위에 기대어 실현된다는 점에서 의존성과 배타성을 함께 지닌다. 웬디 브라운(Wendy Brown)은 "용서로서 관용은 '포용'이라는 부드러운 가면을 쓴 권력의 행위이다. 아량이나 도량은 언제나 권력의 사치품이었다. 관용의

16 주디스 버틀러, 같은 책, 154쪽.

17 주디스 버틀러, 『비폭력의 힘』, 김정아 옮김, 문학동네, 2021, 22, 23쪽.

경우에도, 이는 권력의 가면으로 기능한다"고 말한다.[18] 정약용이 서를 추서와 용서로 나누면서 추서만을 진정한 의미의 서로 간주한 것은 용서가 도덕적 행위 재량권을 가진 자가 도덕적 채무 의식을 가진 자에게 베푸는 일종의 권력의 가면으로 기능한다고 보았기 때문이다.

유교 윤리학에서 두 마음을 상호지양의 관계로 볼 것인가, 대대의 관계로 파악할 것인가에 따라 인간에 대한 관점이 결정된다. 또한 인간 사이의 관계망의 차이와 연대 및 결사의 성격이 규정되고, 이에 따라 공동체의 본질도 다시 규명될 수 있다. 다시 말하면 '인심과 도심은 서로가 그 가치를 상쇄시키는 길항작용의 관계인가, 인심과 도심이 서로의 변화를 통해 작용인으로 작동하여 변화를 증진하거나 감쇄(減殺)하는 되먹임 작용의 관계인가?'라는 물음에 대한 해명이 선결되어야 공동체의 재구성화도 가능하다는 것이다.

유학에서 인간의 마음구조는 "인간의 욕구 지향적 마음[人心]은 위태롭고, 도덕 지향적 마음[道心]은 은미(隱微)해서 오직 그 마음을 정미(精微)하고 한결같이 하여야 참으로 그 중용의 상태를 유지할 수 있다"[19]는 명제에 축약하여 담겨 있다. '인심[욕구지향적 마음]이 위태로운 것'은 선과 악을 행할 수 있는 선택가능성을 지니고 있기 때문이다. 주체적 가치판단을 통해 자율적으로 행위 할 수 있다는 것은 오직 인간만이 지닌 특권이기도 하지만, 다른 측면에서는 사태에 맞서 갈등과 분열, 충돌과 투쟁으로 상처 난 삶의 지형을 만들 수도 있다. '도심[도덕 지향적 마음]은 은미하다는 것'은 천부적

18 웬디 브라운, 『관용』, 이승철 옮김, 갈무리, 2010, 59쪽.

19 『尙書』「大禹謨」.

인 본성을 따를 수밖에 없기 때문이다. 그리고 도심의 '은미(隱微)'한 속성이 바로 인간과 여타 존재를 구별하는 기준이 되기도 한다. 인심(人心)은 극복·지양되어야 할 욕구·욕망의 응집이고, 도심(道心)은 지향·증진되어야 할 도덕적 성향이다. 인심은 위태롭기 때문에 제어하기 어렵고, 도심은 은미하기 때문에 명료화하는 데 어려움이 있다. 이러한 어려움을 극복하기 위해서는 '정일(精一)'과 '집중(執中)'이라는 실천방식을 요청할 수밖에 없다.[20]

결국 인심과 도심의 대대구조를 인간의 내적인 갈등과 조화의 차원을 넘어 공동체의 영역으로 외화(外化)하여 적용한다면, 가족과 다층위의 커뮤니티에서 욕망[人心]의 자기 지향성과 도덕[道心]의 타자 지향성을 매개하는 감통의 윤리는 공동체의 구성과 해체, 그리고 재구성을 통한 '되먹임 공동체'와 '트임의 공동체' 실현에 중요한 관계론적 근거를 제시할 수 있다.

유학은 예를 통한 덕의 실현을 추구하는 삶의 철학이다. 따라서 예에 바탕을 둔 규율과 질서, 내면의 도덕적 본성의 외재적 행위와 실천에로의 이행을 무엇보다 강조한다. 여기에 감성적 교류와 합리적 소통, 즉 감통(感通)의 의미가 뒷받침된다면 선험적 도덕본성 → 감통(감성적 교류와 합리적 소통) → 실천(행위)으로 이어지는 유교 실천윤리의 유연한 맥락이 실현될 수 있을 것이다.

20 孔安國 傳, 孔穎達 疏, 『尚書正義』(十三經注疏整理本2), 北京大學出版社, 2000, 112쪽.

참고문헌 및 더 읽을거리

『周易』, 『詩經』, 『尙書』, 『禮記』, 『論語』, 『孟子』

王弼 注, 孔穎達 疏, 『周易正義』(『十三經注疏整理本』1), 北京大學出版社, 2000.

孔安國 傳. 孔穎達 疏, 『尙書正義』(『十三經注疏整理本』2), 北京大學出版社, 2000.

張栻, 「孟子說」卷2, 『張栻全集』, 長春出版社, 1999.

다산학술문화재단 편, 『定本與猶堂全書』, 사암, 2013.

박준상, 『열림과 떨림』, 자음과 모음, 2015.

에마뉘엘 레비나스, 『전체성과 무한』, 김도형·문성원·손영창 옮김, 그린비, 2019.

웬디 브라운, 『관용』, 이승철 옮김, 갈무리, 2010.

장복동, 「대대성(對待性)과 감통(感通)의 공동체: 빗장공동체에서 트임공동체로」, 『감성연구』 제21집, 2020.

장복동, 「정약용의 '선제(善際)'공동체에서 공동체 윤리의 재구성」, 『공존의 인간학』 제9집, 2023.

주디스 버틀러, 『연대하는 신체들과 거리의 정치』, 김응산·양효실 옮김, 창비, 2020.

주디스 버틀러, 『비폭력의 힘』, 김정아 옮김, 문학동네, 2021.

찰스 테일러, 『자아의 원천들』, 권기돈·하주영 옮김, 새물결, 2015.

곁 Side

기본적 정의

곁은 어떤 대상의 옆을 가리키거나 또는 공간적·심리적으로 가까운 데를 가리킨다. 기본적으로는 공간을 가리키는 말로 쓰이나 가까이에서 보살펴 주거나 도와줄 만한 사람을 가리키는 의미도 가지고 있다.

개념의 기원과 발전

인간은 자신과의 관계에 따라 일정한 거리를 둔다고 한다. 물론 사회적·문화적으로 정도 차이가 있겠지만, 보통 어깨가 닿는 거리는 가장 친밀한 관계, 손을 뻗었을 때 닿는 거리는 친한 사적인 관계, 테이블을 사이에 두고 앉는 관계는 공적인 관계, 그리고 그 이상은 타인인 관계라고 한다. 사전적으로 곁은 "어떤 대상의 옆을 가리키거나 또는 공간적·심리적으로 가까운 데"를 의미하는데, 이때 곁은 공간적으로 어깨가 닿는 거리나 손이 닿는 거리일 것이다.

'곁'의 사전적 의미는 두 개인데, 두 의미는 동시에 생겨난 것이 아니라 자신의 옆을 가리키기 위한 단어가 필요하여 먼저 공간적 위치를 가리키는 의미로 쓰이다가 심리적으로 가까운 데로, 도움을 주는 사람으로 확장한 것이다. 이렇게 '곁'과 같이 여러 의미를 가지고 있는 단어를 다의어라고 한다.

다의어의 여러 의미는 그 단어가 탄생할 때 한꺼번에 생겨난 것이 아니다. 구체적인 것을 가리키는 단어가 추상적인 것을 가리키는 방향으로 의미가 확장되면서 다의가 생겨난다. 그리고 많은 단어에서 나타나는 의미 확장의 양상을 살펴보면 인간의 경험 및 인지 능력과 깊은 관련을 맺고 있음을 볼 수 있다. '곁'의 의미에서도 이러한 양상을 찾을 수 있는데, 두 번째 의미인 "가까이에서 보살펴 주거나 도와줄 만한 사람"은 물리적 위치의 개념이 인지적으로 확장된 은유적 용법으로 볼 수 있다.[1]

현대 국어에 쓰이는 '곁'은 15세기 중세국어 문헌에서부터 '곁'으로 나타나 지금까지 그대로 쓰고 있다. '곁'과 비슷한 의미로 볼 수 있는 현대 국어의 '옆'이 중세 국어에서는 말음이 'ㅂ'인 '녑'으로 쓰인 것에 비하면 그 형태가 오래되었다고 볼 수 있다. 1446년에 훈민정음이 반포된 이후 훈민정음을 이용하여 만들어진 여러 문헌들에서도 '곁' 형태를 찾을 수 있다.

---

1 "그쪽 먼저 하세요"와 같이 지시대명사를 이용하여 사람을 가리킬 수 있는데, 사람이 일정한 공간을 차지하고 있을 때 그 공간을 가리키는 말로 사람을 대신할 수 있다. 또한, 예를 들어 상담사가 3시에 만나는 상담인이 있을 때, "3시를 오늘 만났는데 말이야"라는 식으로 시간으로 그 사람을 대신할 수도 있다.

(1) 가. 君命엣 바오리어늘 ᄆᆞᆯ **겨틔** 엇마ᄀᆞ시니 九逵 都人이 다 놀라ᄉᆞᄫᆞ니(용비어천가, 1447년)
(현대역: 군명으로 치는 공이거늘 말의 곁(측면)에서 엇막으시니 온 나라 사람들이 놀라 탄복하였습니다.)

나. 脫喪ᄒᆞ고 아빅 **겨틔** ᄠᅵ나디 아니ᄒᆞ더니 莊憲大王이 아ᄅᆞᆷ다이 너기샤(속삼, 1514년)
(현대역: (金德崇이 어머니 초상을) 탈상하고 아버지의 곁을 떠나지 아니하더니 장헌대왕(세종)이 (金德崇의 이러한 행실을) 아름답게 여기시어)

위 문헌에 나온 사례와 같이 '곁'은 훈민정음 반포 이전 시기부터 쓰이며 오랜 시간 형태와 의미가 변하지 않고 쓰이는 단어이다. 16세기 이후에 '겻ㅌ, 곁ㅌ'등이 나타나는데 이는 중철 표기이고 17세기 이후 나타나는 '겻ㅎ, 겯ㅎ'은 'ㅌ'을 'ㄷ'과 'ㅎ'으로 나누어 표기한 재음소화 표기이다.

'곁'은 지역 방언에서는 다양한 형태로 쓰이는데, 표준국어대사전과 우리말샘의 풀이에 따르면 '젙(강원, 경기, 경상, 전라, 제주, 충청, 함경, 중국 길림성, 중국 흑룡강성), 잩(경남), 젓(전남, 제주), 엠(제주), 자갓(제주), 작(제주), 저갓(제주), 저깟(제주), 저깟-디(제주), 저껏(제주), 저껫(제주), 저꼇(제주), 저끄티(제주), 저끗(제주), 저끗디(제주), 제꼇(제주), 조꼿(제주), 족(제주), 겥(평안, 중국 요령성), 저티(함북)' 등으로 쓰인다. 모두 '곁'의 초성이 'ㅈ'으로 바뀐 것을 볼 수 있는데, 입천장 뒤쪽의 부드러운 부분(연구개)과 혀의 뒷부분(후설)이 만나서 만들어지는 소리인 'ㄱ'이 'ㅕ'에 있는 'ㅣ' 모음의 영향으로 앞쪽으로 이끌려 입천장의 단단한 부분(경구개)에서 나는 소리인 'ㅈ'으로 변화된 구개음화 현상으로 보인다. 그리고 국어에서는 '져' 소리는 '저'와 구별되지 않고 '저'로 소리나기 때문에 표기에서도 '져'가 '저' 형태로 바뀐 것으로 보인다.

의미와 해석

단어는 마치 생명력을 가지고 있는 존재와 같다. 어느 시기에 단어는 태어나서 자신의 역할을 하며 널리 쓰이다가 또 어느 시기가 되면 다른 단어로 대체되거나 소멸한다. 이 과정에서 사람의 사회적 역할이 나이가 들며 다양해지거나 바뀌는 것처럼 소리에 담겨 있는 단어의 의미가 다양해지거나 바뀌는 일도 있다. 단어의 의미가 바뀌는 양상은 그 단어가 오랜 시간 동안 쓰이면서 세상과 사회, 문화의 변화와 함께 의미 A가 의미 B로 바뀌거나 그 단어로 가리키는 것이 의미 A 이외에도 의미 B, C가 함께 담기는 변이로 크게 나눌 수 있다.

그렇다면 "어떤 대상의 옆 또는 공간적·심리적으로 가까운 데", "가까이에서 보살펴 주거나 도와줄 만한 사람"은 어떻게 '곁'의 의미에 담겼을까? '곁'은 역사적 의미 변화보다는 의미 변이로 볼 수 있는데, 이를 중심 의미에서 주변 의미로 의미가 넓어진다고 하여 '의미의 확장'이라고 한다. 의미의 확장은 무작위로 일어나는 것이 아니라 크게 다섯 경로를 따라 이루어진다. 임지룡(2018)에서 제시된 다의어의 의미 확장 경로는 첫째, '사람 → 동물 → 식물 → 무생물', 둘째, '공간 → 시간 → 추상', 셋째, '물리적 위치 → 사회적 위치 → 심리적 위치', 넷째, '문자성 → 비유성 → 관용성', 다섯째, '내용어

→ 기능어' 순서이다. 이 중 공간에 해당하는 의미 확장 모습은 다음 사례에서 찾을 수 있다.

(2) 가. 그는 방에 있다.
나. 그는 학교에 있다.
다. 그 눈동자는 내 마음에 있네.

위 예문에서 공간에서 위치를 나타내는 '에 있다'가 '방'이라는 물리적 위치에서, 교직원을 가리키는 사회적 위치로 그리고 '마음'이라는 심리적 위치로 확장되는 것을 볼 수 있다. 마찬가지로 '곁'은 공간을 가리키는 단어이므로 '물리적 위치 → 사회적 위치 → 심리적 위치'로 의미가 확장된 경우에 해당한다. 사전적 의미로 제시된 "어떤 대상의 옆 또는 공간적·심리적으로 가까운 데"는 다시 두 의미로 나뉘는데 하나는 "어떤 대상의 옆 또는 공간적으로 가까운 데"이고 다른 하나는 "심리적으로 가까운 데"이다.

(3) 가. 날이 추우니 난로 곁에 앉아라.
나. 내가 아플 때 부모님께서 내 곁을 지켜주셨다.
다. 유학 생활을 하며 내 곁에 아무도 없어서 힘들었다.

단어의 의미는 인간의 경험 및 인지 능력과 깊게 연관되어 있다. 우리는 어렸을 때부터 아프거나 도움이 필요할 때 항상 부모가 내 옆에서 보살펴 주었던 경험이 있다. 감기에 걸려 열에 시달리면 엄마와 아빠가 밤새 곁을 지켜주면서 물수건으로 이마를 닦아주거나 배가 아프면 옆에 누워 배를 만져주면서 "엄마 손은 약손"을 들었던 경험은 쉽게 잊힐 수 없다. 인간은 이러한 경험을 개념화하면서 그 개념을 담을 그릇 즉 단어를 필요로 한다.[2] 그러나 새로운 의미가 생겨날 때마다 새로운 단어를 생성하는 것은 기억해야 할 단어가 너무 늘어나며 기존의 단어들과 중첩되면 언어 사용에 여러 어려움을 겪기 때문에 가급적 피하려고 한다. 그래서 의미적으로 관련된 기존의 단어를 이용하여 새 의미를 담는 경우가 많다.

'곁'이 "심리적으로 가까운 데"라는 의미를 가지게 된 것도 공간적으로 가까운 것을 심리적으로 가까운 것으로 확장한 것이고, 다시 자신을 보살펴 준 사람이 자신의 옆을 지키며 몸과 마음을 보살펴 준 경험이 '곁'의 의미로 확장된 것으로 볼 수 있다. 결국 '곁'은 자신의 가장 친밀하고 친근한 사람에게 사용하는 말이며, 이에 항상 곁에 있는 가족이나 속을 털어 놓을 수 있는 친구 등에게 주로 쓰는 말이다.

'곁'의 개념화 과정을 인간의 인지적 양상을 통해 살펴보았지만, 실제 '곁'이 우리에게 어떻게 체화되는지는 단어의 사전적 의미만으로는 살피기에는 한계가 있다. 사전은 그 어휘의 기본적이고 핵심적인 의미만을 담고 있기 때문이다. 이에 우리 사회와 문화의 요소가 잘 반영된 관용 표현이나 은유적 표현을 통해 곁의 개념화 양상을 살필 수 있다.

'곁'이 포함된 관용구는 "곁을 떠나다, 곁을 비우다, 곁을 주다,

2 구문을 이용하여 사태나 사건을 개념화할 수도 있다. 예를 들어, 'A가 B에/에게 C를'이라는 구문은 어떤 서술어가 쓰이더라도 기본적으로 행위자 A에 의해 피수여자/도착점 B로 개체 C를 보낸다는 의미를 나타낸다.

곁이 비다"와 같은 표현이 있다. 표준국어대사전의 해설에 따르면 "곁을 떠나다"는 가까이 지내던 사람이 죽음을 완곡하게 이르는 말이고, "곁을 비우다"는 보호하거나 지키는 사람이 없는 상태가 되게 하는 말이고, "곁이 비다"는 보호하거나 지킬 사람이 곁에 없는 상태를 나타내는 말이고, "곁을 주다"는 다른 사람으로 하여금 자기에게 가까이할 수 있도록 속을 터 주는 것을 가리키는 말이다.

(4) 가. 가장 친한 친구가 병으로 내 곁을 떠났다.
나. 환자의 곁을 비우지 말고 잘 지켜보아라.
다. 환자의 곁이 비었으니 빨리 가서 돌보아라.
라. 그는 좀처럼 곁을 주지 않는 사람이다.

우리는 '죽음'을 두려워하기 때문에 '죽음'과 관련된 단어를 금기시하여 직접 사용하지 않고 '돌아가시다, 별세하다, 타계하다, 영면하다, 소천하다, 입적하다' 등등 간접 표현이나 종교적 표현을 사용한다. '곁을 떠나다'도 그러한 표현으로 볼 수 있는데, 다시 돌아올 수 없는 곳으로 내 곁을 영원히 떠났다는 의미를 담아 '곁을 떠나다'라는 관용표현이 쓰이고 있다. '곁을 비우다', '곁이 비다'는 나를 보살펴 줄 사람이 내 옆에 없다는 것을 의미하지만 비워진 것은 다시 채워질 수 있다는 점에서 보호하거나 지키는 사람이 없는 일시적 상태를 의미할 때 사용한다.

곁을 준다는 것은 내가 심리적으로 매우 가깝게 느끼고 나를 보살펴 주는 사람에게 새롭게 자리를 준다는 것이다. 그런데, 공간만 준다고 곁이 형성되는 것은 아니고 내가 먼저 그 사람에게 내 흉금을 털어놓으며 그 사람에게 나를 보여야 그 사람이 내 곁에 오게 될 것이다. 그래서 '곁을 주다'는 심리적으로 다른 사람이 가까이 다가오게 하기 위해 다른 사람으로 하여금 자기에게 가까이할 수 있도록 속을 터 주는 것을 의미한다.

참고문헌 및 더 읽을거리

남광우 편저, 『敎學 古語辭典』, 교학사, 1997.

유창돈, 『李朝語辭典』, 연세대학교 출판부, 1964.

윤평현, 『새로 펴낸 국어의미론』, 역락, 2020.

임지룡, 『한국어의미론』, 한국문화사, 2018.

국립국어원, 표준국어대사전, https://stdict.korean.go.kr

국립국어원, 우리말샘, https://opendict.korean.go.kr

닮음, 유사 Similarity, Affinity

기본적 정의

철학에서 닮음 또는 유사(類似)는 '동일성'(identity, 정체성)과 대비되는 개념으로 어떤 대상들이 하나 또는 몇 개의 특성에서 일치하지만 모든 특성에서 일치하지 않는 경우 사용한다. 그러나 일찍이 고대 그리스 철학자들이 간파했듯이 이 세계에서 완전히 동일한 사물은 존재하지 않고 같은 사물도 상황과 시간에 따라 다른 상태에 있기 때문에 사람들이 인식한 '동일성'은 모두 '유사성'에 바탕을 둔다고 할 수 있다.

우리가 어떤 사물을 동일한 것으로 인지할 때, 이러한 인식은 어디까지나 우리의 지각기관이나 측정도구의 한계 속에서 발생한 것이다. 즉 제한된 지각과 측정 방법 하에서 대상들의 차이를 인지하지 못하고 그것을 '동일하다'고 잘못 인지하는 것이다. 따라서 동일성은 관찰자의 견지에서 상정하는 것일 뿐, 실제로는 유사한 것만 존재한다. 그래서 고대 철학자들은 "유사한 것은 유사한 것을 통해서만 인식될 수 있지 않을까"하는 의문을 제기했다. 유사성은 '동일성' 외에 '유비'(類比, analogy), '차이', 다름(alterity, 타자성) 등과 대비되는 개념으로도 사용된다. 또한 유사성은 자연이나 인간 문화의 많은 영역에서 논의되었던 개념으로 오늘날에도 이 논의는 계속되고 있다.

개념의 기원과 발전

'유사성'에 대한 성찰은 근본적으로 '미메시스'에 대한 성찰로 이어질 수밖에 없다. 왜냐하면 유사성은 그것이 자연에서 생성되든 인간의 문화에서 생성되든 모두 미메시스 과정의 소산이기 때문이다. 유사성이 대상들이나 그것들의 관계가 갖는 성질이나 상태를 지칭한다면 미메시스는 그 대상과 유사해지려는 역동적 태도와 행위와 과정을 지칭한다.[1] 미메시스(μίμησις, mimesis)란 대체 무엇인가? 고대 그리스에서 유래하는 이 개념은 라틴어 '이미타티오(imitatio)'로 번역되어 전래되었고 한국어로는 '모방(模倣)·모의(模擬)·모사(模寫)하다', '흉내 내다'라는 뜻으로 쓰인다.[2]

서양에서 미메시스라는 말은 플라톤 이전에도 쓰였지만 그 개념사적 전통은 플라톤과 아리스토텔레스에게서 마련됐다. 이 전통에서 미메시스는 점차 '대상의 단순한 모방'으로 축소되어 왔다. 근대

1 기억에서 중요한 것은 기억된 것이 아니라 기억하기라는 행위이듯이, 유사성과 미메시스의 관계도 이와 비슷하다.

2 미메시스의 동사형은 mimeisthai(μιμεῖσθαι)로서 여기서 영국의 진화생물학자 리처드 도킨스가 『이기적 유전자』(1976)에서 처음 도입한 이래 자주 논의되는 밈(meme)의 어원인 그리스어 'mimema'(모방된 것들)도 유래한다. 밈은 유전적 방법이 아닌 모방을 통해 습득되는 문화요소를 뜻한다. 유전자가 자가복제를 통해 생물학적 정보를 전달하듯이 밈은 모방을 거쳐 뇌에서 뇌로 개인의 생각과 신념을 전달하며 진화한다.

에 들어 미메시스는 선사시대를 살았던 태초의 인간들이나 오늘날 문명화되지 않은 사회의 토착민들의 태도에서 관찰되는 특징으로 발견되기 시작했다. 이들에게서 미메시스는 대상을 단순히 모방한다는 의미를 넘어 강렬한 정동(情動, affect)을 동반하는 충동과 능력이라는 의미를 띤다. 이런 충동과 능력은 개체발생적으로 어린아이의 발달과정, 특히 놀이에서 두드러지게 나타난다. 계통발생적으로도 태초의 인간들에게 미메시스적 태도가 중요했으리라는 것을 짐작할 수 있고, 이것은 실제로 여러 인류학적 보고와 연구를 통해서도 입증되고 있다. 동식물의 세계에서도 미메시스적 태도가 발견되는데, '의태(擬態, mimicry, 보호색)'의 현상이 그 예이다.[3] 이밖에도 제스처(몸짓)나 표정술을 뜻하는 미믹(mimic art, 독어: Mimik),[4] 즉 흉희극이나 무언극 또는 이런 연극에 등장하는 배우나 광대를 지칭하는 마임(mime)이라는 말도 그리스어 미모스(mimos, 모방하다, 흉내 내다)에서 유래하며, 미메시스와 어원적으로 근친 관계에 있다.

그런데 인간의 미메시스적 태도와 유사성을 지각하는 능력은 문명화 과정에서 논리적 사고, 언어능력, 상상력 등의 창조적 능력으로 대체된 듯이 보인다. 그리하여 미메시스의 의미는 점점 퇴색되거나 연기(演技)나 흉내 내기 등의 사소한 의미로 축소된 것처럼 보인

3 의태의 뜻풀이는 다음과 같다. "1) 어떤 모양이나 동작을 본떠서 흉내 냄. ≒짓시늉; 2) 동물이 자신의 몸을 보호하거나 사냥하기 위해서 모양이나 색깔이 주위와 비슷하게 되는 현상. 말벌과 흡사한 나방, 나뭇가지와 비슷한 대벌레, 해조와 비슷한 해마가 그 예이다"(표준국어대사전). 한편 생체모방(biomimetics, biomimicry)은 생체(Bio)와 모방(mimetics)의 합성어로, 생물의 행동이나 구조 또는 그 생물이 생산하는 물질 등을 모방하여 새로운 기술을 만드는 것을 가리키며 과학계에서 각광을 받고 있다.

4 미믹(mimic)은 '대사 없이 표정과 몸짓 따위의 신체적 동작으로 인물의 심리와 감정을 표현하는 연기'로 설명되어 있다(표준국어대사전).

다. 그러나 나중에 아도르노와 벤야민에게서 살펴보겠지만 인간의 '미메시스 능력'은 퇴화한 것이 아니라 언어와 사고의 영역으로 흘러들어와 고도로 발달된 형태로 계속 작동하는 것을 알 수 있다.

미메시스는 서양 철학에서 오랫동안 '모방'이라는 의미로 쓰였고, 특히 "예술은 자연의 모방"이라는 공식으로 통용되었다. 하지만 1950년대 이래 고전 문헌학자들의 연구를 통해 미메시스는 주어진 어떤 대상을 단순히 비생산적으로 모방하는 것을 넘어 '표현(expression)' 또는 '재현(representation)'을 뜻했음이 밝혀지기도 했다. 헤르만 콜러(Hermann Koller)는 플라톤 이전에 미메시스라는 단어는 모방이나 모사라는 좁은 의미가 아니라 오히려 "춤으로 표현하다"라는 의미를 지녔다고 주장한다.[5]

20세기에 들어 미메시스는 다시 주목을 받게 된다. 그 배경에는 자연과학과 기술의 발달을 주도해온 이론적 이성의 편향된 발전사에 대한 비판적 성찰이 깔려 있다. 다시 말해 미메시스론은 근대에 형성되어온 학문의 체계를 지배하는 인식론적 모델과 방법들에 대한 비판적 성찰과 연관된다. 이 경우 사람들은 모방이라는 말 대신 미메시스를 번역 없이 그대로 쓰기를 선호한다.

의미와 해석

아도르노에게서 미메시스

'비판이론'으로 알려진 프랑크푸르트학파의 막스 호르크하이머

5 Hermann Koller, *Die Mimesis in der Antike: Nachahmung, Darstellung, Ausdruck*, Bern, 1954.

(Max Horkheimer)와 테오도르 아도르노(Theodor W. Adorno)는 『계몽의 변증법』(1947)에서 인간이 신화적 자연에서 해방되고 자연을 이성으로 지배해온 과정에서 일면적으로 발전해온 계몽의 역사에 대한 비판적 성찰을 전개한다. 여기서 두 저자는 이성이 미메시스를 억압하면서 '목적합리성'(계산하는 이성, '도구적 이성')으로 발전해온 과정에서도 미메시스가 예술에서 여전히 유효하게 작용한다고 보며, 미메시스에서 그러한 합리성을 교정하는 기능과 역할에 주목한다. 특히 아도르노는 미메시스와 합리성이 조화를 이룬 '심미적 합리성'을 부각한다.[6] 아도르노에게서 미메시스는 "미메시스적 충동"(mimetischer Impuls)이라는 개념으로 자주 등장한다. 더 나아가 그는 미메시스를 예술이나 미학의 영역에 국한하는 것이 아니라 서양에서 형성되어온 (주관주의적) 인식론을 뒤흔드는 개념으로까지 사용한다. 즉 아도르노는 대상의 인식과 그 인식에 바탕을 둔 자연과 인간의 지배를 목표로 하는 동일성 사고(Identitätsdenken)에 맞서 주체가 대상에 가까이 다가가고 대상에 '밀착(密着)'하는 미메시스적 태도를 강조한다.

여기서 아도르노가 비판하는 '동일성 사고'는 대상을 인식의 주체가 만들어놓은 개념들의 망에 포획하여 주체에 동화시키는 태도를 가리킨다. 이에 반해 미메시스적 태도는 동일성 사고가 왜곡하고 배제하는 대상의 요소, 이른바 "비동일적인 것"(das Nichtidentische), "비개념적인 것"에 다가가려는 노력을 가리킨다. "객체의 우위"라는

6 "예술작품이 지배에 대항하는 일은 그 지배에 미메시스하는 일이다. (……) 심미적 합리성은 자연지배적 합리성이 밖에서 저지른 것을 보상하려고 한다." Theodor W. Adorno, *Ästhetische Theorie*, Frankfurt a. M., 1970, 430쪽.

아도르노의 중요한 사유모티프가 이런 정황을 표현해준다. 아도르노는 이를 "대상에 대상보다 더 많은 것을 되돌려주는" 인식 또는 경험이라고 규정하며 "활동적 수동성"이라고도 칭했다.[7]

벤야민에게서 미메시스

벤야민에 따르면 유사성을 지각하는 인간의 능력은 대상과 유사해지려는 원초적인 '미메시스 능력'에서 파생되었으며 인간이 지니는 모든 상위의 능력들 가운데 미메시스 능력이 작용하지 않은 능력은 없다.[8] "우리가 소유하고 있는 유사성을 파악하는 능력은 유사해지고 또 유사하게 행동해야 했던 예전의 엄청난 강압의 미약한 잔재에 불과하다. 지금은 사라져버린 유사해지는 이 능력은 우리가 유사성을 볼 수 있는 좁은 지각세계를 훨씬 넘어서 있었다. 수천 년 전 천체 상태가 인간 존재에게, 그가 태어나는 순간에 작용한 힘들이 나중에 유사성의 토대를 이루게 된 것이다." 즉 인간이 주변세계에 유사해지고자 하는 태도는 그 주변세계에 적응해야 하는 강압에서 비롯된 것이다. 강압이 습관화되어 나중에 (유사성을 지각하는) 능력으로 발전한 것이다.

아도르노와 마찬가지로 벤야민은 미메시스의 기원을 플라톤 시대가 아니라 선사시대에서 찾는다. 그는 제의적 춤들, 별들의 위치

---

7 막스 호르크하이머, 테오도르 W. 아도르노, 『계몽의 변증법』, 문학과 지성사, 2001, 282, 302쪽.

8 발터 벤야민, 「유사성론」, 『벤야민 선집』 6권, 길, 2008, 207쪽. 이하 인용들의 출처는 별도의 표시가 없으면 대부분 이 선집에 실린 「유사성론」(1933), 「미메시스 능력에 대하여」(1933) 및 이 두 논문 관련노트, 그리고 「유비와 근친성」(1919) 등이다.

또는 동물의 내장을 읽어내는 행위들이 인간이 행한 최초의 미메시스적 행위들이었다고 추정한다. 벤야민에 따르면 '모상'(Vorbild)이 아니라 '원상'(Urbild)이 그리스 비극에서뿐만 아니라 예술과 문학 일반에서 미메시스의 대상이다. 모상의 미메시스가 대상을 피상적으로 모방하고 복제한다는 의미를 띠다면 원상의 미메시스는 인간이 발견, 재인식, 상상한 대상의 본질에 다가간다는 의미를 띤다.

고대 그리스 비극에서 원상은 당시 각 지역에서 전래되어 왔던 설화(Sage)들이었고, 이 설화들이 나중에 비극의 소재로 쓰이게 되었다. 역사시대의 예술에서는 사실적인 '역사'가 아니라, 그 역사 속에서 관철되어온 자연, 즉 '자연사'(自然史) 또는 '운명'이 미메시스의 대상이다. 이 연관에서 특기할 점은 미메시스의 변증법적 기능이다. 즉 전승된 설화가 비극으로 재구성되면서 설화에서 지배적이었던 운명의 질서가 승인됨과 동시에 그 질서가 의문시되었다는 것이다. 이처럼 신화를 '모방'하는 가운데 그 신화 자체를 '수정'하는 그리스 비극에서 미메시스의 변증법적 구조가 암시된다.[9]

이와 유사한 사기변증법적 구조가 미메시스적인 춤이나 놀이에서 관찰된다. 벤야민은 "춤을 해석할 때 그 춤이 지닌 역동적 측면을 간과해서는 안 된다. 어쩌면 그 역동적 측면은 춤추는 사람의 미메시스적 태도와 변증법적 관계에 있을 것이다"[10]라고 쓰고 있다. 대상을 모방하는 데서 시작한 춤이 춤추는 과정에서 그 대상을 넘어서는 것이다. 미메시스의 전복적 기능을 암시하는 대목이다. 놀이

9 발터 벤야민, 『독일 비애극의 원천』, 한길사, 2009, 174쪽.

10 발터 벤야민, 「유사성론」과 「미메시스 능력에 대하여」 관련노트, 『벤야민 선집』 6권, 앞의 책, 324쪽.

에서도 벤야민은 그 중요한 기능들 가운데 하나를 "경험의 충격적인 과정에서 공포의 요소를 완화하는" 작용이라고 본다. 아이들은 놀이를 하면서 무서운 충격적 경험들을 무디게 하거나, 무모하게 불러내고, 패러디 등을 하면서 그 공포에서 차츰 벗어난다. 아이들은 놀이를 반복함으로써 승리의 쾌감을 집중적으로 맛보기도 한다. 바로 여기서 대상의 마법을 벗겨내고 신화적 공포를 극복해나가는 미메시스의 변증법적 기능이 암시된다.

미메시스의 이러한 변증법적 측면은 예술 일반의 중요한 특징이 아닐까.[11] 벤야민에 따르면 영화로 대변되는 새로운 예술 역시 인류의 문명화 과정에서 기술의 발전이 가져다준 위기를 바로 그 기술(영화)로 탐색하고 실험함으로써 카타르시스(catharsis)적 기능을 수행한다. 즉 그는 영화가 기술의 폭발적 발전에서 생겨나는 여러 위기와 억압에 대해 심리치료적 예방의 기능을 수행하는 점에 주목한다.[12] 그는 기술을 포함한 사회적 생산력의 발전이 사회 상태(=생산관계)를 '자연과 인류의 어울림'이라는 목표에 부응하는 방향으로 변화시키고 또한 대중으로 하여금 그런 사회 상태를 형성하는 방향으로 그 기술을 전유하도록 돕는 것을 새로운 예술의 과제로 제시한다. 벤야민이 카프카(Franz Kafka)나 프루스트(Marcel Proust)를 위

---

11 아리스토텔레스는 『시학』에서 관객이 비극의 주인공이 겪는 끔찍한 운명에 공포와 연민을 느끼면서 카타르시스를 경험한다고 썼다. 이 카타르시스에서 영향미학적 측면에서 미메시스의 변증법적 작용을 엿볼 수 있다. 한편 비극이 (신화적) 사건의 미메시스라는 정의는 생산미학적 측면에서의 비극에 대한 정의라고 할 수 있다.

12 발터 벤야민, 「기술복제 시대의 예술작품」, 『벤야민 선집』 2권, 길, 2007, 85쪽. 이 심리치료적 기능이 바로 아리스토텔레스가 『시학』에서 비극이 사람들에게 끼치는 영향으로 서술한 '카타르시스'에 상응한다.

시하여 현대 작가들의 문학을 '시험배열'로 정의하는 것도 이러한 미메시스의 맥락을 드러낸다.

벤야민의 미메시스론에서 중요한 개념들 가운데 하나가 "비감각적 유사성"이다. 선사시대에 밤하늘의 별자리를 보고 그것의 의미를 읽어내는 사람 또는 별자리와 그 순간 탄생한 아이의 운명 사이의 유사성이 '비감각적' 유사성이었다. 이와 마찬가지로 경험적 언어들 사이, 또는 한 낱말과 이것이 지칭하는 사물 사이의 유사성 또는 '근친성'(近親性, 친족성, kinship, 독어: Verwandtschaft)의 관계는 기호의 의미론적 등가 관계나 개념적 종속 관계만으로 파악되지 않는다. 여기에 바로 그가 말하는 "비감각적 유사성", 그리고 "읽기라는 말이 갖는 이중적 의미"가 근거한다.

벤야민에 따르면 읽기는 단지 어떤 기호를 의미론적으로 해독하는 행위만을 뜻하지 않는다. 읽기에는 마법적-미메시스적 '읽어내기'의 의미도 함께 들어 있다. 후자, 즉 미메시스적 읽어내기는 "옛날에는 투시력의 토대였는데" 역사가 흐르면서 전자의 세속적인 읽기에 밀려 점차 사라진 듯이 보인다. 왜냐하면 오늘날 사람들은 옛날 사람들보다 그러한 능력을 훨씬 적게 소유하고 있기 때문이다. 미메시스의 객체의 경우 주체의 '미메시스 능력'의 이러한 위축 과정에 상응하는 것은 '지표(指標) 세계(Merkwelt)'의 점차적인 소멸 현상이다. 그러나 벤야민에 따르면 이것은 실제로 소멸이나 대체의 현상이 아니라 전환의 과정일 따름이다. 미메시스적 현상들은 "자연적 상응관계들"의 영역에서 "언어"의 영역으로 전화(轉化)했다는 것이다.

언어는 사물에 대한 지식이나 정보를 전달하는 단순한 도구가 아니라 주체가 그 속에서 자신을 '표현'하고 스스로 인식하는 매체이다. 프루스트의 '비자의적 기억'의 매체 속에서 나타나는 기억의 이미지들은 '비감각적 유사성'의 이미지들이다. 프루스트는 이 유사성들에 마력적으로 끌리는데 이 유사성들을 매개해주는 것은 언어이다. 따라서 벤야민에게 언어의 "소리형식이나 글자의 기호는 세계의 연관관계들이 저장된 창고"이며,[13] 언어는 "사물들의 정수(精髓), 지극히 민속하고 지극히 섬세한 실체들, 사물들의 독특한 향(香, Aroma)들이 서로 만나는 매체", '비감각적 유사성'들이 지각되는 매체이다.

이로써 '비감각적 유사성'의 또 다른 특징이 드러난다. 유사성이 하나의 상(像)으로서 현상 세계에 나타날 때의 '순간성'이 바로 그것이다. 선사시대에 사람들이 별들의 만남과 배치를 읽는 일이 순간적으로 일어나는 사건이었듯이 모든 읽기의 과정에는 시간의 요소가 들어 있다. 이러한 순간적 읽기에 상응하는 미메시스적 태도를 벤야민은 '정신의 (신체적인) 깨어 있음(Geistesgegenwart)'이라는 말로 특징짓는다. "쓰이지 않은 것"의 번득이는 상이 생겨나고 동시에 그 상의 읽기가 이루어지는 또 다른 매체로 '기억'이 있다. 벤야민이 미메시스의 숨겨진 목표를 "마법의 해체"에 두었다면, 그것은 바로 이처럼 '쓰이지 않은 것'을 읽기, 즉 언어발견의 과정을 의미하기 때문이라고 해석할 수 있다.[14] 그러나 이 언어발견은 결코 저절로 이루

---

13 G. Scholem/ W. Benjamin, *Briefwechsel 1933~40*, Hrsg. v. Gershom Scholem, Frankfurt a. M., 1985(초판: 1980), 208쪽.

14 일례로 그리스 비극 『오이디푸스 왕』에서 오이디푸스는 결국 참혹한 운명의 타격 속에서 침묵에 빠진다. 그러나 시간이 흐르면서 그는 자신의 언어를 찾고 그로써 신화적 운명의 질곡에서 해방되는 실마리를 찾아갈 것이다. 따라서 탈신화화과정은 다름 아닌 언어발견의 과정이라고 할 수 있다.

어지는 것이 아니라 앞서 언급한 정신의 '신체적인' 깨어 있음, 또는 '관찰', '주의력', '상상력', 곧 '미메시스 능력'의 변이(變異)들에 의해 가능하다. 이는 프루스트적 '비자의적 기억'이 '우연'을 통해서가 아니라 잃어버린 시간을 기억하려는 지난한 노력에서 이루어지는 것과 같다.

미메시스와 유사성 개념의 새로운 정립을 위하여

서양 철학사에서 미메시스는 주로 재현의 논리로 편향되어 이해되고 논의되었으며, 여기서 많은 혼란이 야기되었다.[15] 그러나 미메시스는 재현되는 것과 재현하는 것 사이의 정태적인 유사성의 관계를 가리키기보다, 오히려 미메시스적 행동의 주체와 대상 사이의 역동적 관계를 가리키는 개념으로 이해될 필요가 있다. 리얼리즘 개념이 그랬듯이 미메시스 역시 그것이 지닌 '표현'적 성격이나 그 밖의 생산적 측면들이 간과되었다.[16] 포스트구조주의 철학 진영에서도 미메시스는 '로고스중심주의'에 봉사하고 그에 종속된 개념으로 폄하되어온 편이다.

하지만 독일어권에서는 1980년대 후반 이래 군터 게바우어(Gunter Gebauer)와 크리스토프 불프(Christoph Wulf)가 미메시스를

15 예를 들어 에리히 아우어바흐(Erich Auerbach)는 미메시스 개념을 사람들에 의해 역사적으로 시대마다 그때그때 다르게 파악된 현실의 묘사 또는 재현이라는 의미로 쓰고 있다. 그는 여기서 미메시스 개념의 특징적 의미들을 설명하거나 그것의 전승된 의미를 논의하고 있지 않다. 그리하여 우리는 아우어바흐에게서 미메시스는 양식(樣式)이나 리얼리즘 같은 개념으로 대체되어도 무방하다는 인상을 받는다. 에리히 아우어바흐, 『미메시스: 서구문학에 나타난 현실묘사』, 민음사, 2012 참조.

16 미메시스의 '표현'적 성격에 관해서는 벤야민의 글들(『벤야민 선집』 6권, 특히 「유사성론」과 「언어사회학의 문제들」)을 참조할 것.

"역사적 인간학"의 주요 주제로 다루기 시작하여 일련의 연구서들을 출판하면서 미메시스에 대한 새로운 관심이 촉발되었다.[17] 이들은 미메시스가 시학, 미학, 예술학의 분야를 넘어 인류학, 심리학, 사회학, 교육학 등의 분야에서도 인간 사회의 제반 현상을 설명하고 이해하는 유용한 모델로 재발견한다. 이로써 미메시스가 지니는 의미와 기능의 광범위한 스펙트럼이 드러나게 된다.[18]

게바우어와 불프는 인간의 생활세계가 형성되고 변화하는 과정에서 개인과 집단의 미메시스적 태도와 행동이 어떻게 작동해왔는지를 총체적으로 조명하면서 '사회적 미메시스'라는 개념을 도입한다. 여기서 특히 인류의 문명화과정에서 소외되어온 '신체성'이 부각된다. 미메시스의 신체성은 춤과 놀이에서뿐만 아니라 연기와 의례를 비롯해 세계와 관계를 맺는 인간의 행동 일반에서 중요한 특징으로 재발견된다. 또한 두 연구자는 미메시스를 문학과 예술과 미학 분야만이 아니라 사회 생활세계의 제 분야에 적용함으로써 미메

17 Gunter Gebauer/ Christoph Wulf, *Mimesis: Kultur - Kunst - Gesellschaft*, Reinbek bei Hamburg 1992('미메시스: 문화 - 예술 - 사회'). (이 책의 영어판: *Mimesis: Culture - Art - Society*, Berkeley: University of California Press, 1996.) Gunter Gebauer/ Christoph Wulf, *Spiel, Ritual, Geste: Mimetisches Handeln in der sozialen Welt*, Reinbek bei Hamburg, 1998. ('놀이 - 제의 - 제스처: 사회에서의 미메시스적 행동')

18 고전 인류학에서 이 '미메시스 능력'은—특히 제임스 프레이저(James Frazer)에 의해—'공감각적 마법'(sympathetic magic)으로 해석되었다. 마이클 타우시크(Michael Taussig)에 따르면 "그 능력은 문화가 제2의 자연을 만들어내기 위해 이용하는 자연으로서, 복제하고 모방하고 모델들을 생산하고 차이를 만들어내고 타자를 산출하고 스스로 변화할 수 있는 능력이다. 미메시스의 기적은 복제에 있으며, 이 복제는 원본의 재현 자체가 원본의 특성과 힘을 넘겨받을 수 있을 정도로 그 원본의 특성과 힘을 지닌다. 예전에 사람들은 이러한 과정을 두고 '공감각적 마법'이라고 불렀는데, 그 마법은 내가 생각하기에는 자연스러운 방식으로 체화될 수 있는 어떤 정체성을 형성하기 위해 필요할 뿐만 아니라 인식을 위해서도 필수적이다."(마이클 타우시크, 『미메시스와 타자성』, 길, 2019, 17쪽부터.)

시스가 작동하는 방식을 면밀히 추적하는데, 예를 들어 폭력과 희생제의의 구조(르네 지라르), 궁중과 시민사회에서 권력의 과시, 아동의 발달심리학, 언어놀이(루트비히 비트겐슈타인), 그 밖에 의례, 제스처, 연극적 공연, 교육의 현실, 스포츠놀이, '실제적 감각'(피에르 부르디외), '기억하기'(벤야민) 등이 그것들이다.

미래의 가족커뮤니티와 유사성

호모 사피엔스는 진화해오면서 다른 사람이나 사물과 닮으려는 행동 또는 닮지 않고 구별되려는 행동을 통해 다양한 관계를 맺어왔다. 미래의 '가족커뮤니티'에 대한 연구는 혈연에 바탕을 둔 전통가족의 좁은 틀을 넘어 더 넓고 다양한 형태의 가족을 지향해야 할 것이다. 그러나 그 과정에서 가족은 외연적으로 확장되기만 하는 것이 아니라 기존의 사회와 공동체 내에서 모순과 갈등의 관계를 낳기도 할 것이다. 왜냐하면 혈연적 친연성과 인과관계에 근거를 둔 유비나 유사성으로 결합된 가족, 민족, 국가, 공동체 개념이 내세우는 정체성은 더 넓고 개방된 공동체에 대해 쉽게 폐쇄적이고 배타적이 되기 때문이다. 진정한 '근친성'의 관계는 혈연적 친연성이나 피상적인 유사성 관계로 규정할 수 없다. 모든 언어가 서로 다름에도 그 언어에서 의도된 것('순수언어')과 관련해 서로 근친관계에 있듯이 미래의 가족은 이러한 '근친성'에 바탕을 두고 다양한 형태를 띠며 진정한 미메시스적 관계로 어우러져야 할 것이다. 여기서 진정한 미메시스적 관계 맺음이란 대상을 경직된 자아에 동화시키는 대신 대상에 가까이 다가가는 태도를 가리키지만, 반대로 지배체제가 만들어 놓은 (거짓된, 상상된) 집단적 정체성에 개인이 통합하고 적응하기만 하는 편집증적 태도와도 반대된다. 무릇 세상의 현상에서 미메시스가 작동하지 않는 영역은 없다. 그러나 반대로 순수한 미메시스라는 것도 없다. 왜냐하면 인간은 이미 (이성적으로) 사유하는 존재로 진화했기 때문이다. 그래서 미래의 바람직한 가족커뮤니티에서는 관습적으로 자연스럽다고 여겨지는 피상적인 유사성이 아니라 의식을 갖고 성찰하는 근친성으로 구성원들의 관계가 맺어져야 할 것이다.[19]

참고문헌 및 더 읽을거리

르네 지라르, 『폭력과 성스러움』 김진식·박무호 옮김, 민음사, 2000.

마이클 타우시크, 『미메시스와 타자성』, 신은실, 최성만 옮김, 길, 2019. (원본: Michael Taussig, *Mimesis and Alterity. A Particular History of the Senses*. N.Y. 1993.)

막스 호르크하이머, 테오도르 W. 아도르노, 『계몽의 변증법』, 김유동 옮김, 문학과 지성사, 2001.

발터 벤야민, 「기술복제 시대의 예술작품」, 『벤야민 선집』 2권, 최성만 옮김, 길, 2007.

발터 벤야민, 『벤야민 선집』 6권, 최성만 옮김, 길, 2008.

발터 벤야민, 『독일 비애극의 원천』, 김유동, 최성만 옮김, 한길사, 2009.

에리히 아우어바흐, 『미메시스: 서구문학에 나타난 현실묘사』, 김우창, 유종호 옮김, 민음사, 2012.

크리스토프 불프, 군터 게바우어, 『미메시스: 사회적 행동 - 의례와 놀이 - 미적 생산』, 최성만 옮김, 글항아리, 2015. (원본: Gunter Gebauer/ Christoph Wulf,

19 나는 이 '근친성'의 관계는 그 이상을 두고 볼 때 "자유로운 개인들의(평등한) 연합"이라는 맑스의 코뮈니즘과 다르지 않다고 생각한다.

Mimetische Weltzugänge: Soziales Handeln — Rituale und Spiele — ästhetische Produktionen, Stuttgart, 2003.)

테오도르 W. 아도르노, 『미학이론』, 홍승용 옮김, 문학과 지성사, 1997.

최성만, 「미메시스」, 『현대문화이해의 키워드』, 김누리·노영돈 편, 이학사 2007.

최성만, 「미메시스와 미메톨로지: 아도르노의 미메시스 구상과 오늘날의 미메시스론 연구」, 『뷔히너와 현대문학』(한국뷔히너학회 편), 18호, 2002.

W. 타타르키비츠, 『미학의 기본개념사』, 손효주 옮김, 미술문화, 1999. (특히 9장과 10장)

Philippe Lacoue-Labarthe, *Typography. Mimesis, Philosophy, Politics*. With an Introduction by Jacques Derrida. Ed. by Christopher Fynsk, Cambridge u. a. 1989.

Gunter Gebauer/ Christoph Wulf, *Spiel, Ritual, Geste: Mimetisches Handeln in der sozialen Welt*, Reinbek bei Hamburg, 1998.

Gunter Gebauer/ Christoph Wulf, *Mimesis: Kultur - Kunst - Gesellschaft*, Reinbek bei Hamburg 1992.

Hermann Koller, *Die Mimesis in der Antike: Nachahmung, Darstellung, Ausdruck*, Bern, 1954.

Theodor W. Adorno, *Ästhetische Theorie*, hrsg v. von Gretel Adorno und Rolf Tiedemann. Frankfurt am Main 1970.

멂/가까움 Far away/Adjacent*

기본적 정의

일반적으로 '관계'에서 지향해야 할 것으로 생각하는 '사랑', '관심', '친(親)함', '정(情)' 등은 한편으로 공간적인 '멂/가까움'의 원리가 작용한다. 우리가 태어나서 처음 참여하는 모둠이자, 관계에 있어서 지향점을 내포하는 모둠인 '가족' 또한, "함께 있기 위해 함께 있음"[1]을 충족하려는 시도로 정의될 수 있다는 점만 보아도 원근(遠近)은 중요하다. 그뿐만 아니라 존재는 실체(substance)가 아니며, 따라서 존재의 의미 역시 근본적으로 상호 의존적으로 결정된다. 문장에서 주어의 양태가 어떤 술어와 함께 등장하는지에 따라 달라지듯, 우리는 누군가(혹은 사물)와 어떻게 연결·접속하는가에 따라 바뀌는 것이다. 이러한 '연결' 및 '접속'에서 관계에서의 원근이 중요한 요소인 까닭이다.

---

* 본고는 김청우, 「관계 원리로서의 인접성 탐구 -최근 한국 시인들의 작품을 중심으로-」, 『인문학연구』 제59집, 조선대학교 인문학연구원, 2020에 게재한 글을 바탕으로 재구성한 것이다.

1 박준상, 『떨림과 열림 - 몸·음악·언어에 대한 시론』, 자음과모음, 2015, 179쪽.

개념의 기원과 발전

원근은 일차적으로 물리적인 공간 차원의 인접성과 관련된다. 그러나 사람의 관계에서 원근을 논의하는 근본적인 이유는, 그것이 '마음', 즉 심리적인 문제와 깊이 결부되어 있기 때문이다. 물론 최근에는 기술의 발달로 가상공간이 삶 전반에 관여하게 되면서, 관계의 멀고 가까움을 결정짓는 데 물리적이고 지리적인 근접성이 필수적인 요소라고 단정하기 어려워지고 있다.[2] 그러나 여기서 놓치지 않아야 할 것은, 물리적 인접이 있는 교감과 그렇지 않은 교감은 결코 서로 같을 수 없다는 점이다. 후자는 물리적인 접촉(몸)의 부재로 인해 상대적으로 느슨한 관계를 맺게 마련이다. 그런 까닭에 물리적 공간의 인접을 여전히 고려해야 한다.

물리적 인접은 심리적 인접과 긴밀히 연관된다. 그 관계에 대해서는 다음과 같은 경우들을 생각할 수 있다.

유형	물리적		심리적
㉮	가까움	··········	가까움
㉯	멂	··········	가까움
㉰	가까움	··········	멂
㉱	멂	··········	멂

여기서 원근은 개인 주체를 기준으로 설정하였다. ㉮부터 ㉱까지 4가지 유형 중에, ㉱는 ㉮에 반대되는 경우인 동시에 다른 경우

2 존 어리, 『사회학을 넘어선 사회학』, 윤여일 옮김, 휴머니스트, 2012, 128쪽 이하, 224쪽 이하 참조; 미셸 마페졸리, 『부족의 시대: 포스트모던 사회에서 개인주의의 쇠퇴』, 박정호·신지은 옮김, 2017, 6장 '근접성에 대하여' 참조.

들에 대해 논의하기 위한 논리적 요청에 해당하므로, 실질적으로 검토해야 할 것은 나머지 3개 유형이라고 할 수 있다. ㉮에는 '자기 자신'이나, 같은 물리적 공간에서 함께 사는(혹은 공통 목적으로 한 공간에 모인) 모둠 구성원의 관계 등이, ㉯에는 멀리 사는 친척이나 친구, 그리고 가상공간(인터넷) 상의 친구 등이, ㉰에는 도시의 거리나 카페, 광장과 같은 장소에서 (목적 없이) 마주치는 관계 등이 해당된다.

이러한 관계들을 형성하는 데에 중요하게 작용하는 것은 '서사(narrative)'라고 할 수 있다. 여기서 '서사'란 '이야기'로, 공동체와 사회에 의해 만들어지는 생애주기나 개인의 정체성을 형성하는 시간의 축적과 장소에의 지속적인 체험, 직업 서사 등을 예로 들 수 있다. 구체적인 상황과 그에 관한 이야기가 물리적인 가까움이나 멂을 심리적인 가까움으로 만들기 때문에 관계맺음에 있어 서사는 중요하다.

그러나 통상적으로 심리적 거리는 물리적 거리와 비례한다. 물리적으로 멀어지면 실제 획득 가능한 '정보'가 상대적으로 점차 적어지게 마련이며, 이는 자연스럽게 심리적인 거리감을 갖게 하는 요인이 되는 까닭이다.

의미와 해석

가상공간에서의 물리적·심리적 원근

과학기술이 빠르게 발전하는 현대사회에서, 상기 제시된 표의 ㉯'물리적으로는 멀지만 심리적으로는 가까운' 상황은 문제적인 대상이 된다. 이에 해당하는 대표적인 사례로 가상공간에서의 친교를 들 수 있을 것이다. 우리는 통상 '심리적 거리는 물리적 거리와 비례한다'고 여긴다. 그러나 이러한 생각은 기술의 진보를 염두에 둔 특정 입장, 즉 오늘날 인터넷 커뮤니케이션이 지배하는 현실, 더 나아가서는 실제 대면하는 상황과 똑같이 '실시간'으로, 그리고 그와 '동일한 정보량'을 얻을 수 있는 미래의 가상공간을 상정한 입장의 비판을 받을 수 있다. 실제로 이들은 사이버네틱스(Cybernetics)를 통한 가상공간의 최적화된 구축에서 점차 많은 수의 커뮤니티가 보다 덜 로컬화(localization)되고 있음을 그 증거로 삼는다.

하지만 이러한 비판은 다음과 같은 두 가지 가상공간의 특성(혹은 문제점)을 고려하지 않기에 근본적으로 한계를 가진다. 첫째, 가상공간에는 '살'을 통해 감지되고 소통되는 '느낌'의 영역에 대한 고려가 누락되어 있다. 박준상에 의하면, 공간적 제약을 뛰어넘은 '연결'과 '접속'을 표방하는 인터넷은 기실 "원격 감각인 시각"("눈과 머리의 자극")만을 활성화함으로써 오히려 형이상학적 주체, 즉 타자에 대한 끊임없는 대상화를 행하는 관조(觀照)의 주체를 완성하며, 결국 인간을 서로 '떨어뜨리고 고립'시킨다.[3] 설령 그러한 커뮤니케이션 속에서 서로 친밀해졌다는 느낌을 받는다고 해도, 그것은 상대방을 (신체를 통해) 온전히 경험한 데 따른 것이 아니라 부분적인 유사성(혹은 공통성) 발견에 의한 것이므로 실상 그 유대란 매우 약

3 이 점에서 인터넷은 텔레비전의 연장선에 놓여 있다. 'tele-vision'은 '먼 곳'에 있는 것을 '본다'는 것이기 때문이다. 그러나 인터넷이 상대적으로 더 문제인 것은, 웹 2.0 이후, 인터넷은 '실시간 소통-반응'을 할 수 있게 됨으로써 무엇인가 상호성의 경험을 하는 것처럼(기실은 아니지만) 여겨지게 만들었다는 점이다. 정작 그러한 소통은 결코 자신과 똑같이 피와 살, 그리고 감정을 가진 사람에 대한 것과는 분명히 다름에도 불구하고 말이다.

할 수밖에 없다. 그뿐만 아니라 한쪽이 다른 한쪽을 대상화하는 한, 그것은 진정한 의미에서 '가까운' 관계가 아니다.[4] 그 경우, 친밀한 느낌은 투사에 의한 것에 불과하다.

물론 그와 반대 경우, 즉 몸이 가깝다고 해서 마음 또한 '무조건' 가까워지는 것은 아니다. 그러나 물리적인 인접이 없이 마음이 가까워지기 어렵다는 것도 부정하기는 어렵다. 직접적인 접촉을 통한 상호작용이 상대적으로 더 많은 정보량을 소통하며, 따라서 그만큼 자신과의 유사성을 발견하거나 감정이입, 공감 등이 이루어질 기회를 상대적으로 더 많이 얻을 수 있기 때문이다.

정보는 크게 지각, 기억, 지식으로 이루어져 있다. 특히 '지각'은 내부와 외부의 경계에서 주체가 세계를 받아들이는 일차적인 과정이라는 점에서 관계 형성 국면의 기제를 유추하는 데 도움을 준다. 여기서 '지각'이란 단순히 눈-시각이나 귀-청각 등 수용기와 그 자극만을 가리키지 않는다. 애초에 '지각'은 그러한 자극에 국한될 수도 없는데, '지각'은 어디까지나 '행동'을 포함하는 것이기 때문이다.[5] (행동 차원의 수행에 의한) 지각은 기능상 기억을 더 풍부하게 하고, 그럼으로써 지식의 지평을 확장하는 데 기여한다.[6] 즉, 다양한

4 이때 '대상화'는 인간을 '사물화'한다는 의미에서의 대상화라기보다, 자신과 동등한 능동적 주체로 여기지 않는 것을 말한다.

5 흔히 "시각은 망막과 뇌 안에 있는 구조들의 현상"이라고 가정되는 바와 달리, 시각을 비롯한 감각에는 필연적으로 신체활동이 동반되어야 한다. "보는 일에는 눈과 머리와 몸의 움직임이 따른다. 더 중요한 것은, 눈이나 머리나 몸의 움직임이 눈에 대한 감각 자극에 능동적 변화를 일으킨다는 점이다. 달리 말하자면, 사물이 미묘하고 세밀한 여러 면에서 어떻게 보이는가는 당신이 무엇을 하는가에 달려 있다." 알바 노에, 『뇌과학의 함정』, 김미선 옮김, 갤리온, 2009, 104-105쪽.

6 브루스 골드스타인, 『인지심리학』, 도경수 외 옮김, 센게이지러닝코리아, 2016, 64쪽 이하 참조.

방면의 지각이 활성화될수록 그러한 지평은 더 심화·확장될 텐데, 가상공간은 특정한 수용기의 자극, 특히 시각-행동만을 반복·강화하기 때문에 주체의 삶이 매우 협소해지는 동시에 정신의 절대화(형이상학적 주체)가 야기되는 것이다.[7] 그러므로 '외로움'을 느끼는 상태에서는 '살(flesh)', 즉 '온몸'의 감각(특히 촉각)에 민감해진다.

이에 대해 4차 산업혁명이나 트랜스휴머니즘(trans-humanism)을 긍정적으로 전망하는 이들은 과학기술의 발달 수준이 단지 지금 시점에서 정보의 생성과 전달 체계가 실제를 대체할 만큼 정교화되지 않았을 뿐이며, 만약 그러한 체계가 구축되면 관계의 원근에 대한 관념과 행동 방식이 근본적으로 달라질 것이라 주장한다.[8] 그러나 이는 둘째, 가상공간의 구축에는 막대한 자원과 기술이 필요하며, 따라서 그것은 필연적으로 '자본의 순환'에 정향(orientation)되어 있다는 점에서 더 근본적인 한계를 지닌다. 현실은 특정한 방향성을 띠고 기획된 부분과 그렇지 않은(결코 그렇게 할 수 없는) 부분이 공존하는 '전체'인 반면, 가상공간은 자본의 순환을 극대화하기 위해 처음부터 철저하게 욕망의 '개발과 충족'이라는 기제를 통해 기획된 '부분'이다.[9] 그러므로 가상공간은 전체로서의 현실을 결코 '대

---

7 애슐리 몬터규, 『터칭』, 최로미 옮김, 글항아리, 2017, 49쪽 참조. 몬터규는 감각 자극이 종합적으로 입력되지 않으면 뇌의 작동 방식 역시 그만큼 제한된다고 말한다.

8 이종관, 『공간의 현상학, 풍경 그리고 건축』, 성균관대학교출판부, 2012, 25쪽 이하 참조. 이종관 역시 미국 학계를 중심으로 이루어지는 트랜스휴머니즘과 학문 간 융합의 흐름을 두고, 그것이 전제하는 탈신체·탈공간에 대해 우려를 표한다.

9 "이렇게 되는 것은, 기호자본주의가 사람들의 인지능력 그 자체를 전체로서 구매하여 노동하게 하는 것이 아니라 그들의 활동, 감수성, 주의력, 소통능력의 파편을 구매하여 그것들을 접속망 속에 투입하기 때문이다. 즉 자동장치인 접속망이 강력한 유기체가 되고, 산 노동(living labour)은 세포화되어 부품으로 기능할 뿐이

체'할 수 없으며, 그저 특정 기능을 수행하기 위해 만들어진 '또 다른' 세계('자각몽'으로서의 시각적 환상세계)일 뿐이다.[10] 그 안에서도 자원의 분배는 현실과 다르지 않다.

현대 도시에서 '가까움'이 주는 불안감

직접 접촉을 통한 상호작용은 매체를 통한 간접 접촉보다 상대적으로 더 많은 정보량을 소통한다. 이는 아이러니하게도 ㉰의 경우, 즉 도시의 거리나 카페, 광장과 같은 장소에서 우연히 마주치는 관계일 경우 오히려 불안감을 유발하는 원인이 된다. 문제는 '우연성'이다. 사후(事後)적으로 서사가 형성된다면 그만큼 불안감은 다소 누그러지거나 일정 부분은 해소될 수 있겠지만, 그렇지 않다면 불안감에 시달리게 된다. 도시에서 사는 사람들이 그처럼 불안한 감정에 자주 휩싸이는 것은, 자신의 '내면', 즉 공유하고 싶지 않은 자신의 사적인 면모를 부지불식간에 '(심리적으로는) 멀지만 (물리적으로는) 가까운 타인'에게 내보일 수 있을지도 모른다는 데 그 원인이 있다.

기 때문이다." 조정환, 『예술인간의 탄생』, 갈무리, 2015, 171쪽.

10 "인터넷은 의식과 몸의 분리를 과격하게 추진한다. 한 사람이 인터넷에 매달리게 되는 데에 따라, 마찬가지로 자신의 의식에 종속되어 '갇히지만', 그의 몸은 세계로부터, 사물들과 타인들로부터 떨어져 나온다."(박준상, 「인터넷 문화와 타인과의 관계」, 『비평문학』 제75호, 한국비평문학회, 2020, 139쪽) "인터넷을 통해 우리가 받는 지배적인 자극은 눈과 머리의 자극, 즉 이미지와 관념의 자극이다. 인터넷에서 배제되는 것은 몸의 감응이고, 인터넷을 압도적으로 주도하는 감각은 가장 멀리 있는 사물까지 감지하는 원격 감각인 시각이다. 앞에 놓여 있는 사물이나 사람을 이미 분석하고 분류하며 판단하고 있는, 한마디로 관념화하는 동시에 대상화하는 가장 지성적인 감각인 시각, 이미 인식하고 사고하고 있는 시각, 몸으로부터 가장 멀리 떨어져 있는 동시에 의식에는 가장 가까운 감각인 시각, 그 의식의 감각 또는 감각의 의식이 인터넷을 지배한다."(위의 글, 144쪽)

현대 한국의 도시는 1960년대 압축적 근대화·산업화를 거치며 30년도 채 안 되어, 즉 한 세대가 지나기도 전에 80%의 도시화율을 나타낼 정도로 급속하게 성장하였다. 특히 대규모 노동력이 필요한 제조업 지구를 중심으로 인구가 빠르게 밀집하였으며 이에 요구된 여러 가지 기능들 또한 그에 준하는 속도로 밀집·증가하게 되었다.[11] 이렇게 형성된 도시에는 다양한 직종이 생겨났는데, 이들은 "화폐를 매개로 상호 연결되어 이질적이면서도 이해타산적인 근대적 인간관계를 형성"[12]함으로써 도시의 '다공성(多孔性)'에 일조한다. 외부로는 무한히 열려 있게 되고 내부로는 이질적인 것들이 공존하게 된 셈이다. 도처에서 사람들은 끊임없이 조우(遭遇)하고 다시 흩어지길 반복하지만, 그러한 반복은 어디까지나 (사람을 수단화하는) '화폐 경제' 안에서 이루어지며, 또 한편으로 생산-소비의 빠른 회전과도 결부되어 있다. 따라서 관계에서의 서사의 형성은 계속적으로 지연, 유사성과 이실성에의 민감도 상승과 불신에 의한 불안감 상승을 야기하는 것으로 귀결된다.[13]

'가까움'과 관계의 윤리학

도시에서의 거주는 사람들로 하여금 불안을 촉발하는 사회적 요인에 (뇌가) 더 강렬하게 반응하도록 만든다.[14] 생면부지의 사람들

11 전종한 외, 『인문지리학의 시선』(개정3판), 사회평론, 2018(초판: 2005), 369쪽.

12 위의 책, 374쪽.

13 설령 모종의 일체감을 느꼈을지라도, 그것은 어디까지나 우연에 의한 깨달음일 따름이며, 오히려 그러한 일시성 때문에 공유하고 싶지 않은 자신의 면모를 타자가 알게 된다는 사실이 주체에게 두려움과 혐오감을 줄 가능성도 있다. 특히 자본의 도시에서 정보는 그 자체로 자본이 될 가능성이 있기에 언제든 '약점'이 된다.

14 Allison Abbott, "Urban Decay", *Nature* vol.490, Macmillan Publishers, 2012, pp.162-164.

이 대규모로, 그리고 상호 무작위적으로 가깝게 대면하는 상황은 진화사적으로 볼 때 결코 자연스러운 상황이 아니며, 한편으로 '위험한' 상황이기 때문에 심한 스트레스를 유발할 수 있다. 한국사회에서는 이러한 생활양식으로의 이행은 지나치게 빨랐기 때문에 적절한 대응 방식을 형성해내기 어려웠다. 더군다나 도시에서의 삶은 기존 공동체와 같이 구성원이 서로 같은 일을 수행하는 집단의 삶이 아니기 때문에 명실상부 '각자의 삶'이 된다. 사적/공적 공간의 구분이 대두되고 사생활, 사적 공간의 구축 등에 과도하게 관심을 두는 까닭, 그리고 관조를 위해 가상공간에 적극적으로 참여하는 것 등도 이와 같은 맥락 때문이라고 할 수 있다.

이러한 현대 도시의 삶에서 '가족'과 '가정'은 무목적적 모둠, 휴식과 재충전의 공간 등으로 개념화된다. 그러나 그러한 가족과 가정이 무조건적으로, 그리고 자연스럽게 주어지는 것은 결코 아니다. 기실 '가족'과 '가정' 역시 사정은 다르지 않다. 다만 그곳은 '바깥' 세상과 다르다는—실은 달라야 한다는 요구에 의한 것인—말로 언어적 노력에 의한 서사 구축의 필요성이 은폐, 혹은 억압되어 있을 따름이다.

개개인이 행복하고 자유로운 삶을 영위하기 위해 상호 동반자가 되려는 과정에서, 자신이 수단이 아닌 목적 그 자체가 될 때 그러한 행복은 비로소 가능하다. 신체의 물리적 가까움은 무목적적 모둠 관계를 맺기 위한 조건이 될 수 있다. 물리적인 인접은 구성원들 간에 원활한 정보 교환을 가능하게 만들고, 그럼으로써 공감과 감정이입(신체)을 통한 주체의 의미적 상호 위치 지움, 즉 서사를 형성하는 데 일차적이기 때문이다. 여기서 ㉮ 유형에 대해 논할 수 있다. ㉮의 경우에는 '자기 자신'이나, 같은 물리적 공간에서 함께 사는(혹은 공통 목적으로 한 공간에 모인) 모듬 구성원의 관계 등이 해당한다. 그러나 물리적 거리가 가깝다고 해서 무조건적으로 서사가 형성되지는 않는다. 중요한 것은 '지속성'이며, 그 때문에 단순히 가까움을 넘어 '함께 삶'이 강조될 필요가 있다. 물론 함께 삶으로서 만들어진 지속적인 신체 매개적 인접은 다른 이의 주체성 박탈로—다른 ㉯, ㉰의 경우들과 마찬가지로—귀결될 가능성 또한 포함하기에 윤리적 태도를 구성할 필요성은 존재한다.[15]

특히 신체, '살'은 모두가 공통적으로 가지고 있는 동시에(신체의 공통성) 자신(자아)의 '바깥'이므로 근원적인 소통의 장이 된다. 타인과 만나는 것, 그리고 관계 맺음은 '바깥'을 인식하고 그것을 인정할 때 이루어지기 때문이다. 자신의 '내부'를 열어서 보여주지 않으면 위험해지지는 않겠지만, 그만큼 가까운 관계(가능성)는 성립될 수 없다. 위험한 만큼 위대한 것이다.

---

15 정신분석학 임상의인 사이토 다마키는 『엄마는 딸의 인생을 지배한다』는 다소 도발적인 제목의 저서를 통해, 모녀관계에서 신경증 증상이 심각한 수준으로, 그리고 빈번하게 발생하는 것을 발견하고 그 원인에 대해 분석한다. "지나치게 가까운 거리는 어떤 문제를 초래할까요? 아주 다양한 패턴이 있습니다. 학대관계, 서로에게 상처를 주는 관계, 지나치게 간섭하는 관계, 일란성 모녀관계 등등. (중략) 딸을 지배하는 어머니, 바로 이것이 모든 패턴의 공통점입니다. 물론 학대관계와 일란성 모녀 같은 관계의 경우 서로 크게 다르기는 합니다. 하지만 문제는 어떤 관계건 어머니의 능동성과 딸의 수동성이라는 조합만은 변하지 않는다는 점입니다. 능동과 수동의 구분은 실제 행동 패턴보다는 '어느 쪽이 컨트롤하는 입장인가'라는 기준에 따른 것이라고 이해해주시면 됩니다." 사이토는 모녀관계에서 '어머니가 딸을 지배하는', 즉 한쪽이 다른 한쪽을 지배하는 일이 잘 발생하는 이유를, 특히 모녀관계에서 공감과 감정이입이 자주 일어나기 때문이라고 분석한다. 말하자면 딸은 어머니가 자신의 삶을 차압하려는 시도를 알면서도 그의 입장에 대해 공감하기 때문에 섣불리 '어머니 죽이기'를 실행하지 못하고 오히려 동화되기 때문이라는 것이다. 보다 자세한 것은 사이토 다마키, 『엄마는 딸의 인생을 지배한다』, 김재원 옮김, 꿈꾼문고, 2017, 47쪽 이하 참조.

그러나 다시 말하지만, 그러한 '위대한 가능성'은 여전히, 근본적으로 그에 상응하는 광기를 내포하고 있다는 점에서 '언어의 지평'이 동반될 필요가 있다. 유사성에의 확인을 비롯하여, 함께 살을 맞대고 생활함으로써 얻은 구성원들의 많은 정보와 그로 인해 형성된 감정이입의 장은 친함의 상태를 극대화하는 데 도움을 주지만, 바로 그 정도만큼 반대로 서로를 구속하거나 한쪽을 일방적으로 이용하는 데 도움을 줄 수도 있다. 심지어 그러한 감정이입과 공감으로 인해 동질성을 경험함으로써 오히려 그와 같은 문제적 관계에서 벗어나지 못하는 경우가 생기기도 한다. 이는 한편으로 윤리적인 문제이며, 그것은 자기 자신을 절대화하지 않고 또 타자의 주체성을 인정하는 것, 다시 말해 같으면서도 동시에 어디까지나 다르다는 사실을 승인하는 끊임없는 언어적 작용에 대한 요구다.

참고문헌 및 더 읽을거리

박준상, 『떨림과 열림 - 몸·음악·언어에 대한 시론』, 자음과모음, 2015.

박준상, 「인터넷 문화와 타인과의 관계」, 『비평문학』 제75호, 한국비평문학회, 2020.

브루스 골드스타인, 『인지심리학』, 도경수 외 옮김, 센게이지러닝코리아, 2016.

사이토 다마키, 『엄마는 딸의 인생을 지배한다』, 김재원 옮김, 꿈꾼문고, 2017.

알바 노에, 『뇌과학의 함정』, 김미선 옮김, 갤리온, 2009.

애슐리 몬터규, 『터칭』, 최로미 옮김, 글항아리, 2017.

이종관, 『공간의 현상학, 풍경 그리고 건축』, 성균관대학교출판부, 2012.

전종한 외, 『인문지리학의 시선』(개정3판), 사회평론, 2018(초판: 2005).

조정환, 『예술인간의 탄생』, 갈무리, 2015.

존 어리, 『사회학을 넘어선 사회학』, 윤여일 옮김, 휴머니스트, 2012.

미셸 마페졸리, 『부족의 시대: 포스트모던 사회에서 개인주의의 쇠퇴』, 박정호·신지은 옮김, 문학동네, 2017.

파커 J. 파커, 『비통한 자들을 위한 정치학』, 김찬호 옮김, 글항아리, 2012.

Allison Abbott, "Urban Decay", *Nature* vol.490, Macmillan Publishers, 2012.

배려 Caring *

기본적 정의

어떤 존재 자체나 그 존재가 놓인 상황에 대해 염려하고 공감함으로써 상황이 나아지거나 개선되도록 마음 쓰고 실천적으로 행동하는 것을 뜻하는 용어로, 정의윤리와 대립되는 지점에 위치하는 배려윤리의 핵심 개념이다. 배려하기는 배려받는 자, 배려하는 자, 배려 행위라는 세 요소를 통해 시작된다. 배려받는 자와 배려하는 자의 상호의존성을 바탕으로 전자의 필요와 요구에 의해 후자의 배려 행위가 일어난다. 배려가 잘 되었다는 것을 확인하고 표현하는 배려

* 논의를 진행하기에 앞서 먼저 care 개념을 배려 혹은 돌봄으로 번역하는 경우가 있어 이 두 번역어 중 필자는 배려로 사용하고 있음을 밝힌다. 이 개념은 철학, 윤리학 혹은 교육학의 영역에서는 주로 배려로 쓰고 있고, 정치학, 간호학, 사회복지학 등의 영역에서는 주로 돌봄으로 번역한다. 돌봄의 사전적 의미는 "건강 여부를 막론하고 건강한 생활을 유지하거나 증진하고, 건강의 회복을 돕는 행위"이며, 영어로는 care를 쓴다고 되어있다. 이렇게 본다면 care를 돌봄 개념으로 사용했을 때는 신체 혹은 유형의 것을 대상으로 하는 것으로, 어떤 상태의 유지와 회복의 방법과 해석에 초점을 맞춘다고 볼 수 있다. care를 배려로 쓸 때는 배려하는 자와 배려받는 자 사이의 관계성, 배려의 이론적인 의미, 배려윤리의 기원 등 보다 포괄적인 의미로 쓴다고 이해한다. 김민영, 「배려윤리의 비판적 고찰」, 『철학연구』 제161집, 대한철학회, 2022, 52쪽.

받는 자의 응답을 통해 배려가 완료된다.

개념의 기원과 발전

배려를 철학적 개념어로 정립시킨 철학자는 하이데거(Martin Heidegger)다. 하이데거는 『존재와 시간』(*Being and Time*, 1927)[1]에서 인간이라는 현존재가 자기 자신을 배려하고 동시에 타인을 배려하는 태도를 분석하면서, '배려'가 인간 삶을 조건지우는 매우 중요한 현상임을 부각시켰다. 여기서 배려는 독일어 Sorge에 해당하는데 사물과 타인에 대한 마음씀을 통칭하는 말이다.

이후 20세기 후반에 이르러 배려 개념은 정의윤리에 맞선 대항 담론 안에서 핵심 개념어로 다루어지기 시작했다. 배려 개념을 윤리학의 논쟁적 개념으로 자리매김한 것은 길리건(Carol Gilligan)이었다. 길리건은 『다른 목소리로』(*In a Different Voice, 1982*)에서 배려의 윤리를 여성의 윤리로 자리 삽세 한다.[2]

길리건은 여성과 남성이 서로 다른 인간 관계적 태도를 지니며 각기 다른 도덕적 특징을 구성한다고 주장한다. 남성은 타인을 배려적 태도보다도 이성적 태도로 대한다. 이러한 태도에 기반한 남성은 권리, 규칙, 정의 등을 중시하는 정의윤리를 도덕적 특징으로 삼는다. 반면 여성은 타인을 배려적 태도로 대한다. 여성은 친밀함, 유대감, 상호의존성, 애착이나 배려의 태도에 기반한 배려윤리를 도덕적

1 마르틴 하이데거, 『존재와 시간』, 이기상 옮김, 까치, 1998.

2 캐롤 길리건, *In a Different Voice*, Harvard Unversity Press, 1982; 『다른 목소리로』, 허란주 옮김, 동녘선서, 1997.

특징으로 삼는다. 배려가 여성적 특징으로 간주되기 때문에 사적 영역에서만 통용되는 것이라고 바라보는 당시의 관점에서, 배려는 도덕적 행위의 판별기준으로 사용되지 않았다. 그렇기 때문에 길리건은 남성적 입장에 치우진 도덕적 행위의 기준에 따라 여성의 배려 행위를 비도덕적인 것으로 간주해서는 안 된다고 본다. 길리건은 남성과 여성의 차이를 인정하면서 양자 관계를 우월한 것과 열등한 것이 아닌 그저 다른 것으로 보아야 한다고 주장한다. 결론적으로 길리건은 배려의 개념을 윤리학의 영역에서 논쟁적인 개념으로 자리잡게 하는 데 이바지했지만, 배려를 성별에 따른 심리적 특성에 국한시킨 한계점을 갖는다. 이러한 한계 안에서 배려는 남성과 대비되는 여성의 도덕적 특징이 되었을 뿐, 보편적인 윤리의 개념어로 정립되지는 못했다.

메이어옵(Milton Mayeroff)은 배려를 관계 중심적 개념으로 정립한다. 메이어옵에 따르면 "다른 사람을 배려한다는 것은, 그 자신을 성장시키고, 실현하도록 돕는 것[3]"이다. 즉 그에게 배려는 배려받는 자에게 일시적이거나 일회적으로 욕구를 충족시키는 방식이 아니라 배려받는 자의 성장 자체를 목적으로 하는 지속적인 관계성을 의미한다.

여기에서 중요한 것은 타인의 성장을 목적으로 하는 배려 행위에서 타인은 물론 자기 자신의 의미와 안정감, 즉 세계 안에서 존재 가능성을 실현시킬 수 있다는 것이다. 내가 타인을 배려하기 위해서는 우선 타인이 나의 부분임을 파악한다는 것을 의미한다. 또한 배려행위 속에서 그가 나와 다른 독립된 인격체이자 성장의 욕구를

3 밀턴 메이어옵, *On Caring*, N.Y.: Harper & Row, 1971, 2쪽.

지닌 개인이라는 것을 인정하게 된다. 그리고 나는 나의 배려를 통해 타인이 성장하는 데서 행복감을 느끼며 내가 타자에게 필수적인 존재임을 자각하게 된다.

나딩스(Nel Noddings)는 플라톤 이래 이상적 국가관을 기술하고 그 국가를 지원하는 하위 집단으로 가정과 가족의 역할을 논의해 온 오랜 철학적 전통의 접근방식에 의문을 품는다.[4] 그는 인간의 능력이 이상적인 이념을 받아들이고 따르는 데서 길러지는 것이 아니라 보살핌 혹은 배려가 있는 집단에서 길러진다고 보았다. 그는 가정과 같은 집단에서 습득될 수 있는 배려와 보살핌의 교육을 더 큰 집단으로 확장해 가야 한다고 보았다.

나딩스는 배려를 "배려하는 사람과 배려받는 사람의 관계를 규정하기 위한 기초"[5]로 정의한다. 그는 배려에 대한 명확한 개념 정의를 하기보다는 배려하는 자와 배려받는 자의 관계 속에서 배려의 개념을 규정하고자 시도한다. 이러한 배려 개념은 배려하는 자와 배려받는 자의 입장에서 각각 배려를 위해 필요한 요소가 무엇인지, 그리고 배려하는 자와 배려받는 자 모두가 배려관계에서 어떤 "특정한 방식"으로 "기여"[6]하고 있는가를 살펴보는 데 초점을 맞춘다. 나딩스는 배려의 도덕적 가치를 강조하면서 배려를 학교 단위에서 교육해야 한다는 것을 정당화하였고, 배려를 통한 민주주의 교육의 필요성을 역설하였다.

길리건에서 나딩스에 이르기까지 배려 개념이 윤리와 교육의 측

4 강문석, 「'합리성'과 '진정성'의 윤리학적 긴장-나딩스의 배려윤리와 헤어의 대응논리를 중심으로」, 『윤리교육연구』 제16집, 한국윤리교육학회, 2008.

5 넬 나딩스, 추병완 외 옮김, 『배려교육론』, 다른우리, 2002, 41쪽.

6 넬 나딩스, 같은 책, 41쪽.

면에서 고찰되었다면, 최근에는 실천으로서의 배려의 의미에 초점을 맞춘 정치학에서 새로운 논의가 시작되고 있다. 이전까지의 배려 이론들은 배려가 하나의 이론이 되는 것에 대해 경계했다. 특히 배려를 일반적인 정의론의 범주에 속할 수 없거나 정치제도에 기입될 수 없는 가치로 여겼다. 그러나 오늘날 몇몇 정치이론가들은 배려 개념이 정치이론에서 특정한 역할을 수행할 수 있다고 본다.

키테이(Eva Feder Kittay), 헬드(Virginia Held)와 트론토(Joan C. Tronto), 잉스터(Daniel Engster)는 배려를 실천적인 측면에서 다루고 있다.[7] 이들은 배려를 더 이상 개인적인 차원이나 감정적인 차원에서 논의할 것이 아니라 '책임'과 '의무'로서 이해해야 한다고 강조한다. 이들은 위계가 확실한 사회구조 내에서 배려가 이루어질 때 사회구조와 배려관계가 밀접한 관련이 있다고 보고 사회구조를 평가하고 개선하는 데 있어서 배려가 특정 역할을 맡을 수 있다고 말한다.

먼저 키테이는 인간 존재 자체가 '의존적'이라고 말한다. 그에 따르면 "의존은 모든 개인의 삶에서 피할 수 없는" 것, 즉 '인간의존의 사실'[8]이다. 이에 기반해 인간관계가 배려 관계라는 것은 지극히 본질적인 것이기 때문에 배려는 특정 성이나 진영에 국한된 것이 아니라 인간의 보편적인 의무가 된다.

---

7 헬드와 트론토, 잉스터의 저작을 번역한 김희강은 배려를 '돌봄'으로 표현하고 있다. 앞에서 밝힌 것처럼 보통 care 혹은 caring은 배려, 돌봄, 보살핌 등으로 번역되고 있는데 주로 철학을 포함한 윤리의 영역에서는 배려로, 간호, 사회복지, 정치 영역에서는 돌봄으로 해석되는 경향이 있다. 이에 대해 박병춘은 자신을 둘러싼 주위 사람들에 대해 일상적으로 응해 주는 관계를 배려라고 표현하고, 전문적인 직업인이나 기관의 활동적 측면에서는 돌봄, 보살핌으로 표현한다고 말한다. 박병춘, 『배려윤리와 도덕교육』, 울력, 2002, 13쪽.

8 에바 페더 커데이, 『돌봄: 사랑의 노동』, 김희강 외 옮김, 박영사, 2016, 81쪽.

헬드는 배려를 여성의 전통적인 역할이라고 보는 견해는 바람직하지 않고 남성과 여성 모두에게 개방된 페미니스트 윤리임을 강조한다.[9] 그는 이성에 입각한 도덕이론들에 대항하여 배려윤리가 하나의 대안적 도덕이론이 될 수 있다고 본다.[10] 그는 미덕윤리가 개인의 심성을 강조하는 데 비해 배려윤리는 관계에 집중하기 때문에 이와 차별화된다고 말한다. 즉 배려윤리는 사회적 관계와 사회적 실천의 사회적 가치에 더 집중한다.

트론토 역시 배려윤리를 여성뿐 아니라 남성도 가치 있게 받아들여야 한다고 말한다. 이를 위해서는 배려책임과 그 책임의 분배를 면밀하게 다루어야 한다. 배려에서 책임의 의무가 강조되면서 배려는 '함께 배려함'[11]의 단계로 접어들게 된다. 이것은 이제 배려의 문제가 개인적이거나 사적인 차원이 아니라 조직적이고 사회집단적인 차원에서 이루어져야 한다는 것을 의미한다.

잉스터는 인간이 상호의존적인 존재라고 보고, 배려실천을 토대로 한 정의론[12]을 주장한다. 그에게서 배려는 이제 정치이론의 몇 가지 구성요소 중 하나가 아니라 가장 핵심적인 요소가 된다. 잉스터는 인간의 근본적인 상호의존성에 기반해서 타인을 의무적으로 돌봐야 한다는 배려의무론을 주장하고 나아가 우리 사회의 전 영역을 아울러 배려사회의 기본제도와 정책을 수립해야 한다고 주장한다. 그는 인간을 가장 잘 돌볼 수 있는 정부가 가장 정당한 정부임을 천명하며 배려정부론[13]을 주창하기에 이른다.

---

9 버지니아 헬드, 『돌봄: 돌봄윤리』, 김희강 외 옮김, 박영사, 2017, 48쪽.

10 버지니아 헬드, 같은 책, 23쪽.

11 조안 C. 트론토, 『돌봄민주주의』, 김희강 외 옮김, 박영사, 2021, 116쪽.

12 다니엘 잉스터, 『돌봄: 정의의 심장』, 김희강 외 옮김, 박영사, 2017, 30쪽.

배려하는 자와 배려받는 자

길리건에 따르면 배려윤리가 발달할 수 있었던 것은 인간관계에 내재된 인간 심리에 대해 보다 진보된 이해가 가능했기 때문이다. 인간관계에 대한 축적된 지식을 반영하는 이 윤리에 전제된 중심적인 직관은 자아와 타아가 상호의존적이라는 점이다.[14] 나딩스는 이 점을 더 분명하게 했다. 배려에는 배려하는 자, 배려받는 자, 배려행위의 세 가지 요소가 있으며 배려하는 자와 배려받는 자의 상호 관계성이 배려 관계를 성공적으로 이끌 수 있다.

배려하는 자는 배려받는 자의 필요에 의해 배려하기를 시작할 수 있다. '어떤 아이가 신발 끈을 매려고 애쓰고 있을 때', 곧바로 신발끈을 대신해서 매어주기 전에 우리는 '신발끈을 매는 것처럼' 손가락이 움직이고 있음을 깨닫는다.[15] 이처럼 '도움이 필요한 사람을 도와주려는 열망', 상대방이 하는 일을 도와주고 싶도록 상대방을 향할 때의 상태가 바로 나딩스가 말하는 동기적 전이이다.

나딩스에 따르면 이처럼 배려의 시작은 배려하는 자가 아니라 배려받는 자로부터 시작된다. 또한 배려의 완료 역시 배려받는 자의 수용과 응답이 있어야 한다. 그에 따르면, 배려받는 자는 배려하는 자로부터 배려를 받았다는 것을 수용(reception), 인지(recognition), 반응(response)의 상태[16]를 통해 보여주게 된다.

---

13 다니엘 잉스터, 같은 책, 29쪽.

14 Carol Gilligan, In a Different Voice, 73-75쪽 참조.

15 넬 나딩스, 『배려교육론』, 43쪽.

상호의존성

만약 배려를 배려하는 자의 일방적인 동정심과 우월감에서 비롯되는 것으로 본다면, 배려는 상호관계 속에서 이루어지는 것이 아니라 배려하는 자인 주체의 일방적인 행위에 불과하게 된다. 그렇기 때문에 이 관계를 상호 대등한 관계로 규정하는 것에는 무리가 있다. 그렇다면, 배려하는 자는 배려받는 자와 완전히 동등한 지위를 갖고 있는가? 그것도 문제가 있다. 왜냐하면 배려란 배려하는 자가 배려'받는' 자에게 마음을 쓰고 배려행위를 '하는' 것이기 때문이다.

결국 배려 이론은 배려 관계에서 배려하는 자가 우월하다는 입장도, 배려하는 자와 배려받는 자가 동등하다는 상호 평등성에 입각한 입장도 취하기 어렵다는 모순에 직면하는 것 같다. 배려 이론가들은 '상호의존성'이라는 개념으로 이러한 모순을 해결하고자 한다.

인간이 상호의존적이라는 말은 말 그대로 마주한 A와 B가 둘 다 서로에게 의존한다는 뜻이 아니다. 둘 다 서로에게 의존하고 서로에게 책임을 진다는 이런 관점은 배려하는 자와 배려받는 자가 상호 평등한 관계라는 말과 다를 바가 없다. 상호의존적이라는 말의 방점은 "의존적"이라는 것에 찍힌다. 인간은 의존적이고 상처받기 쉬우며 인간이기 때문에 근본적인 취약성을 갖는다는 것이다. 곧 인간은 취약성을 본성으로 갖는다. 이는 인간이 각각 독립된 실체로 존재한다는 것을 기본 토대로 삼는 근대적 인간관을 부정 혹은 반박하는 셈이다.

이런 관점에서 우리가 누군가의 필요에 응답하는 것은 선택이

16 넬 나딩스, 같은 책, 44쪽.

아니라 의무가 된다. 타자는 취약하고 상처받을 수 있는 존재로서 나에게 배려하라고 명한다. 우리는 이에 대해 답을 해야 할 책임을 갖는다. 이때 배려하는 자와 배려받는 자의 관계는 타자에게 기울어진 비대칭적인 관계가 될 수밖에 없다. 왜냐하면 우리가 그를 배려한다는 것은 그의 필요를 우리가 알아챘기 때문이며, 우리가 그의 필요에 따라 움직인다는 사실을 의미하기 때문이다. 결국 진정한 배려란 배려받는 자에게 책임을 져야 한다는 부담[17]과 책임 속에서 배려받는 자를 위해 필요한 무언가를 할 때 시작된다.

간접적 배려와 직접적 배려

배려가 배려하는 자와 배려받는 자 사이의 관계이며 이 관계의 시작과 완료가 배려받는 자로부터 시작된다면 진정한 배려의 관계는 대면 관계 즉, 직접적 배려관계라고 할 수 있을 것이다. 이런 의미에서의 배려를 직접적 배려라고 한다. 간접적 배려는 거리가 떨어져 있거나 관계가 형성되지 않은 상태에서의 배려를 의미한다. 이 경우 진정한 배려가 이루어졌다고 할 수 없다.

그러나 나딩스가 배려를 명사형이 아니라 서술형으로 즉 '배려하는'으로 이해하고 있다는 것은 중요하다. 배려는 하나의 관계나 순간에서는 완료가 있을 수 있으나 그것은 끝없이 시작되는 이야기라는 점이다. 그렇기 때문에 직접적 배려 관계가 중요하다는 것은 변함없지만 원과 사슬 개념을 통해 배려의 대상이 확대될 수 있다. 배려하는 자는 자신으로부터 멀리 있는 사람을 더 적게 배려할 수

17 Nel Noddings, *Caring Feminine Approach to Ethics and Moral Education*, University of California Press, 1984, 9쪽.

밖에 없지만, 그렇게 적게나마 배려받은 사람은 또 다른 배려의 맥락에서 최초의 배려하는 자의 사슬에만 위치했었던 자를 배려할 수 있다.

참고문헌 및 더 읽을거리

강문석, 「'합리성'과 '진정성'의 윤리학적 긴장」, 『윤리교육연구』 제16집, 한국윤리교육학회, 2008.

김민영, 「배려윤리와 환대」, 『대동철학』 제89집, 대동철학회, 2019.

김현경, 『사람, 장소, 환대』, 문학과지성사, 2019.

넬 다닝스, 『배려와 도덕교육』, 고미숙 옮김, 교육과학사, 2018.

넬 나딩스, 『배려교육론』, 추병완 외 옮김, 다른우리, 2002.

다니엘 잉스터, 『돌봄: 정의의 심장』, 김희강 외 옮김, 박영사, 2017.

박병춘, 『배려윤리와 도덕 교육』, 울력, 2002.

버지니아 헬드, 『돌봄: 돌봄윤리』, 김희강 외 옮김, 박영사, 2017.

에마누엘 레비나스, 『전체성과 무한』, 김도형 외 옮김, 2018.

에바 페더 커데이, 『돌봄: 사랑의 노동』, 김희강 외 옮김, 박영사, 2016.

이동윤, 「나딩스 교육론의 사상적 배경에 관한 연구」, 『교육연구논총』 40집, 2019.

조안 C. 트론토, 『돌봄민주주의』, 김희강 외 옮김, 박영사, 2021.

진미정 외, 『가족과 돌봄』, 도서출판 하우, 2022.

캐롤 길리건, 『다른 목소리로』, 허란주 옮김, 동녘선서, 1997.

사이 between

기본적 정의

국어사전에서 사이는 한곳에서 다른 곳까지, 또는 한 물체에서 다른 물체까지의 거리나 공간 또는 한때로부터 다른 때까지의 시간적 틈새를 의미한다. 나아가 사이는 사람들 사이, 우리 사이, 또는 너와 나 사이 등의 일상어 표현에서 자주 쓰이듯이 사람들이 맺은 관계 또는 사귀는 정분을 의미한다. 그러나 철학적 담론의 지형에서 볼 때 사이는 사람들의 관계의 차원과는 다른, 즉 윤리적이거나 정치적 차원이 아닌 존재론적인 차원에서 이해될 필요가 있다.

개념의 기원과 발전

니체는, 내 앞에 매 순간 펼쳐져 있는 이 공간과 사물들이 나의 감각 기관을 통해 내 안에 주어진 것들인지, 아니면 내 밖에 존재하는 객관적인 것들인지, 물었다. 예를 들어 지금 내 앞에 보이는 이 머그컵은 내 망막 안에 주어진 하나의 감각인가, 아니면 내 밖에 존재하는 객관적인 하나의 사물인가? 니체는 둘 다라고 대답한다. "그래서 결국 외부 세계가 우리의 감관의 활동 결과가 아니라고-?"[1] 그는 이렇게 반어적으로 물으면서 외부 세계는 우리의 감각 기관들의 활동 결과 이외에 아무것도 아니라고, 그 활동으로부터 파생된 것일 수밖에 없다고 역설한다.

우리 각자가 매 순간 마주하고 있는 이 공간(세계)과, 거기에 놓여 있는 사물들은, 일반적인 믿음과는 다르게, 그 자체로, 우리와 무관하게 객관적으로-즉 실체로서-존재할 수 없다. 그것들 모두는 우리와의 관계를 전제하고, 우리의 어떤 행위(감각 기관의 활동)에 따라, 우리 바깥이 아니라 우리와의 '사이'에 존재한다. 그것들 모두는 바깥의 객관적 대상들이 아니며, 나의 몸에, 너의 몸에, 우리 몸들에 얽혀 들어와 있는 한에서, 우리 '사이'에서, 우리 공동의 봄과 들음에 따라 객관적인 것들로 승격(승인)될 뿐이다.

주체와 대상의 분리 이전에, 주체의 대상에 대한 의식적이고 개념적인 규정 이전에, 어떤 사이-윤리적이거나 정치적인 차원에서 물음이 되고 이해될 수 있는 너와 나 사이나 사람들 사이가 아닌 존재론적인 사이, 즉 세계와 사물들의 존재 자체가 관건이 되는 사이-의 행위가 있다. 그 행위는 언어 활동·인식 활동 이전의 감각들의 행위, 그리고 감각들의 교차·소통·종합의 움직임인 느낌이다. 그 행위(감각과 느낌)는 착각과 오류를 가져오는 주관적인 것도, 이성에 반하는 비합리적인 것도 아니다. 그 행위는 주관적인 것·객관적인 것 그리고 합리적인 것·비합리적인 것 이전의 존재의 열림을 추진하는데, 그 행위가 없다면 세계도 사물들도 존재할 수 없다. 명사화(대상화)하는 언어 활동·인식 활동 이전에 세계와 사물들과의

1 프리드리히 니체, 『우상의 황혼』, 박찬국 옮김, 아카넷, 2015, 15항.

관계를 여는, 그 사이를 전개시키는, 즉 우리로 하여금 세계 내에 거주하게 하는 동시에 사물들과 함께 존재할 수 있게 하는 감각과 느낌의 동사적 행위가, 한마디로 존재의 행위가 있다. 그 행위가 없다면, 거주와 삶의 공간으로서의 세계 자체가 존재할 수 없다.

마르틴 하이데거에게서 존재는 인식되는 '것'(대상)이 아니고, 언어로 규정(정의)될 수도 없는 언어 이전 또는 이후이며, 그렇다고 칸트적인 물자체와 같이 완전히 경험의 영역 바깥에 놓여 있는 초월적인 어떤 것도 아니다. 존재는 그 자체를 우리의 경험에 내어주지만, 그 존재 경험은 의식 내에서 대상 하나가 대상으로 정립되는 과정에 대한 경험이 아니고, 단지 공간(세계)과 나의 관계가, 그 사이가 열리는, 공간이 내 안에 놓이는 동시에 내가 공간에 놓이는 경험이다. 그리고 그 경험은, 하이데거에 의하면, 인식의 경험이 아니라 감정(Gefühl) 또는 기분(Stimmung)의 경험일 것이다. 존재가 경험 내로 들어온다는 것은, 존재가 어쨌든 나와 접점을 갖는다는 것이며, 그 접점은 전-의식적·전-언어적이자 전-인식적인 감정 또는 기분의 접점이다.

하이데거의 존재 사유는 플라톤 이래로 현실(삶) 위에 군림하면서 현실을 억압하고 은폐시켜온 관념(이데아)의 영역을 해체하고, 우리의 현실(세계-내-존재로서의 삶) 그 자체를 볼 수 있도록 이끌었다. 그의 『존재와 시간』은 새로운 철학이나 형이상학을 설파하는 고준담론이 아니라, 우리 각자가 아침에 눈뜨고 밤에 다시 잠자리에 드는 하루 동안 어떻게 세계 내에서 살아가고 있는가를 현상학의 현미경을 통해 들여다 본 책이다. 세계와의 그 관계의 열림과 펼쳐짐을, 그 관계의 동사적 사건을, 이성적·언어적·개념적 인식과는 다른 감정이 추진한다. 감정이 중요한 이유는, 그것이 세계와의 관계를, 사물들과의 수많은 관계를 감지하고 전개시키기 때문이다. 세계외의 관계 내에 제대로 놓이지 못하면, 우리는 관념들 내에 갇혀 무기력의 노예가 될 것이며, 사물들을 제대로 느끼지 못한다면 아무것도 '할 수' 없게 될 것이다. 또한 세계와 사물들을 그 자체로 느낄 수 있어야만—즉 각각의 '거기(da)'로 열릴 수 있어야만—그 모든 것에 대한 타당한 이성적·개념적 인식들을 성취할 수 있을 것이다.

의미와 해석

본래적인 거주로 귀결된 존재론적 사이

철학을 우리의 삶 가까이로 데려오고, 철학을 통해 우리의 삶을 다시 한번 새롭게 조명할 수 있게 한 하이데거의 공적을 무시할 수 없다. 그렇다 하더라도 그는 나와 세계와의 존재론적 관계에만 주목할 뿐 타인과의 윤리적이거나 정치적인 관계를 무시했다. 타인과의 관계 일반이 『존재와 시간』의 '그 누구(das Man)'에 대한 분석에서 길지 않게 언급되었을 뿐이다. 그는 세계와 나의 존재론적 사이에만 몰두했을 뿐, 타인과 나의 윤리적이거나 정치적인 사이는 애초부터 시야에서 물러나 있었다.

따라서 그의 사유에서 '세계-내에서의-거주'만이 점점 더 두드러지게 부각될 뿐, 어떠한 새로운 윤리적·정치적 비전도 찾아볼 수 없게 된다. 하이데거는 철학의 영역에서 새로웠다 할지라도, 정치의 영역에서는 정체되어 있었다. 정치적 정체(停滯) 또는 보수성은 그가 나치와 직접적으로 만나기 이전에 그의 사유 자체에서 이미 예견되어 있었다.

하이데거가 아무리 추상적이고 중립적인 철학적 언어로 말했다 할지라도 거주는 구체적인 어떤 영역의 땅(가령 한 민족의 땅)에서의 거주일 수밖에 없으며, 그러한 한에서 세계-내-존재는 고유의 영토(땅)에 거주하는 어떤 민족적 존재로 어렵지 않게 귀결된다.

> 이 열려진 연관들이 편재하는 넓은 터전이 이러한 역사적 민족의 세계이다. 이러한 세계로부터 그리고 이러한 세계 속에서만 비로소 이 민족은 자신의 사명을 완수하기 위해 자기 자신에게로 돌아간다.[2]

그가 자신의 중요한 저작들 중 하나에서 노골적인 어떤 민족주의를, 나치주의와 엮여 있을 수도 있는 게르만 민족 중심주의를 공표했다는 것이 아니다. 여기서 그가 말하는 "이 민족"은 물론 게르만 민족을 적시하고 있지 않다—이 표현은 문맥 내에서 당연히 그리스 민족을 가리킨다. 그러나 땅(세계·대지)과 민족, 그리고 양자의 연관성을 강조하는, 위에서 분명히 읽히는 민족주의적 사유가 문장들의 문맥이 아닌 현실의 문맥(즉 당대의 나치의 맥락)에 놓이게 될 때, 즉 현실적 구체화의 압력 아래로 들어가게 될 때, 매우 구체적이고 현실적인 동시에 역사적인 하나의 민족주의를 쉽게 구축하고 옹호할 수밖에 없게 된다는 것이다.

하이데거가 히틀러와 나치를 무비판적이고 맹목적으로 추종했다는 것이 아니다. 그는 아마 '최종 해결책'과 홀로코스트에 대해서

2 마르틴 하이데거, 「예술작품의 근원」, 『숲길』, 신상희 옮김, 나남, 2008, 54-55쪽.

도 당시에는 알지 못했던 것처럼 보이지만, 그러한 상태에서도 그가 나치주의와 히틀러의 조약함에 대해 수차례 비판했었다는 것도 사실이다. 다만 하이데거는 자기 고유의 존재 사유를 통해 형성된 자신의 민족주의적 경향(세계와 대지에서의 거주의 본래성에 대한 강조, 복고적이고 '중세적인' 공동체의 부활과 재건을 옹호함, 그리고 무엇보다 반유대주의)이 불행하게도 나치주의와 만났을 뿐이다. 한마디로 그는 자신의 민족주의(민족 공동체주의)가 나치를 통해 실현될 수 있을 것이라고 믿었다. 그에 따라 하이데거 고유의 민족주의가 설사 본래적이고 고상한 것이었다 할지라도, 당대의 역사적·현실적 상황(즉 나치의 권력이 지배하는 상황)에 들어가게 되면서 나치의 민족주의(국가사회주의, 즉 민족 공동체주의)에 무리 없이 수렴된다.

그 사실을 2014년 출간된, 집권한 나치를 바라보면서 1931년부터 1941년까지 하이데거가 쓴 정치적 텍스트들을 모아놓은 『성찰들』[3]과, 이 책에 대한 장-뤽 낭시의 연구인 『하이데거의 평범성』[4]이 확인시켜준다. 검은색 노트 몇 권에 작성되었던 하이데거의 정치적 성찰들을 출판한 것이기에 '검은 노트들(Schwarze Hefte)'이라는 부제가 붙은 이 『성찰들』을 보면, 당시 그의 정치적 입장·견해와 생각은 여느 독일인 아저씨의 그것들과 근본적으로 다르지 않았는데, 이에 대해 낭시는 '하이데거의 평범성'이라는 표현으로 대응한다. 말하자면 하이데거는 당시의 여느 나치추종자와 다르지 않게, 그 못지않게, 즉 철학자로서 유대인과 반유대주의에 대해 다르게 사유하지

3 M. Heidegger, *Überlegungen*, Vittorio Klostermann, 2014.
4 J.-L. Nancy, *Banalité de Heidegger*, Galilée, 2015.

못한 채(무사유의 '평범성', 낭시는 하이데거를 지칭하는 이 '평범성'이라는 표현을 한나 아렌트로부터 빌려왔다) 반유대주의를 확고하게 주어진 전제로 받아들여 공표했다는 것이다.

하이데거가 당대의 지배 권력에 기꺼이 또는 마지못해 비위를 맞추었던 것이 아니다. 그 자신의 고유한 사유가 가는 길을 따라가다가, 나치의 권력이 가리키는 같은 목적지에 이르게 되었을 뿐이다. 이는 우연이 아니며, 그의 사유 자체가 만들어낸 가장 중요하고 가장 결정적인 하나의 결과이다. 역사(서구 역사)의 시작·종말과 목적을 가정해서 유대인을 그 역사의 종말을 실행에 옮길 인간 유형으로 하이데거가 규정하는 데에 따라, 존재를 전개시키고 책임지는 자라고 여겨진 자유롭고 무규정적인—특정 부류의 인간이 아니라 인간의 어떤 존재 방식인, '어떤' 인간이 아니라 인간의 '어떻게'인—현존재는 특정 인간 유형의 표상(유대인) 안에 갇혀버리게 되고, 현존재의 열린 시간은 목적론적이고 종말론적인 표상 안에서 닫힌, 즉 결정된 역사로 굳어지게 된다. 결국 존재 사유는 또 하나의 퇴행적 형이상학(표상의, 주관성의 형이상학) 안에 갇혀버리게 된다.

우리 사이, 즉 나와 타인의 관계

여기서 우리는 이러한 결론에 이른다. 인간의 공간과의 관계, 즉 나의 존재론적 사이는 궁극적인 것이 아니며, 공간 내에서의 거주의 본래성 또는 진정성이라는 것도 나의 동일성(현존재의 본래적 실존)을 확보하기 위한 알리바이에 불과하다. 왜 하이데거는 관계로서의 존재 또는 사이 존재(하나의 항이 아니라 항들 사이에 놓인 존재)를 부각시키다가, 어느 시점 이후에는 고립된 하나의 인간항을, 즉 유대인을 어떤 표상 속에 규정해서 폄하하고 실체화하는 데에 자신의 철학적 능력을 소진시켜버렸는가? 왜 현-존재, 다da-자인sein, 즉 자기가 아닌 '거기'와 마주하는 인간은 '거기'를 완전히 박탈당해 표상 하나에 붙박인 인간으로 전락해버렸는가?

아마 하이데거는 전혀 철학적이지 않은 단순한 하나의 사실을 망각했을 것이다. 대다수의 사람들에게, 따라서 우리에게, 우리의 삶 일반에서 궁극적으로 의미심장한 사이는 존재론적인 것이 아니고, 우리 사이, 즉 나와 타인의 관계이다. 본래적인 거주로 귀결되는 존재론적 사이는 결국—아무리 본래성에 충실하다 할지라도—나의 존재를 정당화하는 데에, 즉 모든 사이를 말소하는 데에 이르게 될 뿐이다.

반면 나와 타인의 사이는, 거기서 타인이—설사 에마뉘엘 레비나스가 말하는 '절대 타자'가, 즉 모든 공동 영역 밖의 초월적 타자는 아닐지라도—나의 본래성·동일성과 무관한 자로 남아 있어야만, 사이일 수 있다. 나와 타인의 사이에서, 마지막에 말하는 자는 나도 타인도 아니고, 바로 그 자체 양자 사이이어야 한다. 거기서 나와 타인이 함께 말해야 한다. 나에 대해서도, 타인에 대해서도 말하지 않고, 사이 자체를, 즉 '우리'를 말해야 한다. 사실 그 의무가, 의무 아닌 의무가, '우리'를 표명하고 긍정해야 한다는 의무 또는 그럴 수 있다는 가능성이 모든 윤리와 정치 이전에 우리에게 주어져 있다.

하이데거는 나와 공간 사이의 관계의 표식이, 한마디로 존재의 표식이 감정(또는 기분)이라고 밝혔다. 그러나 감정도 존재론적인 차원에 머물러서는 안 되고, 나와 타인 사이에 놓여 있어야 한다. 나와 타인 사이는 어떤 이데올로기나 종교나 철학 내에서 언어를 통해 규정될 수 없으며, 어떠한 인식의 대상도 아니고, '느껴지는' 것이다. 느낌에 알려지는 것이고, 만약 내가 타인을 아무리—머리로—잘 이해해서 받아들인다 할지라도, 그를 느낄 수 없다면, 사이는 없다. 나와 타인은 관계없이 각자의 내면(의식)에 갇혀 있을 수밖에 없게 된다.

타자에게로 향한 연결의 느낌

나와 타인의 사이는 어떠한 경우라도 나의 내면에 포섭되어 있지 않으며, 반드시 나의 외부(ex)를 가리킨다. 외부가 없다면, 사이도 없다. 나의 외부의 침입이 가져오는—설사 아주 미약한 것이라 할지라도—동요, 또는—결국 같은 것이지만—외부로 내맡겨져 이행하는 움직임, 그것이 바로 느낌이다.

그 느낌이 어떠한 것인가라는 물음에 답하기 위해서는 보다 면밀한 성찰이 요구된다. 그러나 이렇게 말할 수는 있을 것이다. 그 느낌은 이성에 반하는 비합리적인 것이 아니며, 낭만적인 '촉촉한' 것도 아니고, 반사회적이고 초월적인 격정도 아니며, 오히려 타인이 놓여 있는, 타자의 '거기'로 향해 간다는 엄밀함의 느낌이다. 나 자신을, 나의 자기를 분명하게 벗어나고 있다는 초연함의 느낌이다. 외부로 이끌리는 느낌, 한마디로 열림의 느낌, 연결의 느낌이다.

참고문헌 및 더 읽을거리

박준상, 『바깥에서 - 모리스 블랑쇼와 '그 누구'인가의 목소리』, 그린비, 2014.

박준상, 「바깥, 죽음 - 하이데거에 대한 블랑쇼의 응답」, 『현상학과 현대철학』 vol.21, 2003.

니체, 프리드리히, 『우상의 황혼』, 박찬국 옮김, 아카넷, 2015.

하이데거, 마르틴, 「예술작품의 근원」, 『숲길』, 신상희 옮김, 나남, 2008.

Heidegger, M., *Überlegungen*, Vittorio Klostermann, 2014.

Nancy, J.-L., *Banalité de Heidegger*, Galilée, 2015.

신뢰 trust

기본적 정의

신뢰는 사회적 복잡성(social complexity)을 감축시키는 하나의 메커니즘이며, 불신(distrust)과 함께 일반화된 기대의 한 종류이다. 신뢰는 친숙한 것과 친숙하지 않은 것의 구별에만 의지해서 살아가기에는 너무나 복잡해진 현대사회에서 미래의 불확실성에 대처하기 위한 일종의 선행조치이다. 다른 대안이 없기에 가능한 확신(confidence)과 달리 신뢰는 여러 대안들 사이에서 위험(risk)을 감수하는 선택이다. 그래서 손상의 결과가 외부에 귀속되는 위해(danger)와 달리 위험한 신뢰의 결과는 내부에, 즉 신뢰하는 자 자신에게 귀속된다.

개념의 기원과 발전

'신뢰 상실', '신뢰 회복' 등의 표현에서 알 수 있듯이, 일상 용어에서 신뢰는 긍정적인 의미를 갖는다. 학문적 용어로 쓰일 경우에도 뚜렷한 개념 정의 없이 도덕적, 정치적, 경제적 등의 맥락에서 좋은 것, 자본이 될 수 있는 것 등으로 쓰이는 경우가 많다. 예를 들어, 신뢰를 받는 사람은 도덕적으로 훌륭한 사람, 신뢰를 받는 기업은 거래하기 좋은 기업, 신뢰를 받는 정치인은 리더십을 갖춘 사람 등으로 이해된다.

이렇듯 일상생활에서 느슨하게 긍정적인 의미로 쓰여오던 신뢰를 학문적 개념으로 발전시킨 대표적인 학자는 체계이론적 사회학자인 니클라스 루만(Niklas Luhmann)이다. 그는 신뢰를 친숙함(familiarity), 확신(confidence) 등의 비슷한 개념들과 구분할 뿐 아니라, 이 개념들 상호 간의 관계를 규정하였다. 또한 신뢰의 필요성 증대가 기능적 분화라는 현대 사회의 복잡성 증가와 밀접하게 관련되어 있으며, 신뢰가 일종의 위험임을 밝힘으로써 신뢰를 그저 좋은 것으로 간주해온 일상적 편견을 극복하는 데 기여했다. 또한 불신이 신뢰의 기능적 등가물임을 밝히고, 개인 신뢰(personal trust)와 체계 신뢰(system trust)를 구별함으로써 현대 사회에서 신뢰의 양상 변화를 추적할 수 있는 다양한 개념틀을 제공하였다. 루만에 따르면, 개인 신뢰는 학습에 오랜 시간이 걸리며 감정이 동반되기 쉽다. 반면에 체계 신뢰는 쉽게 배울 수 있으는 반면 개인들에 의한 통제가 어렵다.

1968년에 독일어판으로 나온 루만의 저서 『신뢰(Vertrauen)』는 1979년 영어권에 『신뢰와 권력(Trust and Power)』으로 번역되어 이후 다양한 관점에서 신뢰에 관한 연구를 촉발했다. 경제학자인 미스털(B. A. Misztal), 콜먼(J. S. Coleman) 등은 합리적 선택 이론의 관점에서 신뢰를 경제적 거래를 위한 효율적 메커니즘으로 간주했다. 특히 콜먼은 신뢰를 사회적 자본(social capital)의 한 종류이며, 다른 종류의 상호작용들과 달리 신뢰는 효용의 극대화를 위해 위험을 무릅쓰는 합리적 행위라고 규정하였다.[1] 그리고 신뢰 행위를 상호 신뢰 체계, 중개적 신뢰 체계, 제3자 신뢰 체계 등으로 분류하고 각각의 체계적 신뢰의 조건을 합리적 선택 이론의 관점에서 분석하였다.[2]

그런데 경제학적 신뢰 이론은 신뢰에 내재된 위험을 합리적 계산과 결부시키는 점에서 생활세계에서 형성되는 개인 신뢰의 감정적 성격을 다소간 무시하는 경향이 있다. 그래서 루이스(J. D. Lewis)와 같은 상징적 상호작용론자들은 일차 집단에서 강한 감정적 신뢰와 이차 집단에서 강한 인지적 신뢰를 구분하며, 일상생활에서 상징을 이용한 사회적 상호작용의 전제 중의 하나를 신뢰로 보았다. 그리고 바잇쿠스(S. Vaitkus)와 같은 사회현상학자들은 신뢰를 '잘 믿는 태도(fiduciary attitude)'로 규정하고 이런 태도를 가능하게 하는 일상적 생활세계, 배경(milieu), 집단, 제도, 상징체계 등을 분석하였다.

루만은 초기 작업에서 신뢰를 주요한 개념으로 사용했지만, 자신의 사회이론을 정립하는 과정에서 더 이상 신뢰를 중요하게 다루지 않았다. 그는 신뢰 개념과 관련된 상당 부분의 내용을 커뮤니케이션 체계의 분화된 기대 구조와 다양한 커뮤니케이션 매체 개념으로 대체한다.[3] 이후 영미권에서 루만의 신뢰 연구에 대한 관심이 높아지면서, 그는 1988년 친숙함, 신뢰, 확신 개념의 차이를 밝히는 논

---

1 J. S. Coleman, *Foundations of Social Theory*, 91-99쪽 참조.

2 강수택, 「사회적 신뢰에 관한 이론적 시각들과 한국 사회」, 『사회와 이론』 제3권, 한국이론사회학회, 2003, 167쪽.

3 초기에 루만이 "체계 신뢰"로 규정했던 매체들인 화폐, 권력, 진리 등은 후기 사회이론 주저작인 『사회의 사회』에서는 가치, 사랑 등과 함께 "상징적으로 일반화된 커뮤니케이션 매체" 혹은 "성공매체"로 규정된다.

문을 발표하게 된다.

신뢰 개념은 1990년대에 후쿠야마(F. Fukuyama), 퍼트넘(R. D. Putnam) 등에 의해 사회적 자본(social capital) 개념과 결합되면서 다시 주목받게 된다. 특히 베스트셀러가 된 후쿠야마의 저서 『신뢰(Trust)』에서 그는 고신뢰 사회와 저신뢰 사회를 비교하면서 아시아 경제 위기를 예견한 바 있다. 고신뢰 사회는 거대조직을 신뢰하고 자발적 참여가 높은 사회인 반해, 저신뢰 사회는 여전히 가족적이고 친숙한 세계에 안주하고 있는 사회를 가리킨다. 그의 연구는 아시아 경제 위기를 예견한 저작으로 엄청난 주목을 받았다. 하지만 여기서 신뢰 개념은 신뢰의 경제적 효율성에 주목하는 콜먼의 사회적 자본 이론에 주로 의지함으로써, 불신의 등가적 기능, 가족 신뢰의 잠재력 등을 배제한다는 점에서 한계를 갖는다.

최근에는 인공지능에 의한 자동화된 의사결정이 낳는 편향성과 불공정 등에 대처하기 위한 전략으로 "신뢰할만한 인공지능(trustworthy AI)"[4]이 제시되면서 미래사회에서의 신뢰 문제가 새롭게 부상하고 있다. 현재 이와 관련된 대부분의 논의에서는 신뢰를 안전, 설명 가능성, 투명, 견고, 공정 등의 긍정적 측면과 연결시키고 있다, 향후에는 신뢰가 위험 감수를 포함하고 있는 개념이라는 점, 신뢰에는 위험한 결정에 의한 귀속 문제가 뒤따른다는 점에 주목하면서 보다 다층적이고 심도 있는 논의가 이어져야 할 것이다.

4 한국 정부의 논의는 관계부처 합동, 『사람이 중심이 되는 인공지능을 위한 신뢰할 수 있는 인공지능 실현 전략(안)』, 2021.5.13. 참조.

의미와 해석

친숙함과 신뢰의 차이, 위험을 감수하는 선행조치로서의 신뢰

특정 대상을 다른 것에 비해 더 믿음으로써 복잡성을 감축하는 것은 "사회적 생활의 기본적 사실"[5]이다. 그 중에 사람들이 전통적으로, 또한 지금까지도 여전히 가장 많이 취하는 태도는 친숙한 것을 선택하는 것이다. 인간이라면 누구나 친숙한 것을 선호하기 마련이며, 낯선 것을 두려워한다. 인간은 그 낯선 것을 다시 친숙한 것들 속에 끌어들여서 자신의 세계를 재구성해나간다. 이러한 재진입(re-entry)을 위해 전통사회에서 주로 활용되었던 것이 신화와 종교이다.

친숙한 세계는 이미 복잡성이 감축되어 있는 세계이기 때문에 그 속에서는 과거가 현재와 미래를 지배한다. 하지만 매우 복잡하게 분화된 현대사회에서 우리는 끊임없이 낯선 것들과 마주치며, 현재와 미래는 언제나 커다란 불확실성에 노출되어 있다. 특히 놀라운 속도로 발전하는 기술공학은 이러한 흐름을 더욱 가속화하고 있다.

이처럼 "상호주관적 확실성과 낡은 친숙한 명증성이 사라진" 현대사회에서는 친숙함을 기반으로 하여 미래 세계의 복잡성을 감축하기 위한 사전 개입이 필요하다.[6] 이러한 선행조치가 신뢰이다. 신뢰는 상징을 이용하는 기대의 일반화를 통해 이루어진다, 예를 들어, 'A 기업 출신들은 성실해', '달러는 안전 자산이야' 등으로 표현

5 N. Luhmann, *Vertrauen: Ein Mechanismus der Reduktion sozialer Komplexität*, UVK Verlagsgesellschaft mbH, 제5판, 2014, Kapitel 1.

6 N. Luhmann, *Vertrauen*, Kapitel 3.

되는 신뢰는 특수한 상황에서 좌절될 수 있음에도 사회적 복잡성을 줄이기 위해 이루어지는 일반화된 기대이다. 이 일반화된 기대는 특정 상황에서 언제든지 좌절될 수 있는 기대이기 때문에 신뢰는 위험을 감수하는 행위이다.

개인 신뢰와 체계 신뢰

신뢰는 개인(person)에 대한 신뢰부터 시작된다. 개인 신뢰는 불확실성의 계기를 타인의 행동 속에서 극복하는 것이다. 개인 신뢰는 신뢰를 보낼 개인에 대한 충분한 정보를 필요로 하기에 학습의 부담이 크다. 그래서 개인 신뢰는 제한적일 수밖에 없다. 나아가 한 개인을 신뢰하는 것은 그 사람의 인격에 대한 신뢰와 연관되어 있기 때문에 감정이 동반되기 쉽다. 그리고 누군가로부터 신뢰를 얻은 사람은 그 밖에 다른 사람들로부터도 신뢰를 얻기가 더 쉽기 때문에 개인 신뢰는 신뢰 자본의 성격을 갖는다.

사회의 기능적 분화에 따라 복잡성이 높아지면, 개인 신뢰보다 더 일반적이며 학습하기 쉬운 체계 신뢰가 확산된다.[7] 화폐 신뢰는 대표적인 체계 신뢰이다. 개인들은 화폐에 대한 신뢰를 거의 자동으로 학습하며, 이런 신뢰는 고도로 복잡한 경제체계가 어떻게 기능하는지 잘 몰라도 가능하다. 화폐 제도에 대한 일반화된 신뢰가 형성되면 화폐는 다른 많은 신뢰 형식들에 대한 기능적 등가물이 된다. 화폐 이외에도 권력, 진리 등이 체계 신뢰를 위한 커뮤니케이션 매체로 등장한다.

---

7 N. Luhmann, *Vertrauen*, Kapitel 7.

그런데 체계 신뢰는 학습하기는 쉬운 반면 통제는 어렵다. 신뢰를 보낼 개인들을 바꾸는 일은 비교적 쉽지만, 경제, 정치, 과학 등의 체계 구조를 변화시키는 일은 어렵기 때문이다. 그래서 체계 신뢰의 상당 부분은 다른 대안이 없는 확신의 성격을 갖게 된다.

화폐, 권력, 진리 등이 잘 제도화되어 있는 문명적 조건 아래에서는 개인 신뢰는 체계 신뢰에 의존한다. 개인은 그가 어떤 조직체계에 속해 있느냐에 따라 신뢰를 받을 수 있는지 없는지가 결정되는 것이다. 예를 들어 많은 화폐를 가진 기업 조직의 구성원으로서의 개인, 입법 권한을 가진 정당의 구성원으로서의 개인은 신뢰를 얻기가 쉽다. 이런 이유에서 인쇄 매체가 지배하던 시대에 신뢰 자본을 가진 자들은 대부분 전문가들이었다. 반면 전자적 데이터 처리 시대에는 정보 검색이 쉬워지고 정보의 출처가 탈인격화되면서 점점 더 전문가에 대한 불신 혹은 무시가 커지게 된다. 미래로 갈수록 인격을 동반하지 않는 체계 신뢰만 남게 될지도 모른다.[8]

신뢰와 확신의 구별

신뢰와 확신은 수용방식(perception)과 귀속(attribution)에 따라 구별된다.[9] 당신이 대안들을 고려하지 않는다면, 예를 들어 사고가 날 수 있음을 알면서도 매일 아침 지하철을 타고 출근한다면, 그것은 확신이다. 확신의 경우에 당신은 지하철 사고와 같은 좌절을 외부에 귀속시킨다. 반면에 신뢰는 다른 대안들을 고려하면서 이루어지는 결정이다. 그래서 신뢰의 경우에 내부 귀속을 고려하며, 경우

8 니클라스 루만, 『사회의 사회』, 장춘익 옮김, 새물결, 2014, 369쪽.

9 N. Luhmann, "Familiarity, Confidence, Trust: Problems and Alternatives", 97쪽 참조.

에 따라 자신의 신뢰 선택을 후회하게 될 수도 있다. 그래서 신뢰와 확신의 구별은 내부귀속인 위험(risk)과 외부귀속인 위해(danger)의 구별에 따른다. 그래서 선택의 자유와 자기 책임을 강조하는 자유주의자들은 기대들을 확신에서 신뢰로 이동시키려고 한다.[10]

그런데 루만이 화폐, 진리, 권력 등에 대한 체계 신뢰라고 분류했던 것들 중 일부는 확신의 성격을 갖는다. 우리가 쓰는 화폐나 소속된 국가와 관련된 다른 대안들의 선택은 거의 불가능하기 때문이다. 그래서 경제나 정치와 같은 기능체계에 참여할 때 개인 신뢰에 기초한 인격적 관계들은 중요하지 않다. 이때 신뢰는 확신을 요구하지만, 확신은 신뢰를 요구하지 않는다. 그래서 확신의 결여와 신뢰 상실은 직접 서로 연결되지 않기도 한다. 사회적 신뢰가 부족한 지역에서 확신을 통해 어느 정도 경제, 정치, 과학 등이 기능할 수 있다. 그리고 확신이 결여된 곳에서 작은 지역적 민족집단이나 독립적 생활방식의 형성을 통해 개인 신뢰, 가족 신뢰 등이 강화될 수 있다. 물론 확신과 신뢰가 서로를 강화하는 경우도 있으며, 두 가지의 결여가 사회적 배제와 자발적 참여의 부족이라는 잔인한 순환관계를 형성하기도 한다. 따라서 신뢰 개념에만 기초한 지역별 비교 연구보다는 확신과 신뢰의 구별에 기초한 비교 연구가 필요하다.

신뢰로서의 사랑과 가족

사랑과 가족은 체계 신뢰보다는 개인 신뢰의 비중이 훨씬 높은, 게다가 감정 토대가 큰 사회적 체계들이다. 그래서 상호 신뢰로서의

10 N. Luhmann, “Familiarity, Confidence, Trust: Problems and Alternatives”, 98쪽 참조.

사랑과 이를 기초로 한 가족의 형성은 위험을 감수하는 선택이다. 그런데 이 선택의 문제는 확신을 요구한다는 경향이 강하다는 점이다. 대안이 없지 않기에, 즉 헤어질 수 있기에, 사랑과 가족은 분명 신뢰이고 위험이다. 그럼에도 그 구성원들은 마치 대안이 없는 듯 행동할 것을, 확신을 갖고 행동할 것을 요구받는다. 게다가 신뢰의 기능적 등가물인 불신으로 전환하려면, 즉 대안을 선택하려고 하면, 파트너의 격한 감정에 직면하기 쉽다.

게다가 가족적 커뮤니케이션의 특징은 인격의 내부 행동뿐 아니라 외부 행동까지도 소통에 끌어들인다는 특징을 갖는다. 역할과 지위로만 접근하는 다른 사회적 관계들과 달리 가족은 인격 전체를 커뮤니케이션에 끌어들인다. 그래서 가족은 그 구성원들에게 전인격적 관계를 통해 기쁨과 안정을 제공하는 반면, 과도한 기대와 개입으로 인한 피로감도 동시에 불러일으킨다. 그래서 루만은 잡음 없이 진행되는 공식 조직들에서의 커뮤니케이션과 달리 항상 잡음에 노출될 수밖에 없는 가족적 커뮤니케이션이 매우 위협적인 커뮤니케이션이며, 이로 인해 자주 치료를 요청하도록 만든다는 점을 지적한다.[11]

참고문헌 및 더 읽을거리

강수택, 「사회적 신뢰에 관한 이론적 시각들과 한국 사회」, 한국이론사회학회, 『사회와 이론』 3, 2003.

11 정성훈, 「루만의 가족 개념과 공동체 이론에 대한 함의」, 『도시인문학연구』 14(1), 서울시립대 도시인문학연구소, 2022 참조.

관계부처 합동, 『사람이 중심이 되는 인공지능을 위한 신뢰할 수 있는 인공지능 실현 전략(안)』, 2021.5.13.

루만, 니클라스, 『사회의 사회』, 장춘익 옮김, 새물결, 2014.

정성훈, 「루만의 가족 개념과 공동체 이론에 대한 함의」, 서울시립대 도시인문학연구소, 『도시인문학연구』 14(1), 2022.

후쿠야마, 프랜시스, 『트러스트』, 한국경제신문, 1996.

Coleman, J. S., *Foundations of Social Theory*, Cambridge: The Belknap Press of Havard University Press, 1990.

Luhmann, N., *Vertrauen: Ein Mechanismus der Reduktion sozialer Komplexität*, UVK Verlagsgesellschaft mbH, 제5판, 2014(제1판은 1968).

Luhmann, N., "Familiarity, Confidence, Trust: Problems and Alternatives", Gambetta, D.(편), Trust Making and Breaking Cooperative Relations, Department of Sociology, University of Oxford, 2000(첫 출간은 1988).

얼굴과 책임 Face & Responsibility

기본적 정의

얼굴은 드러나 놓인 부분으로 신체 선두인 머리의 앞면에서 눈·코·입을 지니며, 내면을 표현하기 위한 표정도 갖는다. 얼굴은 내면을 들여다보이게 함으로써 마주한 자(者)에게 존재가 되도록 한다. 책임의 체계는 일자(一者)가 다른 일자 없이 존재할 수 없는 두 요소를 변증법적 상호관계에 두는 통일성을 구성한다. 책임은 의무와 관련하고, 행위의 보증인이 되기를 요구하는 자가 처한 상황을 특징짓는다. 이것은 책임이 필연적으로 누군가와 관련되는 것을 의미한다.

개념의 기원과 발전

헤브루어로 얼굴(פנים)은 돌[리]다의 동사(tourner)에서 파생되었다. '돌[리]다'는 방향 전환을 의미하는데, 이 방향 전환에는 '~에서 멀어지다(떠남)'와 '~를 향해 돌아서다(가까이함)'의 두 가지 의미가 담겨있다. 그러므로 우리는 문맥에 따라 동사 '돌[리]다'를 '돌다',

'돌아가다', '접근하다(말을 걸다)', '떠나다', '떠나게 하다', '사라지다'로 해석할 수 있을 것이다.

서양 신학에 따르면, 신은 자신의 모습대로 인간을 창조하였다. 인간의 얼굴은 따라서 신의 산물이다. 중세 시대에는 인간의 얼굴에서 그리스도의 형상을 보았다. 신은 인간의 얼굴을 그림자에서 빛으로 이끌었다. 실제로 얼굴은 가장 먼저 나타나고 오성에 의한 앎의 징후를 지니고, 이마·눈·코·입·귀·턱은 특징을 드러내 보인다. 얼굴은 부분들이 서로 다를지라도 하나의 통일체이다.

인간 신체 가운데서 외적 통일성을 가장 잘 보여주는 것이 바로 얼굴이다. 따라서 얼굴은 각양각색의 구성 요소 때문에, 형식적으로 조화된 통일성을 갖추지 못하면 미학적 견지에서 혼란스럽게 될 것이다. 그런데 얼굴은 보이는 외적 이미지만으로 지각되어서는 안 된다. 외적인 것은 내적인 것과 긴밀한 관계를 맺는다. 플라톤주의자들은 얼굴의 비(美)가 영혼의 완전함을 반영한다고 주장한다.

얼굴은 또한 그 자신의 이야기를 갖는다. 영원불변한 신의 얼굴과 달리 인간의 얼굴은 시간과 해체의 흔적을 갖는다. 인간의 얼굴은 개인의 본성, 삶의 노력, 유전의 영향을 받는다. 물론 이것들은 진솔하게 얼굴로써 표현되기도 하지만, 가식적인 얼굴로 위장되기도 한다. 그러므로 영혼·조화·현실의 인간 얼굴 이미지를 향한 돌아섬은 항상 외재성의 현존을 함축하고 단어('얼굴')와 이미지 사이 구별을 선행할 뿐만 아니라, 말(parole)로서 드러내는 얼굴이 되는 가능성의 조건이 된다. 이것은 얼굴이 이중적 의미의 돌아섬으로 이해될 수 있음을 뜻한다.

책임을 뜻하는 라틴어 Re-spóndĕo는 '약속·계약을 보증하다',

'응답하다'를 의미한다. 이 단어는 처음에 법률 용어였다. 그러나 현대사회에서 '책임'은 법적 책임과 윤리적 책임의 두 측면으로 구분된다. 법적 책임은 법문(法文)에 의해 명시적으로 규정된 체제를 나타낸다. 이것은 다시 뚜렷이 구분되는 '시민적 책임'과 '형법상 책임'으로 나타난다. 시민적 책임은 비록 고의가 아닐지라도 손해를 끼친 자가 손해를 겪은 자에게 보상·배상하는 의무에 있다. 형법상 책임은 범법행위에 대해 형벌을 받아야만 하는 자의 상황을 특징으로 한다. 형벌의 목적은 근본적으로 보상의 목적과는 다르다.

그러나 책임의 이 두 형태는 동일한 지평에서 같은 의도로 실행되지 않으며, 사법적 적용의 영역 안에 공존한다. 책임은 우선 외부에서 제약을 가하는 체제의 형태로 나타나고, 이에 대해 주체는 자기 외부에서 무언가를 자신에게 요구하는 태도를 취해야 한다. 법적 책임은 보복 조처의 두려움에 의해 또는 질서를 사랑하는 마음에 의해 우리가 복종할 수 있는 객관적 체계만을 윤리적 의식에 나타낸다. 그렇다면 법적 책임의 구조가 전혀 존재하지 않는 사회에서 순수하게 윤리적 책임의 관념은 어떻게 출현하는가?

도덕적 책임은 주체의 내면적 자기와 관련한다. 따라서 도덕적 책임은 양심의 가책과 같은 다소 고통스러운 감정 외의 다른 제재를 수반하지 않는다. 주체의 도덕적 책임 근거는 칸트가 도덕성의 최고 심급이라 일컫는 내적 심판자(innere Richter)에게 있을 것이다. 칸트에 의하면, 우리가 '양심(Gewissen)'이라고 부르는 것, 이것은 '인간의 내적 법정의 의식'이다. 칸트의 규범은 사법적 체계의 제도적 실재, 재판관·법정·판결·형벌에서 직접 차용한다. 그리고 이러한 개념들로부터 칸트는 완벽한 통찰, 절대적 준엄함, 무오류의 확실함, 변함없는 요구를 양심에 부여한다.

그러나 우리의 의지는 항상 의무의 명령을 회피하고자 하는 결핍과 결점을 갖고 있다. 경험적으로 의무와 책임을 질 수 있는 의식은 상황에 따라 성문법보다 더 엄격하고 더 관대하게 나타난다. 이것은 의무와 책임의 경험적 현상이 개별적 역량과 의미의 실재에 따라 드러나기 때문이다. 그렇다면, 책임을 전가하고 책임을 전가받는 사람은 각각 어떻게 정당화될 수 있는가? 약간의 요령만으로 책임을 전가하거나 회피할 수 있다. 하지만 책임을 떠맡는 자라면, 자신의 희생자에게 되갚을 의무에 전적으로 맡겨지고 필요한 경우 사회가 부과하는 형벌을 치를 의무에도 전적으로 맡겨지면서 유죄성의 감정을 느껴야 하는 자여야 한다. 이것은 책임 있는 자에게 관련되는, 책임에 응답하는 본질적 윤리 현상의 구조에 속한다.

의미와 해석

얼굴 = 윤리의 발생

얼굴은 얼굴을 보이는 이미지로 환원하려는 데에 저항한다. 나와 마주한 타자의 얼굴은 나의 시선 속에 직접적으로 분명하게 있지 않다. 시선(얼굴을 봄)은 타자를 동일자의 앎에 나타내게 하기 위한 지각이다. 이 지각은 일반적으로 알려진 의미의 틀 안에서 이루어진다. 그러나 "얼굴의 의미는 의미의 장(場)에서 나타날 수 있는 모든 특정한 의미를 선행한다."[1] 얼굴은 개념화될 수 없는 것이다. 유일한 구체성·절대적 개체성인 얼굴은 모든 개념화의 시도에 대항하는 그 자체 저항이다. 얼굴은 "주제화를 벗어나"[2]고, 현상학적 환원을 벗어난다. 얼굴은 따라서 시각(vision)을 벗어난다. 즉 얼굴은 가시적이지 않다.

타자의 얼굴에서 무한이 발생한다고 주장하는 프랑스 철학자 레비나스(Emmanuel Levinas)는 얼굴을 '보이는 것'으로 정의하지 않는다. 얼굴을 '본다'는 것은 우리가 대상을 보는 때와 마찬가지로 얼굴을 사물로 여기는 것과 다름없다. "얼굴은 그 자체로 의미한다."[3] 그리고 "인간의 참된 본질은 얼굴에서 나타난다."[4] 시각(봄)은 동일자와의 일치를 탐색한다. 하지만 얼굴은 그 자체로 빛을 발하기 때문에, 빛의 원천이기 때문에, 빛 아래에서 대상을 시선으로 통합하는 것과 같이 있지 않다. 얼굴은 시각 속에서 해체되고, 자신의 모습을 넘어선다. 얼굴은 현상 속에서 포착되지 않고, 오히려 현상에 반(反)해 현상을 흐트러뜨림으로써 현상성에 직접 자신의 흔적을 남긴다. 이것은 얼굴이 얼굴로서 현현(épiphanie)하기 때문이다.

레비나스에 따르면, "얼굴의 현현은 윤리적이다."[5] "인간 얼굴의 현현은 '자신의 존재 안에 지속하며 머무는 존재'의 껍질에 구멍을 뚫는 것이다."[6] 자아의 "삶에 대한 자기 중심주의(égoïsme) 자체"[7]를

---

1 김영걸, 『우리는 박해자를 위해서도 책임질 수 있는가? -레비나스가 답하다-』, 어문학사, 2022, 106쪽.

2 Emmanuel Levinas, *Totalité et Infini: Essai sur l'extériorité*(1961), Le Livre de Poche, coll. 《biblio》, 2009, 85쪽.

3 Emmanuel Levinas, *Autrement qu'être ou au-delà de l'essence*(1974), Le Livre de Poche, coll. 《biblio》, 2013, 54쪽.

4 Emmanuel Levinas, *Totalité et Infini*, 323쪽.

5 Emmanuel Levinas, 같은 책, 218쪽.

6 Emmanuel Levinas, *Altérité et transcendance*(1995), Le Livre de Poche, coll. 《biblio》, 2010, 172-173쪽.

깨뜨리는 타자의 얼굴은 자아의 존재-가짐과 자유를 중단시키고 뒤집는다. 타자의 얼굴을 맞아들이는 주체는 따라서 당혹스럽다. 왜냐하면, 타자의 얼굴이 나의 실존에 변화를 일으키기 때문이다. 이것은 외재성(extériorité)을 향한 운동이고, 동화되지 않는, 전체화되지 않는, 외부를 향해 열려있는 무한(infini)과 연관된다. 그리고 무한을 맞아들임은 타자와의 대화 자체이다. 대화 안에서 '나'는 타자에게 응답하고 타자에 대해 책임지는 의무로써 부름을 받는다.

얼굴의 부름

나는 타자에게 말을 하고, 타자도 나에게 말을 한다. "얼굴과 대화(discours)는 맺어져 있다. 얼굴은 모든 대화를 가능하게 하고 시작한다는 점에서 말한다."[8] 말(parole)은 그 자체로 항상 상대를 향한 응답이다. "얼굴 안 타인의 나타남으로부터 함께-연장되는(co-extensive) 자아의 문제 제기, 우리는 이것을 언어라고 부른다."[9] 레비나스는 얼굴이 언어를 가지고 있음을 보여주려 한다. 그리고 언어를 들을 수 있는 능력은 얼굴을 볼 수 있는 능력과 다르지 않다. 언어의 본질은 사유의 표현이 아니라, 소통의 조건이다. 즉 "타인과의 관계이다."[10]

침묵과 독백이 아닌 한에서, 언어는 둘 이상의 대화자를 전제한다. "대화자들과의 교류(commerce)는 언어의 공통 지평 위 서로의

7 Emmanuel Levinas, *Totalité et Infini*, 115쪽.

8 Emmanuel Levinas, *Éthique et Infini*(1982), Le Livre de Poche, coll. 《biblio》, 2011, 82쪽.

9 Emmanuel Levinas, *Totalité et Infini*, 185쪽.

10 Emmanuel Levinas, 같은 책, 227쪽.

표현도, 보편성에의 참여도 아니다. 그들의 교류는 [⋯] 윤리이다."[11] 언어는 타자와의 관계를 요구한다. 언어가 타자에 닿을 때 언어는 대화로서 의미를 갖는다. 이것은 나-타자가 얼굴 대(對) 얼굴의 관계일 경우이다. 타자가 나의 대화 속 상대자로 있는 경우, "나의 언어는 타자를 위한 환원할 수 없는 염려에 속한다. 그리고 이것은 타자의 호소에 응답하는 언어이다. 마치 내가 타자에 대한 염려 없이는 언어를 가질 수 없었던 것처럼, 언어는 항상 이미 타자와의 가까움(proximité) 안에 있다."[12]

타자에게 다가가기 위해 타자를 향해 건네는 나의 언어는 타자를 위한 나의 열어젖힘을 전제한다. 언어의 내용이 날씨, 안부, 게다가 욕설일지라도 타자와 마주해 입을 다물고 있기란 어렵다. 나는 타자를 향해 말을 걸지 않을 수 없다. 타자의 얼굴과 마주해, 타자로의 노출로서 "말해야 한다. 타자에게 응답해야 하고 앞서 책임져야 한다."[13]

소멸할 자에 대한 책임. 타자의 얼굴은 죽음의 지속적 위협 아래 '살해의 금지'를 내게 명령하며, 홀로 죽음에 내버려 두지 말기를 간청한다. 얼굴과의 관계만으로 강제되는 책임, 나는 망설임의 선택 훨씬 이전 책임의 상황에 들어와 있다. 즉 타자의 얼굴의 부름에 나는 회피할 수 없이 그를 위한 책임에 이미 연루되어 응답해야 한다.

---

11 Emmanuel Levinas, 같은 책, 70쪽.

12 김영걸, 『우리는 박해자를 위해서도 책임질 수 있는가?』, 268쪽.

13 Emmanuel Levinas, *Éthique et Infini*, 83쪽.

책임

책임은 타자를 위한 책임이다. 이것은 내가 타자 앞에서 내가 한 행동에 대해 책임지는 것이 아닌, 타자의 잘못과 고통에 대해 책임지는 것을 의미한다. 나는 내가 원인이 아닌 잘못에 대해 책임이 있다. 타자에 대해, 나는 모든 의식·언루·신댁 이전에, 내 의지에 반(反)하는 책임이 있다. 타자를 위한 나의 책임은 따라서 타자의 잘못과 고통에 대해 책임지겠다는 자유로운 결정이 아닌 타자를 위해 고통받지 않을 수 없는, 타자의 자리에 나를 두지 않을 수 없는 "볼모의 책임"[14]이다.

주체의 자유를 선행하거나 넘어서는 책임의 관념은 개체화의 과정에 이미 내재해 있다. 다시 말해, 책임의 관계 안에서 주체는 타자를 위해 존재한다. 주체의 동일성은 자기로부터 구성될 수 없다. "왜냐하면, 주체는 그가 책임져야 하는 타자에 의해 임명되기 때문이다. 즉, 나는 내게 책임의 임무를 부여하는 타자로부터 나의 동일성을 받는다."[15] 자신의 자발적 행위 이전 타자에 의해 영향을 받는 주체는 애초에 능동적 주격으로서가 아닌, 스스로 떠맡지 못하는 수동성 안(內) 타자를 위해 책임지는 자로 소환된다.

이것은 타자가 나를 위해 책임지는 자가 되지 않음을 의미한다. "상호적인 것, 이것은 그(타자)의 일이다. […] 나는 타자에게 예속(sujétion)되어 있다. 이런 의미에서, 나는 본질적으로 주체이다."[16] 주체는 자기 자신보다 타자에 대한 책임의 중요성을 우위로 둔다.

---

14 Emmanuel Levinas, *Autrement qu'être ou au-delà de l'essence*, 195쪽.

15 김영걸, 『우리는 박해자를 위해서도 책임질 수 있는가?』, 202쪽.

16 Emmanuel Levinas, *Éthique et Infini*, 95쪽.

타자의 고통마저 나의 고통 안에 놓인다. 예속으로서 주체는 모든 이, 모든 것에 복종함으로써 드러난다. 나는 모든 사람과 모든 일에 대하여 책임이 있다.

"자기는 아래에-놓인다(Sub-jectum). 자기는 세계의 무게를 짊어진다. 모든 것에 책임이 있다."[17] 타자에 의한 이 같은 겪음은 주체를 파괴하는 것이 아니라, 고양(高揚)시키고 영감을 주는 것이다. "책임을 느끼는 가운데, 자기 자신은 가능한 회피 없이 타자들에게 바쳐짐으로써, 대체 불가능하게 됨으로써 부추겨진다."[18] 자기의 증여, 타자를 위해 자기의 실체성을 비우는 것은 고통이 따른다. 그리고 이 고통이 타자의 본질적 비참함에 대한 응답이다.

이런 의미에서, 책임은 타자의 호소에 대한 응답으로 구성된다. 타자에게 자기 자신을 줌으로써 타자의 비참함에 응답하는 것은 타자를 누르는 무게에 타자를 대신해 내가 타자의 자기가 되는 것이다. 책임은 이처럼 타자를 대신함이다.[19]

타자를 위해 죽을 수 있기까지 '타자를 위해' 대신하기, 이 '타자를 위함'은 무한책임이다. 내가 타자와 마주한 첫 번째 사람인 한에서, 한계 없는 책임일지라도 나는 외면할 수 없다. "나는 희생만을 받아들일 수 있다. 타자의 연약함에 대해 희생하기 그리고 타자가 내게 요구하지 않아도 타자를-위해 책임질 수 있음에 대해 감사하기."[20] 타자와의 관계의 이 근본적인 비대칭이 인간의 인간성을 두

---

17 Emmanuel Levinas, *Autrement qu'être ou au-delà de l'essence*, 183쪽.

18 Emmanuel Levinas, 같은 책, 167쪽.

19 가족 관계 안에서, 즉 부모가 자식을, 자식이 부모를 희생으로까지 대신하는 경우를 우리는 어렵지 않게 볼 수 있다.

20 프랑수아 푸아리에, 『레비나스와의 대화: 에세이와 대담』, 김영걸 옮김, 두번째테

드러져 보이게 한다. 단수의 타자를 위한 책임은 그 타자를 넘어선 책임의 확산을 불러올 것이다. 그렇다면, 비록 나의 삶이 위험하고 위태롭게 될지라도, 타자를 위한 책임은 무릅쓸 가치가 있다. 이것은 "무릅쓸 아름다운 위험"[21]이다.

참고문헌 및 더 읽을거리

김영걸, 『우리는 박해자를 위해서도 책임질 수 있는가? -레비나스가 답하다-』, 어문학사, 2022.

에마뉘엘 레비나스, 『전체성과 무한: 외재성에 대한 에세이』, 김도형·문성원·손영창 옮김, 그린비, 2019.

에마뉘엘 레비나스, 『타자성과 초월』, 김도형·문성원 옮김, 그린비, 2020.

에마뉘엘 레비나스, 『윤리와 무한: 필립 네모와의 대화』, 김동규 옮김, 도서출판 100, 2020.

에마뉘엘 레비나스, 『존재와 달리 존재성을 넘어』, 문성원 옮김, 그린비, 2021.

프랑수아 푸아리에, 『레비나스와의 대화: 에세이와 대담』, 김영걸 옮김, 두번째테제, 2022

제, 2022, 47쪽.

21 Emmanuel Levinas, *Autrement qu'être ou au-delà de l'essence*, 191쪽.

연대 Solidarity

기본적 정의

연대란 공동의 목적이나 타인의 목적이 외부의 압력, 특히 사회적 부정의로 인해 위협당할 때 그에 저항하기 위해 타인과 협력하고자 하는 용의를 뜻하는 말로서, 정서적이면서 실천적인 의식 및 태도와 관련된다. 이러한 용의는 단순히 타인과 내가 특정 목적을 공유하고 있다는 사실을 넘어서, 우리가 같은 공동체에 속해 있다는 상호 공속성 및 의존성에 대한 의식과 그로부터 비롯된 타인에 대한 책임감 등을 전제한다.

개념의 기원과 발전

본래 서구에서 연대 개념은 로마법(연대보증)이나 기독교적 사회 이론(이웃 사랑, 약자에 대한 사랑) 등에서 먼저 나타났으며 이에 따라 법적, 종교적 함축을 가지고 있었다. 그러나 현대적 의미의 연대는 개인주의가 발전한 근대 이후 사회적 관계에서 통용되는 개념으로서, 정치적·도덕적 함의를 두드러지게 갖는 사회철학의 주요 어휘이다.

근대 이전과 이후에 따라 사회 구성원 간의 연대적 관계가 성격적 변화를 겪는다는 사실을 이론화한 것은 사회학자 뒤르켐(Émile Durkheim)이다. 그는 미분화된 전통 사회에서 나타나는 기계적 연대(la solidarité mécanique)와, 근대 이후 산업 사회에서 나타나는 유기적 연대(la solidarité organique)를 구분한다.[1] 전통 사회에서 집단은 구성원 간의 혈연적, 지역적, 종교적 동질성 등에 기초하여 형성되며, 사회적 통합과 집단의 유지를 위해 형법적 처벌과 같은 제도적 강제가 가해진다. 이처럼 외적 강제를 통해 이루어진다는 점에서 전통 사회적 관계는 기계적 연대로 특징지어진다. 반면 개인주의가 발달한 근대 사회에서 구성원 간의 통합은 더 이상 외부로부터 강제될 수 없고, 내면적 결속의 형태로 이루어진다. 이는 근대화 과정을 특징짓는 기능적 분화의 산물이다. 근대 사회에서 개인들은 각자 이질적이고 다양하지만 또한 서로에게 의존하는 관계 속에서 하나의 전체를 형성하고 있으며, 이러한 근대적 조건이 구성원들에게 연대감을 갖도록 촉진한다. 뒤르켐은 이와 같이 상호의존성을 기초로 형성되는 근대적 연대를 유기적 연대라고 칭한다.

연대 개념의 정치화는 19세기 유럽의 사회 운동 가운데서도 특히 노동 운동의 맥락에서 이루어졌다. 생시몽(Saint-Simon)과 푸리에(Jean-Baptiste Joseph Fourier)의 초기 사회주의 사상을 이어받은 제자들이나, 블랑(Louis Jean Joseph Charles Blanc), 프루동(Pierre-Joseph Proudhon), 라살레(Ferdinand Lassalle) 등과 같이 프랑스와 독일에 걸쳐 나타난 이후 사회주의자들에게서는 연대 및 다양한 유의어들(이

---

1 에밀 뒤르케임, 『사회분업론』, 민문홍 옮김, 아카넷, 2012.

웃사랑, 형제애, 박애 등과 같이 공동체적 감정을 환기하는 어휘들)이 나타나는데, 이는 노동자 집단 내부의 정치적 결속을 촉구하기 위함이다. 연대는 후기 엥겔스(Friedrich Engels), 레닌(Vladimir Lenin)으로 이어지는 마르크스주의 노동 운동의 프로그램에서 더욱 강조되며, 수정주의자 베른슈타인(Eduard Bernstein)은 연대를 평등이나 자유보다 더 상위의 이념으로 이해했다.[2]

연대 개념은 18-19세기 사회주의 사상과 운동을 통해 정치화된 후, 20세기 후반에서 오늘날에 이르기까지 사회철학 및 정치철학의 영역에서 공동체의 존립을 위해 고수되어야 할 가치이자, 법과 정의를 넘어선 도덕적 의무의 이념으로 발전되고 있다. 이는 대체로 개인주의적 자유주의가 갖는 한계에 대한 인식과 이 한계를 극복하려는 비판적 의도를 수반하는 만큼 자연스럽게 공동체주의 및 사회주의 계열의 사상에서 각별한 중요성을 갖는다. 그러나 연대 개념은 자유주의와도 결코 무관하지 않다. 취소될 수 없는 근대의 도덕적 이상인 자유와 함께 연대를 어떻게 유효하게 만들 것인지가 오늘날 철학자들의 공통된 근본 물음이다.

사회주의적 연대 개념의 발전

오늘날 사회주의적 연대의 이념을 계승하고 발전시킨 철학자로는 호네트(Axel Honneth)가 주목할 만 하다.[3] 호네트는 개인주의적·

---

2 프랑스 및 독일의 사회운동사에서 연대 개념의 등장에 관해서는 Wildt, A., “Solidarität”, in: Joachim Ritter/ Karlfried Gründer/ Gottfried Gabriel (hg.), *Historisches Wörterbuch der Philosophie*, Bd.9, Basel: Schwabe Verlag 1995, 1005-1015쪽 참조.

3 악셀 호네트,『사회주의의 재발명』, 문성훈 옮김, 사월의책, 2016. 또한 Axel Honneth,

자본주의적으로 축약된 자유의 빈곤을 비판하면서 대안적 자유로서 사회적 자유의 이론을 발전시키고자 한다. 이 이론의 핵심에 연대 개념이 놓여 있다.

호네트의 작업은 인간 상호간의 의존이라는 조건 하에서만 실현 가능한 자유의 독자적 치원이 있다는 사회주의적 직관 속에서 이루어진다. 다른 말로 사회주의는 자유와 연대를 내적 연관 관계 속에서 사유하고자 하는 전통을 말한다. 자본주의의 발전에 따라 개인주의가 강화되고 자유가 사적 이기주의의 동의어가 되어 공동체가 해체되고 있는 현실에서 사회주의 전통의 복원은 더욱 시급하게 요구된다.

호네트는 우선 인간이 서로에게 의존해 있다는 오랜 공동체주의적 근본 전제에서 출발하여, 헤겔(Georg Wilhelm Friedrich Hegel) 및 마르크스(Karl Marx)에 의존해 자유와 연대를 매끄럽게 결합시키고자 한다. 이 자유는 타인과의 협력적이고 보완적인 관계를 전제한다. 그런데 이때의 상호 관계는 애덤 스미스(Adam Smith)의 시장에서 실현되는 자유가 수반하는 관계, 곧 형식적이고 간접적인 성격의 상호 관계와 다르다. 나와 타인이 서로에게 관심을 갖고 배려하는 관계 속에서, 서로를 위해 활동하는 관계에 있다는 점에서 호네트가 말하는 상호 관계는 "의식적이고 의도적"[4]이다. 사회적 자유의 행위자는 "자신의 행위를 계획할 때부터 이미 '우리'의 관점에서 상대방의 목적과 필요를 고려한다."[5] 이런 자유의 전형적인 예는 공론장에

"Drei, nicht zwei Begriffe der Freiheit. Zur Reaktualisierung einer verschütteten Tradition", in: A. Honneth, *Die Armut unserer Freiheit. Aufsätze 2012-2019*, Berlin: Suhrkamp 2020도 참조.

4 강병호, 「호네트의 사회적 자유 개념」, 『철학』 150집, 한국철학회 2022. 234쪽 참조.

서 토론에 참여하거나 서명 운동을 하는 것 등과 같은 민주주의적 정치 활동에서 찾아볼 수 있다. 그러나 사랑이나 우정 같은 인격적 관계도 마찬가지로 타인의 소망 및 욕구와의 관계 속에서만 자신의 의도를 실현할 수 있다는 점에서 사회적 자유의 좋은 예이다.[6]

이렇게 볼 때 호네트가 제기하는 연대 매개적 자유는 개인주의적·자본주의적 자유와 명확히 대조된다. 후자는 소극적 자유로서, 이 자유는 타인의 자유 앞에서 종결된다. 이때 타인은 내 자유 실현을 제한하는 존재이자 잠재적 방해물이다. 반면 연대 매개적 자유에서 타인은 나의 자유를 실현하기 위한 구성적 조건이다. 사회적 자유 개념의 고유성은 내 자유의 실현이 타인의 보완적 행위에 의존해 있고 그 역도 마찬가지라는 생각에 있다. 이런 점에서 사회적 자유는 연대를 조건으로 갖는다.

다만 여기서 호네트가 자유와 연대를 정확히 어떤 관계 속에 두는지는 불분명하다. 호네트가 재구성한 사회적 자유 이념을 받아들인다고 하더라도, 사회 속에서 자유와 연대가 내적으로 밀접하거나 서로가 서로를 필요로 하는 조건이라고 할 수는 있을지언정, 양자가 동일한 개념이 될 수는 없다. 그러나 호네트에게서는 이 두 개념의 차이가 충분히 명확하게 나타나지 않는다.[7]

---

5 강병호, 「호네트의 사회적 자유 개념」, 『철학』 150집, 한국철학회 2022. 234쪽 참조, Axel Honneth, “Drei, nicht zwei Begriffe der Freiheit. Zur Reaktualisierung einer verschütteten Tradition”, 2020, 145, 152쪽 참조.

6 Axel Honneth, “Drei, nicht zwei Begriffe der Freiheit. Zur Reaktualisierung einer verschütteten Tradition”, 2020, 144쪽 참조.

7 호네트는 자유를 연대의 상위 개념으로 밝히면서 전자가 후자의 목적이라고 주장한다(Axel Honneth, “Drei, nicht zwei Begriffe der Freiheit. Zur Reaktualisierung einer verschütteten Tradition”, 2020, 160, 161쪽 참조). 그러나 강병호의 지적에 따르면 이는 연대가 그 자체로 추구되기도 하고, 경우에 따라 연대가 자유와 도리

자유주의적 연대 개념의 발전

미국의 자유주의 정치철학자 가운데 롤스(John Rawls)도 인간의 사회성에 의미를 부여하며 정의의 실현을 위해 연대와 우애가 필요함을 인정한 바 있다.[8] 그러나 연대 개념을 보다 본격적인 철학적 주제로 사유한 것은 로티(Richard Rorty)이다.

개인주의에 경도된 기존의 자유주의에 대한 비판적 의식 속에서 로티는 사적 영역이 제기하는 요구인 개인적 자유와, 공적 영역이 제기하는 요구인 연대 사이에 통약 불가능한 이질성이 존재함을 인정함으로써 각각을 동등하게 존중하려 한다. 이것이 "자유주의 아이러니스트"의 입장이다. 아이러니스트란 개인의 창조적 자율성이라는 사적 삶의 이상을 추구하되 그러한 추구의 열정을 절대화하지 않는 자를 말하고, 자유주의는 자유롭고 정의로운 공적 영역을 위한 사회적 책임을 기꺼이 지려는 입장을 말한다. 로티에 따르면 자유주의란 "잔인성이야말로 우리가 범할 수 있는 가장 나쁜 행위"[9]라는 생각에서, 잔인하지 않은 사회, 인간이 덜 모욕받고 덜 고통받는 사회를 만들 공적 책임을 실천하려는 입장이다. 이러한 실천을 가능하게 하는 것이 연대이다.

여기서 특히 관건이 되는 것은 누가 연대해야 할 '우리'인가 하는 물음, 곧 '우리' 의식이다. 이에 대해 로티는 반토대주의적인 답변을 제시한다. 그가 반대하는 토대주의-보편주의에서는 인류의

어 대립할 수도 있다는 긴장 관계를 간과한 것이다(강병호, 「호네트의 사회적 자유 개념」, 『철학』 150집, 한국철학회 2022. 239-241쪽 참조).

8 존 롤스, 『정의론』, 황경식 옮김, 이학사, 2008. 666-677(79절)을 참조.

9 리처드 로티, 『우연성, 아이러니, 연대』, 김동식·이유선 옮김, 사월의책, 2020. 25쪽 참조.

연대가 이성이라는 인류의 선험적-보편적 본질에 근거한다고 보기 때문에, 이 입장으로부터 우리는 가까운 사람 못지않게 멀리 있는 사람과 연대할 도덕적 의무를 갖는다고 주장된다. 그러나 로티에 따르면 이 입장에 내재하는 본질주의는 배타적이고 폐쇄적인 '우리' 의식을 낳는다. 그래서 그는 연대의 도덕적 의무는 보편적 이성과 같은 초월적 원리로부터 논증적으로 도출되는 게 아니라고 주장한다. 연대는 오직 역사와 제도의 한계 안에서, 그리고 지역적으로 특수한 구체적 공동체 안에서만 이해될 수 있다는 것이다.

연대에 대한 이러한 이해는 우리에게 주어진 것들의 역사적 우연성을 인식하는 문제와 관련된다. 자유주의 아이러니스트는 어떤 궁극적 목적이나 형이상학적 토대도 믿지 않으며 어떤 초월적 진리도 승인하지 않는다. 자유주의 공동체도, 그것에서 제기되는 연대의 의무도 역사적 우연성의 산물이다. 그러나 로티가 연대의 의무를 허공 속에서 해체하려는 것은 아니다. 그는 우리가 우리 자신을 구체적이고 역사적인 존재로, 즉 스스로를 "우리 20세기 자유주의자", "더욱더 세계시민적이고 더욱더 민주적인 정치 제도를 창조해온 역사적 우연성의 계승자인 우리"[10]라고 이해하는 것만으로도, 잔인성을 제거하기 위한 연대의 의무가 충분히 의미를 가질 수 있다고 본다. 비록 이 모든 것이 우연적인 역사적 산물이라 할지라도, 그것은 우리에게 주어진 최선의 출발점이다.

'우리'의 연대는 우리 자신이 속한 구체적인 공동체에서 시작하여 그 한계선을 점차 바깥쪽으로 밀어냄으로써 더욱 많은 타자를 포용하는 방향으로 나아가야 한다. 공동체의 경계 확장을 위해 중요

10 리처드 로티, 『우연성, 아이러니, 연대』, 398쪽 참조.

한 것은 낯선 사람들을 고통받을 수 있는 동료들로 볼 수 있는 상상력, 감수성, 공감의 능력 등이다. 우리는 이런 능력을 도야함으로써 잔인함에 저항하는 연대적 공동체를 만들어나가야 한다. 한 공동체를 다른 공동체로부터 구분짓는 전통적 속성은 더 이상 중요하지 않다.

로티의 반토대주의적 입장은 연대를 "만들어지는 것"이자 "역사적으로 산출되는 것"[11]으로 인식함으로써, 확고한 본질적 속성이 낳기 쉬운 배타적인 '우리 의식'을 원칙 수준에서 이미 배제함으로써 타자를 포용하는 열린 연대의 가능성을 보여준다. 이처럼 경계의 확장을 통해 스스로 새로워지는 공동체성을 제시한다는 사실에 로티의 연대론이 갖는 장점이 있다. 그러나 이를 위해 보편주의적 도덕의 구속력을 포기해야 한다는 것은 적지 않은 대가이다.

의미와 해석

연대의 부재로서의 파국

오늘날 실천철학에서 연대 개념에 주목하게 된 것은 단순히 서구 근대의 사상적 전통이 낳은 내적 귀결이라고만 볼 수 없다. 연대의 의무에 새롭게 중요성을 부여한 것은 20세기 들어 2차 세계 대전이 낳은 파국의 경험이며, 이 경험 없이는 오늘날 연대의 철학을 이해할 수 없다. 파국의 경험은 인간이 상호 의존적 존재이며 공동의 관심을 갖고 살아간다는 인식, 서로 간의 호의와 책임 속에서 협력

11 리처드 로티, 『우연성, 아이러니, 연대』, 396쪽 참조.

할 필요가 있다는 인식을 재차 확인시켜 주었다. 나치의 만행은 자신의 이웃들이 어느 날 갑자기 이유도 모른 채 강제 수용소로 끌려가는 데도 이에 의문을 갖지 않고 묵인하며 방관했던 평범한 독일 시민들의 무관심 속에서 이루어질 수 있었기 때문이다. 그들은 알려 하지 않았거나, 알고도 타인에게 말하지 않음으로써 그렇게 했다.[12]

이러한 사실에 공통적으로 주목한 철학자는 아렌트(Hannah Arendt)와 아도르노(Theodor Wiesengrund Adorno) 등이 있다. 이들은 다음과 같이 지적한다. 자신의 안위에만 관심을 갖고 타인에는 무관심하며, 이에 따라 연대 의식이 붕괴된다면 총체적 파국이 초래되며, 그 속에서는 물론 자신의 안위도 불가능해진다는 것이다. 이와 같이 나치의 역사적 경험은 인류에게 부정적 방식으로 연대의 의미를 가르쳐 준다.

연대를 상실한 인간의 경험: 외로움(loneliness)과 냉담함(Kälte)

아렌트

역사적으로 새로운 지배 형태인 전체주의적 지배에는 그에 상응하여 인간 공동의 삶에서 전례 없는 근본 경험이 스며들어 있는데, 아렌트는 이 경험이 바로 "외로움(loneliness/ Verlassenheit)"이라고 말한다. 정치적-공적 영역에서의 무기력을 뜻하는 고립(isolation)과 달리, 외로움은 사적 삶마저 파괴됨으로써 세계 안에서 자신의 자리를 갖지 못한 뿌리 뽑힘(Uprootedness)의 경험이다. 이는 산업혁명이 시작된 이래, 그리고 제국주의 역사와 함께 현대 대중에게 내려진

12 프리모 레비, 『가라앉은 자와 구조된 자』, 이소영 옮김, 돌베개 2015, 223, 224쪽 참조.

저주이다.

전체주의적 지배는 모든 사물과 모든 사람으로부터 버림받음을 뜻하는 외로움에, 즉 "세상에 소속되지 않는다는 경험에 기반을 둔다. 그런데 이 경험은 인간이 가질 수 있는 가장 극단적이고 가장 절망적인 경험이다."[13] 무엇보다 외로움은 나와 타인의 관계를 뜻하는 공통감(common sense)의 파괴를 의미한다. 인간의 정신적 경험뿐 아니라 물질적 감각 경험조차 공통감을 조건으로 한다는 점에서 공통감은 가장 근본적인 감각이다. 만약 공통감을 통한 인간 간의 상호보증이 없다면 그 어떤 사적 경험이나 물질적 감각 경험에 대해서도, 경험 당사자는 스스로를 신뢰할 수 없다.

공통감이 파괴되었을 때 기댈 수 있는 것은 논리 뿐이다. 논리는 그 어떤 공통감에도 의존하지 않는 유일한 정신적 능력이기 때문이다. 공통감의 상실과 더불어 타인과의 관계를 상실한 외로운 인간은 전체주의 체제가 지시하는 삼새적인 적을 논리적으로, 아무 망설임 없이, 제거하기에 나선다. 이것이 전체주의적 지배를 가능케 했고 또 전체주의적 지배가 양산해낸 인간이다.

아도르노

아렌트와 비슷하게 아도르노 역시 아우슈비츠를 가능하게 했던 것으로 독일 시민들의 "부르주아적 냉담함(bürgerliche Kälte)"[14]을 지적한다. 일차적으로 타인에 대한 독일인들의 무관심을 지적하는 이 말은 단순히 심리적 태도의 표현이 아니다. 냉담함은 타자의 안위와

---

13 아렌트, 한나, 『전체주의의 기원』 2권, 이진우·박미애 옮김, 한길사 2021, 278쪽 [오역 수정함].

14 테오도르 아도르노, 『부정 변증법』, 홍승용 옮김, 한길사 1999, 469쪽.

생존에 대해 무관심하고 어떤 책임도 느끼지 못할 정도로 원자화되고 고립화된 개인의 태도로서, 아도르노는 이를 근대적·자기보존적 주체의 특징 자체의 귀결로 보기 때문이다.

모든 존재자는 자기보존의 과제를 갖는다. 근대 이후로 이 과제는 더 이상 어떤 초월적 신학적 질서에 의해 보증되는 것이 아니라, 자기 자신의 힘에 의해 수행된다고 이해된다. 이때 자기 힘으로 자신을 보존하는 활동은 자기 지시적 폐쇄성의 구조를 형성하는데, 이것이 근대적 자기보존에 특징적이다. 따라서 근대적 주체란, 전체 질서 및 타자로부터의 분리되어 나와 자기 스스로 존립할 수 있게 되었다는 의미에서 개별성과 독립성, 나아가 이기적 폐쇄성을 특징으로 갖는다. 그리고 이 폐쇄성은 타자를 자기보존의 수단으로만 보는 무반성적-도구적 합리성과 함께 더욱 견고해진다.

아도르노에 따르면 도구적 합리성과 자본주의의 발전 속에서 증폭되는 자기보존의 내적 역학은 개체들의 고립과 단절을 더욱 심화시키고, 타인에게 닥친 재앙에 대한 무관심, 타인의 고통에 대한 무감각을 촉진하여 결국 나치의 지배와 대량 학살을 가능케 하는 토대를 형성하게 된다. 무반성적 태도로 이기적 자기보존만을 추구하는 개인들은 위협적이라고 간주되는 적에 대해 무차별적이고 맹목적인 공격을 가한다. 대량살상무기가 잘 보여주듯이 자기보존 욕구에 사로잡힌 개인들은 그러한 공격이 결국 자기 자신의 실존을 위험에 빠뜨리는 일이라는 사실을 간과한다. 이것이 자기보존과 파괴의 변증법이다. 결국 아도르노에게 전체주의를 가능케 했던 부르주아적 냉담함은 근대적 주관성 자체에 뿌리내린 맹목적 자기보존 원리의 산물이라고 할 수 있다.[15]

야만적 자기보존에서 이성적 자기보존으로의 전환 - 어떤 '우리'인가

이처럼 상호 간의 단절이 전지구적 재앙과 파국, 공멸을 가져온다면, 연대적 관계의 복원이 시급한 과제로서 요청된다. 아도르노에게 이 과제는 자기보존에 대한 추상적 부정이 아니라, 맹목적 자기보존에서 이성적 자기보존으로의 전환으로 사유된다. 이러한 전환은 개체의 자기보존을 타자의 자기보존, 나아가 전체의 자기보존과의 유기적 관계 속에서 사유할 수 있는 포괄적이며 반성적인 이성을 요구한다. 그러한 이성의 역량에는 타자와 공감할 수 있는 능력, 아도르노의 표현으로 미메시스적 태도[16]가 포함된다.

미메시스적 관계 속에서 주체는 타자를 향해 개방되어 있고, 타자의 고통에 대해 공감하며, 이러한 관계 속에서 기존의 개체적 한계를 넘어설 수 있다. 합리적 능력과 동시에 미메시스적 태도를 견지할 수 있는 주체는 타자와의 교감 속에서 그를 수용할 수 있고, 그 속에서 이미 형성된 자기 동일성에 대해 특정한 부정을 수행하며, 이로써 자기 반성을 통한 확장이 가능해진다. 미메시스를 토대로 형성된 연대는 자기보존-파괴의 변증법에서 벗어날 수 있기 위한 계기가 될 것이며, 이를 우리는 포괄적 의미에서 이성적 자기보존의 이념이라고 명명할 수 있다.

---

15 아도르노 철학에서 자기보존의 문제는 테오도르 아도르노, 『부정 변증법』, 홍승용 옮김, 한길사 1999와 호르크하이머, 막스/ 아도르노, 테오도르 W., 『계몽의 변증법』, 김유동 옮김, 문예출판사 1995, 그리고 정진범, 「자기보존, 연대, 이성성 - 아도르노 철학에서 이성적 자기보존의 이념」, 『사회와 철학』 34집, 사회와 철학 연구회 2017 등을 참고할 것.

16 미메시스는 아도르노 철학의 핵심 용어 가운데 하나로서, 단순하게는 타자에 대한 모방적 관계로 이해될 수 있지만, 아도르노는 이로부터 도구적 합리성에 대한 대안적 관계를 해독해낸다.

단, 여기서도 문제가 되는 것은 결국 '우리' 의식일 것이다. 아도르노에게서도 호네트가 강조한 것처럼 '우리' 의식 속에서 타자에 대한 책임을 나누려는 인식과, 로티가 강조한 것처럼 '우리' 지평을 지속적으로 확장하려는 노력이 모두 중요하다. 그런데 이러한 책임 의식의 수신자이자 우리 안으로 포용될 수 있는 타자는 누구인가? 그것은 단지 합리적으로 소통 가능한 이성적 타자로만 국한될 수 없다. 그것은 소통 가능성의 외부에 남겨져 있는 억압당하고 침묵당한 것 일체여야 할 것이며, 따라서 범주적으로 미리 규정할 수 없는 것이다. 그래서 아도르노는 단순히 '고통받는 타인들과의 연대'가 아니라, "고통받을 수 있는 육체들 간의 연대"[17]라고 말한 것이다.

또한 호네트나 로티에서도 나타났던 자유와 연대의 긴장 문제도 아도르노의 관점에서 다시 이해될 필요가 있다. 연대는 그 자체로서만 중요한 것이 아니라 어떤 의미에서든 사회 속에서 살아가는 우리들 각자의 더 나은 삶을 위해서 필요하다. 오늘날 연대는 단순히 집단적 결속감을 실현한다는 의미에서만이 아니라, 개인의 자율성이라는 부정될 수 없는 근대의 도덕적 이상을 어떤 식으로든 포함하는 방식으로 구상되어야 한다. 즉 연대는 집단의 자기보존과 개체적 자기보존을 공히 실현하기 위한 이념으로서 이해되어야 한다. 양자의 긴장된 관계를 어떻게 보아야 할지, 그리고 어떻게 조화시킬 수 있는지가 다양한 방식으로 사유되어야 할 것이다.

---

17 테오도르 아도르노, 『부정 변증법』, 홍승용 옮김, 한길사 1999, 379쪽.

참고문헌 및 더 읽을거리

강병호, 「호네트의 사회적 자유 개념」, 『철학』 150집, 한국철학회, 2022.

에밀 뒤르케임, 『사회분업론』, 민문홍 옮김, 아카넷, 2012.

리처드 로티, 『우연성, 아이러니, 연대』, 김동식·이유선 옮김, 사월의책, 2020.

존 롤스, 『정의론』, 황경식 옮김, 이학사, 2008.

프리모 레비, 『가라앉은 자와 구조된 자』, 이소영 옮김, 돌베개, 2015.

테오도르 W. 아도르노, 『부정 변증법』, 홍승용 옮김, 한길사, 1999.

한나 아렌트, 『전체주의의 기원』 1권 및 2권(특히 13장), 이진우·박미애 옮김, 한길사, 2021.

정진범, 「자기보존, 연대, 이성성 - 아도르노 철학에서 이성적 자기보존의 이념」, 『사회와 철학』 34집, 사회와 철학 연구회, 2017.

막스 호르크하이머, 테오도르 W. 아도르노, 『계몽의 변증법』, 김유동 옮김, 문예출판사, 1995.

악셀 호네트, 『사회주의의 재발명』, 문성훈 옮김, 사월의책, 2016.

Axel Honneth, "Drei, nicht zwei Begriffe der Freiheit. Zur Reaktualisierung einer verschütteten Tradition", in: A. Honneth, *Die Armut unserer Freiheit. Aufsätze 2012-2019*, Berlin: Suhrkamp, 2020.

Andreas Wildt, "Solidarität", in: Joachim Ritter/ Karlfried Gründer/ Gottfried Gabriel (hg.), *Historisches Wörterbuch der Philosophie*, Bd.9, Basel: Schwabe Verlag, 1995.

의리 義理 principle of righteousness

기본적 정의

혈연으로 맺어지지 않은 사람들이 가족을 이루는 것은 동아시아의 오랜 관습이었다. 전근대 동아시아인들은 타인을 아버지나 형으로 섬김으로써 의부자(義父子)나 의형제(義兄弟) 같은 유사 가족적 관계를 형성하였고, 동성(同姓)의 자손, 때로는 이성(異姓)의 고아를 입양하여 가족 구성원으로 삼기도 하였다. 『삼국지』의 주인공 유비가 관우, 장비와 더불어 도원결의를 통해 의형제가 된 사례나 조선 중·후기에 한 가문이 동종(同宗), 즉 같은 성씨의 자손을 양자로 들여 가문의 대를 잇게 했던 사례는 우리에게 매우 익숙하다. 이렇게 의제적 가족관계 또는 입양에서 사용되는 개념이 '의'이다. 따라서 '의'는 유사 가족관계나 새로운 가족관계 형성 원리라 할 수 있다.

개념의 기원과 발전

의리의 전근대성

'의리'는 '의'의 원리적 역할을 부각하기 위한 용어이다. '의리'는 오늘날 한국 사회의 규범적 습속으로 여전히 남아 있다. 예를 들어 그것은 동년배 사이의 끈끈한 유대 관계와 그에 입각한 행동 양식, 또는 특수한 목적을 지녔으되 공동사회적 특성을 보이는 집단 내 구성원의 행동 원리로 사용된다. "친구 사이의 의리"라던가 "조직원 사이의 의리" 같은 용례를 쉽게 찾아볼 수 있고, 그런 의리는 실제로 인간관계에서 작동하기도 한다.

하지만 한국 사회가 서구적 합리성을 추종할수록 '의리'는 전근대적 낙인이 찍힌 구태의 특수한 습속으로 여겨져 비판 대상이 된다. 그래서 '의리'는 면대면의 인간적 거리를 유지하는 폐쇄적 공동체 구성원 사이의 호혜적 행위에 불과하며 그 공동체를 넘어서는 전체 사회의 보편적 정의와 충돌하는 경우가 흔하다고 윤리학 연구자들은 지적한다.

예를 들어 공정 선거의 책임이 있는 기관장이 의리를 내세워 특정 학교·지역 출신 인사를 당선시키기 위해 부정선거를 획책하거나, 민주 국가의 안보를 지켜야 할 군인이 상관과의 의리 때문에 쿠데타를 돕거나 묵인했던 행위가 한국 현대사에서 드물지 않게 발견된다. 때문에 '의리'는 사회의 보편적 안녕이 아니라 특수 집단의 이익 도모를 위한 명분으로 여겨지게 되었고, 이제 더는 바람직한 덕목으로 권장되지 않는 듯하다. 심지어 '의리'는 폭력 집단 조직원의 행위 원리로 비하되거나 특혜와 불공정의 대명사처럼 인식되는 형

편이다.[1]

하지만 전통 사회에서 '의리'는 최고 도덕 규범을 대변하는 용어였다. 송대(宋代) 이후의 유학이 "의리지학(義理之學)"으로 칭해진 것이 그 단적 사례이다. 그렇다면, 어째서 과거 최고의 도덕 규범이었던 '의리'가 현대 사회에 들어 부정적 행위 원리로 변화한 것일까? 그것이 정말로 특혜와 불공정의 원인이라면 깨끗이 일소해 버리면 될 일이다. 그러나 '의리'는 현대 한국 사회에서 부정적 기능만 수행하지 않는다. 그것은 배은망덕과 반대되는 바람직한 행위 양식을 지칭하기도 하며, 무엇보다도 의제적 가족관계 원리를 지칭할 때 여전히 활용되기 때문이다. 그래서 '의리'를 일거에 폐기할 것이 아니라 그 긍정적 요소와 부정적 요소를 판별해 내는 작업이 선행되어야 할 텐데, 그러기 위해서는 '의리' 개념의 기원과 역사적 변용, 그리고 그 개념을 둘러싼 윤리적 쟁점을 짚어보는 일이 필요하다.

의리에 관한 여러 설명

『한국민족문화대백과사전』의 의리 규정은 다음과 같다.

> '의'자는 ① 마땅한 것(宜), ② 올바른 것(善), ③ 인간의 행동이나 태도의 구체적 모습(儀), ④ 남과 육친과 같은 관계를 맺음(義兄弟), ⑤ 군자의 뜻 등의 의미를 포함하고 있다. 여기서 윤리적 문제와 직접적 관계가 있는 것은 ①, ②, ③이라 할 수 있다. 즉, '의' 개념은 '올바름'이라는 도덕성을 기반으로 '마땅함'이라는 상황적 가치 판단을 통해 실천하는 인간의 당위적 규범이다.

---

1 이상은, 이승환·김형철, 「의리와 정의」, 『철학연구』 37권, 대한철학회, 1995. 15쪽 참조.

위 규정을 요약하면, '의'란 '어떤 상황에서도 도덕적 가치를 추구하는 것'이다. 이 규정은 전통 시대 유학자들이 '의'를 '마땅한 것'이나 '올바른 것'으로 규정했던 선례를 최대한으로 존중한다. 하지만 이는 다소 일반적이며 외연이 광범위하여 '의'의 구체적 내용을 적실하게 표현하기에는 부족하다. 특히 '남과 육친과 같은 관계를 맺음'이라는 의미를 비윤리적이라고 하여 '의'의 규정에서 제외해 버린 것은 이해하기 힘들다.

이처럼 '의'를 규정할 때 '남과 육친과 같은 관계를 맺음'이 제외되는 것은 다른 연구에서도 발견된다. 강정훈은 "사전적 의미에서 '의리'의 항목을 찾으면 ① 사람이 살아가는 데 있어서 마땅히 지켜야 할 바른 도리, ② 남남끼리 혈족을 맺는 일이라고 나온다.…[그런데] ②의 의미는 여기에서 논할 바가 아니고 ①의 경우가 논의의 대상"이라고 한다.[2] 이승환·김형철 역시, 의리(義理)는 소규모 집단 안에서 구성원들 사이에서 요구되는 '인산적 도리', 즉 '남과 육친과 같은 관계를 맺음'이 아니라, 전통적으로 '의미'나 '도덕적 원칙'의 뜻으로 사용됐다고 본다.[3]

이처럼 우리나라의 연구자들은 '의'를 올바름, 도덕 원칙, 의미 등으로 규정하고, '남과 육친과 같은 관계를 맺음'이라는 의미는 별개의 것으로 간주하는 경향이 있다. 하지만 정작 '의' 개념을 심도 있게 다루는 지점에 이르면, '남과 육친과 같은 관계를 맺음'이라는 의미 규정이 그들의 설명에 영향 끼치고 있음이 발견된다.

2 강정훈, 「'義理'의 윤리 문화와 '義務'의 윤리 문화 비교」, 『공공사회연구』 제5권 2호, 한국공공사회학회, 2015. 7쪽.

3 이승환·김형철, 「의리와 정의」, 『철학연구』 37권, 대한철학회, 1995. 16쪽.

이승환·김형철은 “동양에서의 ‘의’를 호혜성의 관점에서 볼 때, 상관은 부하의 어려운 점을 보살펴 주고, 부하는 상관의 명령에 복종하는 것이 그들 사이의 의리를 지키는 유일한 방법이다”라고 언급하거나, “ ‘은혜를 갚는다’라는 의미가 의리의 개념 속에 깊이 뿌리박혀 있다”[4]고 본다. 어떤 두 사람이 서로 은혜를 베풀고 은혜를 갚는 사이에 그들 사이에는 의리 관계가 성립되기 마련이다. 또한 이상익도 ‘의’를 단지 옳음 또는 규범적 표준으로 이해하면서, 정의(情義) 개념을 “남에게 특별한 은혜를 입은 경우 배은망덕하지”[5] 않는 것 또는 복수와 같은 가장 원초적인 방식의 응보적 정의의 관념”[6]으로 설명한다.

따라서 ‘올바름’ 혹은 ‘도덕원칙’이라는 ‘의’에 관한 규정과 ‘남과 육친과 같은 관계를 맺음’이라는 규정 사이의 내적 연관성을 정합적으로 설명해야 하는 과제가 남는다.

의미와 해석

‘의’의 시원적 의미

위에서 언급한 과제를 해결하기 위해 해외 연구자들의 문자학적 분석을 참고할 필요가 있다. 시라카와 시즈카에 따르면 갑골문의 義자는 羊자와 我자의 결합이다. 我는 가 그 본래 형태이고 톱의

4 이승환, 김형철, 같은 글, 49, 55쪽.

5 이상익, 「한국의 義理思想에 대한 접근법」, 『한국철학논집』 제33집, 한국철학사연구회, 2012, 41쪽.

6 이상익, 같은 글, 42쪽.

형상을 나타낸다고 한다. 我은 가축의 각을 뜨거나 토막을 내거나 혹은 사람을 죽이는 흉기였다.[7] 義는 제사 때 희생으로 쓰일 양을 톱으로 자르는 모습을 나타내는 글자였다.[8] 양을 희생으로 바치려면 반듯하게 잘라야 하므로 義에서 '바름'이라는 뜻이 파생되었다고도 하며,[9] 양을 고르게 잘라서 함께 제사 지냈던 사람들에게 골고루 나누어 주어야 했으므로 義로부터 일종의 '분배적 정의' 개념이 파생했다고 추측하는 연구자도 있다.[10] 또한 양을 희생 삼아 제사 지내는 것이 신의 뜻에 부합하여 결과적으로 바른 행위로 여겨졌으므로 義에서 '바르다'라는 뜻이 나왔다고 상상하는 연구자도 있다.[11] 그런데 이들 연구자 대다수가 목적론적 해석에서 벗어나지 못했다. 즉, 義의 후대 의미인 '마땅함(宜)', '바름(正)'과 '양을 톱으로 잘라 희생으로 바치고 제사를 지냄' 사이의 연관 관계를 찾으려다 보니 자의적 해석에 머물고 만다.

의(義)자의 수많은 용례, 현대 연구자의 '의리' 개념 연구 결과를 종합하면, 갑골문 義사에서 주목해야 할 지점은, 이 글자가 제사를 지내기 위해 양을 '희생'으로 삼는 행위를 나타낸다는 점이다. 본래

7 張霖·張曉燕, 「漢字『義』的結構與文化探究」, 『文學研究』, 2001年 第5期.

8 白川靜, 『新訂 字統』, 東京: 平凡社, 2006. 168, 169쪽 참조.

9 溝口雄三 外, 『中國思想文化事典』, 東京: 東京大學出版會, 2001. 102쪽 참조.

10 이상익, 「한국의 義理思想에 대한 접근법」, 『한국철학논집』 제33집, 한국철학사연구회, 2012, 38, 39쪽. 康茹婷, 「淺析先秦儒家正義思想中的"仁", "義", "禮"」, 『文道縱橫』 2022年 第7期(總第305期). 184쪽 참조.

11 이 밖에 궈밍준(郭明俊)은, 我는 손에 도구를 들고서 유목·어렵에 종사하는 개인을 가리키고 羊은 머리에 깃털을 단 위무(威武)의 모습을 가리킨다고 한다. 따라서 義는 위의(威儀)의 뜻이 있다고 한다. 하지만 그는 이렇게 해석하는 근거를 제시하지 않았다. 郭明俊, 「儒家"義"的思想意蘊與當代意義」, 『人文天下』 2021年 11月 總193期. 21, 22쪽 참조.

최선의 제사는 제주(祭主) 자신을 제단에 올려 스스로 희생이 되는 것일 터이다. 주공 단(周公旦)이 형인 무왕(武王)을 살려 달라고 상제에게 기원하면서 형 대신 자기 목숨을 거둬 가 달라고 했던 것이나,[12] 은나라 왕 무정(武丁)이 아내인 호부인[婦好]의 완치를 기원하면서 "그녀를 데려가지 말고 저를 데려가십시오"라고 서약했던 것이 전형적 사례다.[13] 주공 단과 무왕은 타인의 생명을 위해 자신을 희생하기로 결단한 사람들이다. 이처럼 자신을 희생양으로 삼아 제단에 올리는 것이야말로 신이 흠향하는 최선의 제사일 테지만, 사람의 목숨은 하나이므로 제사할 때마다 자기 생명을 대신할 다른 희생양이 필요하다.

그렇다 하더라도 그 제사가 진정한 것이 되려면 '자기희생'의 진실한 심정이 제주(祭主)에게 요구될 것이다. 제사 시의 진실한 심정이 세속적 인간관계에서 발현될 때 타인을 위한 자기희생의 덕이 인정된다. 주공 단과 무정 모두 타인의 병과 고통을 대신 짊어지겠다고 서약한 결과, 그들의 덕이 조상신들 혹은 다른 사람에 의해 인정을 받거나 "밝아졌다"라고 한다. 고대인이 생각하기에 이는 인간이 금수와 구분되는 지점이요, 인간이 인간다울 수 있는 까닭이었다. 그래서 그것은 인간에게 요구되는 바른 행동[正]이자, 인간이라면 마땅히 그래야 하는[宜] 행위로 여겨졌을 것이다. 요컨대, '의'의 원초적 의미는 자기희생이며, '바름', '마땅함' 등은 그로부터 파생되었을 것이다.[14]

---

12 『書經』, 「周書」, 〈金縢〉.

13 데이비드 S. 니비슨, 『유학의 갈림길』, 김민철 옮김, 철학과 현실사, 2006. 55-57쪽.

14 이승환·김형철은 '소규모 인간관계에서 요구되는 인간적 도리'로서의 '의' 개념이, 일제 강점기에 일본으로부터 이식된 것으로 보았다.(이승환·김형철, 「한국의

타인을 위해 기꺼이 자기 생명을 희생할 각오가 되어 있는 사람은 "임협(任俠)" 또는 "유협(游俠)"이라 불렸다. 오늘날 대중 문예물에서 종종 접하는 "협객(俠客)"도 그와 동의어이다. 펑유란(馮友蘭)에 따르면, 임협은 남을 위해 헌신하되 보상받기를 적극적으로 거부했던 자들이다. 펑유란은, 은혜를 베풀되 보답을 바라지 않는 것은 도덕적 행위이고, 임협처럼 보답을 적극적으로 거절하는 것은 초도덕적(超道德的) 행위라고까지 말하였다.[15] 인류학적 용어를 빌자면, 임협은 증여만 하고 수증(受贈)은 거부하는 식으로 절대적 증여를 추구한 이들이었다.

한나 아렌트(Hannah Arendt)가 말했던 것처럼, 절대 증여를 추구하는 사람은 일반인과 일상적 관계를 맺기 힘들고 자신들만의 공동체를 형성할 것이다. 일반인은 임협처럼 아무 보상 없이 자기 목숨

義理思想에 대한 접근법」, 『한국철학논집』 제33집, 한국철학사연구회, 2012, 16쪽.) 그러나 앞에서 보았다시피 "소규모 인간관계에서 요구되는 인간적 도리"가 바로 의리의 본래 의미였다. 또한 『한국민족문화대백과사전』은 "남과 육친과 같은 관계를 맺음"을 비윤리적 용례라고 하여 의리의 윤리성과 직접적 관련이 없다고 설명하면서 의리를 '올바름'이라는 도덕성과 '마땅함'이라는 상황 판단과 결부하였으나, 실은 "남과 육친과 같은 관계를 맺음"이 핵심이고 '올바름'이나 '마땅함'은 그로부터 파생한 것임을 앞의 논의로부터 확인할 수 있을 것이다.

15 이런 펑유란에 대해 김요기(金耀基)는 반대 의견을 제시했다. 그는 이렇게 말한다. "펑유란은 '의'를 초도덕적 행위라고 해석하였다. … 그는 '은혜를 베풀면서 보답받기를 거절하는 것'이 '의'이며 이것이 초도덕적이라고 한다. 물론 그러한 의행(義行)은 실로 존경스러운 것이지만 그것을 초도덕적이라고 말하기는 힘들다. 왜냐하면, 그것은 중국 사회 또는 여타 사회의 안정에 있어 결여될 수 없는 도덕적 요소이기 때문이다. … '은혜를 베풀면서 보답받기를 거절하는 것'은 결코 중국 사회의 '초도덕'이 아니라, 오히려 중국의 사회 윤리가 매우 강조하는 것이었다."(金耀基, 「人際關係中人情之分析(初探)」, 楊聯陞, 『中國文化中報, 保, 包之意義』(香港: 中文大學出版社, 1987) 부록 3으로 수록, 90쪽.)

을 초개처럼 던져 남을 위하려고 결의하기 힘들다. 이들은 자신의 증여에 대해 합당한 보상이 돌아올 것을 예상하기 때문이다. 그래서 일반인은 일상적 도덕 관습의 영역 내에서 살아가는 데 비해 임협은 초일상(超日常)의 영역에서 활동한다고 할 수 있다. 따라서 임협이 사귀는 사람 역시 임협의 부류이며, 이들의 관계는 일반인의 그것에 비해 끈끈할 수밖에 없다. 왜냐하면, 상대방을 위해 과감히 헌신하기로 한 묵계가 이들 사이에서 성립하기 때문이다.

상대방을 위한 희생을 각오하는 만큼 이들은 매우 강렬한 유대관계를 맺는데, 그 관계의 강도는 심지어 가족을 넘어서기도 한다. 그 자연스러운 결과로, 임협은 나이 많은 다른 임협을 아버지나 형으로 섬겼다. 예를 들어, 한나라 고조 유방(劉邦)은 젊었을 때 "현(縣)의 호족인 왕릉(王陵)을 형으로 섬겼고", 초나라의 호협(豪俠)인 전중(田仲)은 노나라의 호협 주가(朱家)를 아버지로 섬겼으며, 역시 호협(豪俠)이었던 맹서(孟舒)라는 사람은 운중(雲中)의 태수가 되었을 때 그 사졸(士卒)들이 "자식이 아버지를 위해서 하듯이 동생이 형을 위해서 하듯이" 맹서를 위해 죽음을 다투었다고 한다.[16] 이렇게 하여 임협 사이에는 의제적 가족관계가 성립한다.

의리의 이율배반

『사기』는 임협의 행동 특징을 "말은 반드시 신뢰성이 있게 하고 행동은 반드시 과단성이 있다"라고 묘사하며, 『여씨춘추』는 이들이 "연낙(然諾)을 중시한다"라고 설명한다. 여기서 주목되는 말이 "연

16 增淵龍夫, 『中國古代の國家と社會』, 東京: 岩波書店, 1996. 93, 107, 145쪽 참조.

낙”이다. 이것은 지켜도 그만 안 지켜도 그만인 약속이 아니라, 지키지 않으면 책임이 따르는 엄중한 계약이라고 할 만한 것이다. 임협들은 쌍방 간에 ‘내가 너를 위해 목숨을 바치면 너도 나를 위해 목숨을 바친다’라고 명시적이건 암묵적이건 약속을 한다. 묵가 집단의 구성원은 임협의 특성을 공유한다는 것이 통설인데 묵가 집단의 지도자였던 맹승(孟勝)은 초나라 양성군의 영지를 지켜주겠다는 약속을 지키지 못하자 본인은 물론이요, 그 제자 180명까지 집단으로 자결하였다.[17] “연낙”을 목숨보다 중시하는 임협의 특성이 유감없이 드러난 것이다. 『여씨춘추』는 그것이 “묵자가 ‘의’를 행하는 방법이다”라고 평가하였다.[18]

여기서 이율배반이 발생한다. 임협은 절대 증여를 추구할 때 상대방이 약속을 지키건 말건 괘념치 말아야 한다. 이에 비해 계약을 맺는다는 것은, 상대방이 약속을 지키지 않는 것에 매우 신경을 쓴다는 것을 의미한다. 이렇듯 임협의 이상적 넉목인 ‘의’와 계약은 양립하기 힘들 것이다. 묵자의 “겸상애, 교상리(兼相愛, 交相利)”, 즉 ‘서로서로 자기 몸처럼 사랑해주면 서로에게 이익이 된다’라는 원칙은 ‘의’와 계약이 양립할 수 있다는 낙관적 전망을 제시한 것이다. ‘남의 몸을 내 몸처럼 생각하는 것’은 서로에게 이익이 된다는 점을 묵자는 말하면서 바로 그 때문에 “겸상애” 원칙이 실현되기 쉽다고 말한다. 이런 묵자의 논리에 따르면, 임협 사이에는 1대1 교환의 관계가 성립한다. 즉, 내가 상대방에게 내 목숨을 바치는 바로 그만큼, 상대방도 나를 위해 그의 목숨을 바침으로써 목숨 하나와 목숨 하

17 『呂氏春秋』, 「上德」.

18 上同.

나가 등가로 상호교환될 수 있다는 것을 함축한다. 절대 증여에서 오히려 교환 관계가 출현한 셈이다.

유향(劉向)의 『설원(說苑)』은 "신하는 수고롭게 일하여 임금을 위하되 보상을 바라지 않고, 임금은 은혜를 베풂으로써 아래 사람을 거느리되 자신이 덕을 베풀었다고 자랑하지 않는다. … 임금과 신하가 함께 할 때 시장의 도(道)로 접한다"라고 한다. 임금과 신하 모두 절대적 증여를 추구해야 한다고 말하면서, 그것을 "시장의 도"로 설명하고 있다. 시장은 교환의 원리를 핵심으로 삼는다. 따라서 절대적 증여의 관계가 의외로 교환 원리를 배태할 수 있다는 것을 『설원』은 암시한다.

하지만 절대 증여의 실현 가능성을 개인의 이익에서 찾는 것은 어폐가 있다. 왜냐하면, 절대 증여는 대가를 바라지 않는 베풂, 곧 개인의 이익을 철저히 배제함인데, 그 실현 가능성을 다시 개인의 이익에서 찾는다는 것은 언어도단이기 때문이다. 다시 말해서, 개인의 이익을 배제하기 위해 개인의 이익을 동원해야 하는 역설적 상황을 묵자는 상정한 것이다. 이는 자신의 이익을 위해서 절대 증여를 추구하는 개인을 등장시킬 수 있다. 이런 사람은 겉으로는 절대 증여를 추구하지만 실제로는 그렇지 않을 가능성이 크다. 이렇게 보았을 때, 의리는 초도덕적 성격을 지니지만, 그것이 현실의 인간관계에서 실제로 추구되는 순간 이익적 동기와 결합함으로써 위선으로 전락할 수 있다.

맹자와 노자는 각기 다른 관점에서 의리 개념에 대한 대안을 제시했다. 먼저 맹자는 의리와 이익을 철저히 구분할 것을 요구했다. 그런 다음, 의리는 이익을 위해서 추구되어야 할 것이 아니라, 의리 그 자체로서 추구되어야 한다고 주장하며 그 근거를 인간의 선천적 도덕성에서 찾았다. 한편, 노자는 의리 중시자들의 위선을 고발하고, 의리를 먼저 추구할 것이 아니라 절대 증여를 가능케 하는 무욕의 본성을 회복해야 한다고 주장했다. 요컨대, 맹자는 의리를 좋아하기 마련인 선천적 도덕성의 회복을 통해, 그리고 노자는 무욕(無欲)의 본성을 회복함을 통해 절대 증여로서의 의리가 진정으로 정립될 수 있다고 전망한 것이다. 맹자와 노자를 통해 보건대, 절대 증여를 가능케 하는 개인의 덕성 함양이 수양으로 이루어지지 않은 채, 섣불리 그것을 행하려 하면 인간은 쉽사리 위선에 빠질 것이다.

임협의 윤리가 전통적 가족 제도를 넘어설 전망을 제시한다는 것도 유학자들에게는 심각한 위협이었다. 앞서, "말이 반드시 신뢰성이 있고 행동이 반드시 과단성이 있다"라는 임협의 행동 원리는 『논어』에서도 언급된다. 흥미로운 점은 공자가 이런 행동 원리를 높이 평가하지 않았다는 사실이다.[19] 물론 공자가 의리 자체를 경시하지는 않아 다른 곳에서는 그것을 높이 평가하였다. 그러나 공자에 따르면 의리보다 중요한 것은 예(禮)이자 효(孝)였다. 동료 임협을 위해 의리를 추구하다가 자신이 부모보다 먼저 죽거나, 혹은 가족을 버리고 다른 임협들과 공동생활을 하는 사태는 공자로서 받아들이기 힘든 것이었다.

공자에게서 진정한 '의'는 자식에 대한 부모의 헌신, 부모에 대한 자식의 효도, 신하에 대한 임금의 예우, 임금에 대한 신하의 충성 등이다. 맹자는 "대인(大人)은 말에 반드시 신뢰성 있게 하지는 않고 행동이 반드시 과단성 있게 하지는 않으니, 다만 의에 따를 뿐이

19 楊聯陞, 『中國文化中報, 保, 包之意義』, 香港: 中文大學出版社, 1987, 69쪽.

다.”라고 했는데, 임협적 의리가 그대로 인정되지 않고 ‘예’와 ‘효’에 부합하는 ‘의’만이 받아들여질 수 있다는 것이다.

그렇지만 현대적 관점에서 생각해 보았을 때, 의리는 새로운 가족 구성의 실천 원리가 될 수 있다. 의리의 본래 의미를 고려한다면, 가족 또는 그와 유사한 사회 구성단위를 새롭게 구성하려는 자들은 사익이 아니라 타인을 위해 헌신하려는 자기희생의 태도를 지니기 위해 먼저 노력해야 한다. 그렇다 해도 절대적 증여가 현실에서 이루어지기는 극히 어렵다. 이 점을 무시하고 현실에서 그것을 섣불리 추구하는 자는 역으로 자신의 강렬한 보상심리와 직면할 수밖에 없다. 따라서 새로운 가족을 상상하는 현시점에서, 의리를 추구하되 인간적 한계를 인식하고 기존 가족 제도도 고려하는 중용의 태도가 요청될 것이다.

참고문헌 및 더 읽을거리

『書經』

『呂氏春秋』

강정훈, 「‘義理’의 윤리 문화와 ‘義務’의 윤리 문화 비교」, 『공공사회연구』 제5권 2호, 한국공공사회학회, 2015.

이상은, 이승환·김형철, 「의리와 정의」, 『철학연구』 37권, 대한철학회, 1995.

이상익, 「한국의 義理思想에 대한 접근법」, 『한국철학논집』 제33집, 한국철학사연구회, 2012.

데이비드 S. 니비슨, 『유학의 갈림길』, 김민철 옮김, 철학과 현실사, 2006.

康茹婷, 「淺析先秦儒家正義思想中的“仁”, “義”, “禮”」, 『文道縱橫』 2022年 第7期(總第305期).

郭明俊,「儒家"義"的思想意蘊與當代意義」,『人文天下』 2021年 11月 總193期.

溝口雄三 外,『中國思想文化事典』, 東京: 東京大學出版會, 2001.

白川靜,『新訂 字統』, 東京: 平凡社, 2006.

楊聯陞,『中國文化中報, 保, 包之意義』, 香港: 中文大學出版社, 1987.

張霖·張曉燕,「漢字『義』的結構與文化探究」,『文學研究』, 2001年 第5期.

이웃 히브리어: רֵעַ(rea'), 그리스어: πλησίον(plesion)

기본적 정의

서로 접하여 가까이 있는 사람이나 집, 지역을 일컫는 말을 가리키는 사회적 용어이다. 대체로 이웃사람·이웃집·이웃마을이라고 불리듯이 근린의식(近隣意識)을 갖는 범위의 사람이나 지역공동체를 뜻하지만, 이러한 물리적 거리뿐만 아니라 이웃사촌이라는 말처럼 사회적 거리의 가까움도 포함된다.[1]

개념의 기원과 발전

그리스도교의 종교적, 윤리적 규정들의 종합은 "십계명"[2]일 것이다. 십계명에서는 **이웃 רֵעַ(rea')**, 곧 **동일한 주거 공간에 사는 "옆**

---

1 출처: 한국민족문화대백과사전(이웃): http://encykorea.aks.ac.kr/Contents/Item/E0045330

2 십계명(十誡命, 히브리어: הַדִּבְּרוֹת עֲשֶׂרֶת, 라틴어: Decalogus)은 유대교와 기독교에서 중시하는 계명이자 모세 율법의 핵심이다. 모세 율법은 탈출기 20장 1절부터 23장 33절의 '계약법전'이나 신명기 1장-29장의 '신명기법전'이라 할 수 있는데, 이들의 핵심은 탈출기 20장 1절-17절과 신명기 5장 6절-21절에 해당하는 십계명이라고 볼 수 있다: https://ko.wikipedia.org/wiki/십계명

사람"의 범주에 기대어 다른 사람에 대한 의무를 나열한다(탈출 22,6.9.13). 그것은 관계의 구체성을 부각시킨다. '이웃'(신명 19,5; 1 열왕 20,35; 즈카 3,8)이라는 히브리 용어는 더 나아가 '친구(탈출 33,11' 신명 13,7; 시편35[34],14)와 '애인'(예레 3,1.20; 호세 3,1)의 뉘앙스를 가지고 있다. 또한 그것은 다른 사람을 어떤 한 사람이나 낯선 어떤 사람으로 생각하지 않고, 그의 존재가 유리한 점을 가지고 있는 파트너로 생각하게 한다. 이런 이유 때문에 율법은 고립된 존중만을 규정하지 않고 "네 이웃을 너 자신처럼 사랑해야한다."(레위19,18)고 강제한다.[3]

'이웃' רע(rea')은 '방목하다, 다스리다, 지배하다, 먹이를 주다, 양육하다'(창세 37,13; 민수 14,33)라는 뜻을 가지고 있는 רעה(ra'ah)에서 유래하며 이 용어는 '두려움, 떨림' רעד(ra'ad)이라는 단어와 관계를 맺는다. 유목생활을 했던 이스라엘 민족은 몸집이 작은 가축인 양과 염소 떼를 이끌고 물과 풀이 나 있는 땅을 찾아 남쪽에서 북쪽으로 이동하면서 가축들을 관리하였다. 목자는 이 가축들을 감시하고, 때에 맞추어 우물을 길어 구유에 채워 물을 마시게 하고(탈출 2,16 참조), 특히 이동 중일 때 야생동물에게서 양과 염소를 구하고 가능할 때면 목장에 모아들였다.[4]

이러한 이스라엘의 문화 안에서 '이웃'이라 단어의 뜻이 유래했다고 볼 수 있다. 양들과 함께 생활하면서 양들의 두려움을 제거하고 양들을 돌보며 먹이를 주고 살아가는 이스라엘 민족에게는 같은

3 교황청성서위원회, 『성서인간학-사람이 무엇이기에…?』, 한국천주교주교회의, 2020, 310, 311쪽.

4 자크 브리아, 미셸 케넬, 『성서시대의 일상생활』, 안영주 옮김, 성서와함께, 2020, 113쪽 참조.

공간에서 위험을 공유하고 함께 살아가는 존재를 '이웃'이라는 관계로 설정한다. 그리하여 이스라엘 전통 안에서 "이웃을 사랑하고 돌보라는 명령"은 같은 민족 구성원 사이의 관계에 국한된 듯하다. 그러나 이스라엘 땅을 벗어나서 발전한 유다교에서는 점차 그 경계가 확장된다. 이웃은 인종적, 종교적, 문화적 특질을 떠나 사람이라면 누구든지 모두에게 적용되는 용어가 된다. 특히 이웃은 '가난한 이'(אֶבְיוֹן, 'ebyôwn)라는 단어와 비슷한 개념으로 사용되면서 특별한 자비를 필요로 하는 사람을 가리킨다. 고아나 과부(노동의 소득이 없는)와 같은 신분과 레위인으로서 사제, 이방인, 이민자(이스라엘의 땅을 소유하지 않는)들도 가난한 이의 개념 속에 포함되면서 구약성경의 율법에서는 '이웃'이라는 단어가 좁은 의미에서 빈곤한 사람, 궁핍한 사람, 도움을 필요로 하는 사람이라고 말하고 있다.

또한 지혜문학 안에서는 "네가 하기 싫은 일을 다른 이들에게 하지 말라"(토빗 4,15 참조)라는 초대나 "인간의 자비는 제 이웃에게 미치지만 주님의 자비는 모든 생명체에 미친다"(집회 18,13)라는 잠언적 교훈은 하느님의 태도를 본받으려는 이스라엘 민족들에게 가장 가까운 이들만 생각하는 성향을 극복하도록 이끌고 있다.[5] 하지만 이스라엘 민족에게 이웃이라는 개념은 민족적이고 종교적인 배타성 안에서 이해되었고 결정론이나 운명론 안에서만 설명되고 이해되었다.

신약 시대에도 이러한 '이웃'의 개념은 그대로 유지 된다. 구약성경의 히브리어 '이웃'의 뜻을 가진 רֵעַ(rea')라는 단어는 **'~에 가까이에**

---

5 프란치스코 교황, 『모든 형제들(FRATELLI TUTTI)』, 한국천주교주교회의, 2021, 50쪽 참조.

있는, ~에 붙어있는'이라는 뜻을 가진 그리스어 전치사 **'πλησίον (plesion)'**를 명사형으로 사용하면서 **'이웃, 가까운 관계를 가진 사람'**이라는 의미를 획득하게 된다. 이 단어는 "부딪치다, 스스로 가까이에 있다"는 뜻을 가진 'πέλα(pela)'라는 단어를 어원적 근원으로 가지고 있다. 이것은 관계를 맺어가는 사람으로 규정되는 신약 시대의 '이웃' 개념이 여전히 이스라엘 민족의 전통적 '이웃' 개념과 공명하고 있다는 것을 보여준다.[6]

하지만 예수는 유다인으로서 가지는 민족적이고 종교적인 패쇄성에서 벗어나 '이웃'에 새로운 범위를 설정한다. 신약성경 속 다음의 이야기는 '이웃'에 대한 예수의 생각을 아주 잘 설명해 주고 있다.

> 어떤 율법 교사가 일어서서 예수님을 시험하려고 말하였다. "스승님, 제가 무엇을 해야 영원한 생명을 받을 수 있습니까?" 예수님께서 그에게 말씀하셨다. "율법에 무엇이라고 쓰여 있느냐? 너는 어떻게 읽었느냐?" 그가 "'네 마음을 다하고 네 목숨을 다하고 네 힘을 다하고 네 정신을 다하여 주 너의 하느님을 사랑하고' '네 **이웃**(πλησίον)을 너 자신처럼 사랑해야한다.' 하였습니다." 하고 대답하자, 예수님께서 그에게 이르셨다. "옳게 대답하였다. 그렇게 하여라. 그러면 네가 살 것이다."
>
> 그 율법 교사는 자기가 정당함을 드러내고 싶어서 예수님께, **"그러면 누가 저의 이웃입니까?"**(τίς ἐστίν μου πλησίον) 하고 물었다. 예수님께서 응답하였다. "어떤 사람이 예루살렘에서 예리코로 내려가다가 강도들을 만났다. 강도들은 그의 옷을 벗기고 그를 때려 초주검으로 만들어 놓고 가 버렸다. 마침 어떤 사제가 그 길로 내려가다

6 Lothar Coenen, Klaus Haacker, *Theologische Begriffslexikon zum Neuen Testament*: "ὁ πλησίον", R. Brockhaus Verlag Wuppertal, Neukrichener Verlag, 212-213쪽 참조.

가 그를 보고서는, 길 반대쪽으로 지나가 버렸다. 레위인도 마찬가지로 그곳에 이르러 그를 보고서는, 길 반대쪽으로 지나가 버렸다. 그런데 여행을 하던 어떤 사마리아인은 그가 있는 곳에 이르러 그를 보고서는, 가엾은 마음이 들었다. 그래서 그에게 다가가 상처에 기름과 포도주를 붓고 싸 멘 다음, 자기 노새에 태워 여관으로 데리고 가서 돌보아 주었다. 이튿날 그는 두 데나리온을 꺼내 여관 주인에게 주면서, '저 사람을 돌보아 주십시오. 비용이 더 들면 제가 돌아올 때에 갚아 드리겠습니다.' 하고 말하였다. 너는 이 세 사람 가운데에서 누가 강도를 만나 사람에게 **이웃(πλησίον)**이 되어 주었다고 생각하느냐?" 율법 교사가 "그에게 자비를 베푼 사람입니다."하고 대답하자, 예수님께서 그에게 이르셨다. "가서 너도 그렇게 하여라." (루카 10, 25-37)

신약성경에서 예수의 가르침은 율법의 내용을 그대로 인용하고 있지만 '이웃'의 범위를 확장시킨다. 율법을 잘 알고 있었던 교사는 "누가 저의 이웃입니까?"라는 자신의 질문에 이미 답을 알고 있었을 것이다. 가까운 사람, 누구보다도 자기 집단과 자기 인종에 속하는 사람이 위험과 곤궁에 처해 있을 때 도움을 베풀어야 한다고 이해하였을 것이다. 하지만 이 이야기의 내용 속에서 예수는 그가 알고 있었던 전통적인 '이웃'의 개념을 완전히 뒤집는다. 사제 계급도, 레위 지파 사람도 자기 땅을 소유하지 못한 '가난한 사람'으로서 자기 민족의 도움과 헌금으로 삶을 유지했던 종교인들이다. 모든 이스라엘 민족들에게 그들은 공적인 '이웃'으로 살아온 사람들이다.

반대로 사마리아인[7]들은 유다 민족에게는 차별과 멸시의 대상

7 기원전 721년부터 아시리아의 사라곤 2세(Saragon II, 기원전 722~705)가 사마리아 지역을 함락시켜 당시의 전형적인 식민지 대량 이주 정책에 따라 27,290명에

으로 '이웃'의 개념과는 반대되는 사람들의 대명사였다. "누가 저의 이웃입니까?"라는 율법교사의 질문에 답하면서 유다인이었던 예수는 '이웃'의 개념을 완전히 바꾸어 버린다. 그는 누가 우리에게 가까운 이들인지 자문해 보라고 요구하지 않는다. 오히려 우리에게 이웃이 되라고 요구한다. 예수의 '이웃'은 도움이 필요한 사람에게 다가가는 사람이다. 그가 우리 무리에 속할 수 있는지 없는지는 아무런 관계가 없다. 이 복음에서는 사마리아인이야말로 유다인의 이웃이 되어준 사람이다.[8]

성경 속 '이웃'의 개념은 더 이상 유다인과 사마리아인, 사제와 상인으로 구별되는 것을 문제로 삼지 않는다. 이웃과 이웃이 아닌 자를 구분하는 기준은 타인의 고통을 떠맡는 사람인가 혹은 타인의 고통을 멀찍이 지나쳐 가는 사람인가이다. 이 기준에 따라 사람들은 몸을 굽혀 쓰러진 이를 알아보는 사람과 눈을 돌려 서둘러 가 버리는 사람으로 나뉘며 전자만을 이웃으로 부를 수 있다.[9] '이웃'이라는 단어의 개념은 물리적이고 심리적인 가까움이라는 의미에서 파악되는 것이 아니라 고통 앞에서 보이는 관심과 무관심의 차이에서 규정될 수 있다.

달하는 거주민들을 포로로 끌고 갔으며, 메소포타미아의 쿠타(Cuthah) 지역 이방인들을 사마리아 지역으로 집단 거주시켰다. 페르시아 시대부터는 혼혈이 된 사마리아인들과 바빌론니아 포로 생활에서 돌아온 유대 민족 사이의 갈등이 예루살렘의 성벽 건설과 연관하여 구체적으로 드러나기 시작했다(에즈 9장). 신약 시대에 들어 사마리아인들은 세겜 근처의 시카르(Sychar)에 거주하는 것으로 나타난다(요한 4,5). 신약성경에서 대부분은 이스라엘 백성 중의 길 잃은 양들보다 못한 민족(마태 10,5-6) 또는 사마리아인 마술사 시몬(사도 8,9-24) 등 여전히 유대 민족과는 차별되는 집단으로 부정적으로 언급되고 있다: 한국가톨릭대사전 편찬위원회, 『한국가톨릭대사전』 - "사마리아", 한국교회사연구소, 1998.

8 프란치스코 교황, 『모든 형제들』, 63, 64쪽 참조.

9 프란치스코 교황, 『모든 형제들』, 57쪽 참조.

의미와 해석

나의 이웃은?

"누가 저의 이웃입니까?"라는 질문은 지금을 살아가는 우리에게도 굉장히 중요한 물음으로 다가온다. "우리는 누구와 동일시할 수 있는가?" 이 질문은 어려운 것이지만 직접적이고 결정적이다. 사제와 레위인, 그리고 사마리아인 가운데 우리는 누구와 닮았는가? 앞서 본 바와 같이 이웃의 관계는 생태적·경제적·사회적 관계성만으로 설정되고 정의되지 않는다. 물리적이고 심리적인 관계성에서 '이웃'이 되는 것이 아니라 타인에 대한 관심과 사랑의 정도에 따라 '이웃'이 되는 것이다.[10] 예를 들어, 어떤 사람이 나와 가까운 거리에서 공격당해도 우리는 아무 것도 못 본 체 급히 지나칠 수 있다. 옆집의 사고와 문제에 대해서 관심을 갖고 다가가려 하지 않는다. 제노비스 신드롬(방관자 효과)[11]은 우리의 일반화된 생활양식이 얼마나 이웃

---

10 조셉 A. 피츠마이어, 『앵커바이블 누가복음 II』, 우성훈 옮김, 기독교문서선교회, 2015, 1462쪽 참조.

11 **제노비스 신드롬(Genovese Syndrome)**의 유래는 다음과 같다. 1964년 3월 13일, 미국 뉴욕에 사는 20대 여성 키티 제노비스는 야근을 마치고 집으로 돌아가다 정신이상자에게 붙잡혀 칼부림을 당한다. 그녀는 35분 동안이나 잔혹하게 난자당해 숨졌지만 아무도 나서서 도와주는 사람이 없었다. 이 사건을 목격한 사람이 없었던 것도 아니었다. 무려 38명이나 되는 사람이 자신의 집 창가에서 살인 장면을 지켜봤다. 하지만 누구 하나 나서서 제지하거나 경찰에 신고하지 않았다. 다른 사람들도 현장을 지켜보고 있었으므로 누군가는 경찰에 신고를 할 것이라 생각했기 때문이다. 이처럼 목격자가 많을수록 책임감이 분산돼 개인이 느끼는 책임감이 적어져 행동하지 않게 되는 현상을 '제노비스 신드롬'이라고 한다. 최근 우리 사회에서 발생하고 있는 강력범죄의 경우에도 이 같은 상황 속에서 발생하고 있다. 보다 안전한 사회, 보다 건전한 환경을 위해서는 '내가 먼저' 라는 생각과 함께 행동으로 옮기는 자세가 무엇보다 시급하다.

을 배제하고 있는가를 보여준다. 더욱이 우리는 자신의 필요에만 사로잡혀 있기에 고통 받는 사람을 보면 불편하고 번거롭게 여긴다. 이것들은 병든 사회의 징후를 드러낸다. 타인의 고통에 등을 돌리면서 오직 자신의 번영만을 추구하는 사회는 건강한 사회가 결코 아닙니다.[12]

'착한 사마리아인의 비유(루카 10, 25-37)'는 우리에게 고통을 주는 이 세상을 새롭게 건설하고자 할 때 어떤 근본적 선택을 내려야 하는지를 분명히 보여 준다. 이 비유는 다른 이들의 약함을 자기 일로 생각하는 것부터 시작하여 어떤 계획을 통해서 한 공동체를 재건할 수 있는지를 보여준다. 사회는 공동선의 추구를 향하여 걸어가야 하고, 이 목적에서 출발하여 정치적, 사회적 질서, 관계의 구조, 인간적인 계획을 언제나 재편해 나가야 한다. 우리 각자의 존재는

방관자 효과[傍觀者效果, bystander effect]는 주위에 사람들이 많을수록 어려움에 처한 사람을 돕지 않게 되는 현상을 뜻하는 심리학 용어로서 구경꾼 효과라고도 한다. 방관자의 사전적 정의는 어떤 일에 상관하지 않고 곁에서 지켜보기만 하는 사람이다. 이처럼 주위에서 어떤 일이 일어났을 경우, 곁에서 지켜보기만 할 뿐 아무런 도움도 주지 않는 현상이 방관자 효과이다. 방관자 효과는 특히 어려운 처지에 놓인 낯선 사람을 도와주지 않을 때 사용되는 용어다. 사람들이 위기에 처한 사람을 도와주는 데는 도와줄 수 있는 능력이나 성격 등 여러 요인이 작용한다. 그러나 연구 결과에 따르면, 일반적으로 어려움에 처한 사람 주위에 사람이 많으면 많을수록 도와줄 확률은 낮아지고, 도와준다고 하더라도 행동으로 옮기는 데까지 걸리는 시간은 더 길어진다. 지켜보는 사람이 많으니, 자신이 아니더라도 누군가 도움을 주겠지 하는 심리적 요인 때문인데, 이렇듯 자신의 책임을 회피하는 것을 가리켜 심리학 용어로 '책임분산'이라고 한다. 그러나 방관자 효과가 모든 사람에게 나타나는 것은 아니고, 반대로 지켜보는 사람이 많으면 많을수록 모든 일에 더 적극적으로 나서는 사람들도 있는데, 보통 정치가들이 이 유형에 속한다. 의학 용어로도 쓰이는데, 이 경우에는 세포에 방사선을 쬐면 방사선에 직접 노출되지 않은 주변 세포도 방사선을 직접 쏘인 세포와 비슷한 영향을 받는 현상을 가리킨다: 두산백과사전, EnCyber & EnCyber.com

12 프란치스코 교황, 『모든 형제들』, 54쪽 참조.

다른 이들의 존재와 연결되어 있다. 우리의 삶은 지나가버리는 시간이 아니라 만남과 사랑의 시간이다. 고통 앞에서 무관심한 삶은 최선의 삶이 아니다. 우리는 그 누구라도 삶의 길가에 머물도록 내버려 두지 않는 삶, 고통 앞에서 분노하는 삶, 안락한 고립에서 벗어나는 삶을 추구해야 한다. 인간의 존엄성은 함께 하는 삶에서 의미가 부여될 수 있다.[13]

누군가의 '이웃'이 되어 주기 위하여

인간 존재는 자기 자신을 아낌없이 내어 주지 않으면 살아가고 발전하며 충만에 이를 수 없도록 만들어진 존재이다. 마찬가지로 다른 이들과의 만남이 없다면 자신의 존재를 온전히 인식하지 못한다. 다른 이들과 소통할 수 없다면 나 자신과도 효과적으로 소통하지 못한다.[14] 사람이 자기 자신에게서 벗어나 다른 이들을 향할 때에 사랑은 모든 이의 마음 속 깊이 유대감을 만들고 존재의 폭을 넓혀 준다. 우리는 사랑을 위하여 만들어졌고, 우리 모두에게는 자기 자신 밖으로 나가 다른 사람 안에서 존재의 성장을 찾는 일종의 '탈아(脫我, ekstasis)의 법칙이 있다. 따라서 어떠한 경우라도 사람은 언젠가 한 번은 자기 자신 밖으로 나가는 결정을 내려야 한다.[15]

그것이 가족이다. 한 인간의 외로움을 달래기 위해 하느님께서는 인간을 공동체로 창조하셨다. 인간은 가족이라는 공동체 속에서 구성원들과 함께 살아가기 위해 자신을 아낌없이 내어 준다.[16] 가족

13 프란치스코 교황, 『모든 형제들』, 55, 56쪽 참조.
14 프란치스코 교황, 『모든 형제들』, 68쪽 참조.
15 프란치스코 교황, 『모든 형제들』, 69쪽 참조.

의 삶 전체는 자비로운 '보살핌'이다. 누군가를 사랑하는 것은 그 사람에게 어떤 불확실한 것, 예측할 수 없는 것을 기대하는 것이다. 또한 어떠한 방식으로든 그 사람이 그러한 기대를 실현할 수 있도록 도와주는 것을 의미한다. 이를 위해서는 조건 없이 주는 열린 마음가짐이 필요하다. 열린 마음으로 타인을 대하는 것이 곧 타인의 존엄을 존중하는 것이다. 우리는 자신을 내어주는 가족 공동체 안에서 온전히 현존할 수 있다.[17]

가족이라는 공동체는 또한 사랑에 대한 교육이 이루어지는 공간이기도 하다. 자녀들은 부부 사이의 사랑을 바라보며 타인에 대한 사랑을 알아가게 되고 형제들 사이의 유대와 서로 간 배려를 통해 타인에게 열린 마음으로 다가가는 법을 배우게 된다. 가족들 간 이루어지는 사랑의 유대는 사회 안에서 낯선 타인과 더불어 살아가기 위한 발판이 된다. 가족 안에서의 상호 배려, 곧 도움을 주고받는 아름다운 경험은 타인을 배려와 인내로써 대하는 것으로 발전할 수 있다.[18] 인간은 가족을 통해 "사회적 우애"를 발전시켜 타인에 대한 보편적 개방성을 가지게 된다. 자신만을 생각하는 무관심의 장벽을 치려는 유혹[19]을 벗어나는 중요한 경험을 맛볼 수 있을 것이다. 누군가의 이웃이 되기 위해서는 와해되어 가는 가족 간의 유대와 사랑을 회복하는 것이 더 중요하다. 프란치스코 교황께서는 이런 우리

---

16 최종훈 외, 『우리시대의 가족을 묻다: 인문학과 종교의 대화』, "성경의 창조설화 속에 나타난 가족의 이해", 전남대학교출판문화원, 2022, 141-160쪽 참조.

17 프란치스코 교황, 『사랑의 기쁨(Amoris Laetitia)』, 한국천주교주교회의, 2017, 251, 252쪽 참조.

18 프란치스코 교황, 『사랑의 기쁨(Amoris Laetitia)』, 154쪽 참조.

19 프란치스코 교황, 『모든 형제들』, 54쪽.

의 여정을 격려하신다.

> 우리 모두는 우리 자신과 우리의 한계를 넘어서서 더 위대한 것을 향하여 나아가는 데에 힘쓰도록 부르심을 받았습니다. 모든 가정은 늘 이를 의식하며 살아가야 합니다. 우리 함께 하나의 가정이 되어 이 여정에 나섭시다! 우리에게 약속된 것은 언제나 더 위대합니다. 우리의 한계 때문에 용기를 잃지 말고 하느님께서 우리에게 약속하신 사랑과 친교의 완성을 추구하는 것을 멈추지 맙시다.
>
> (사랑의 기쁨, 325항)

참고문헌 및 더 읽을거리

교황청성서위원회, 『성서인간학 - 사람이 무엇이기에…?』, 한국천주교주교회의, 2020.

자크 브리아, 미셸 케넬, 『성서시대의 일상생활』, 안영주 옮김, 성서와함께, 2020.

프란치스코 교황, 『모든 형제들(FRATELLI TUTTI)』, 한국천주교주교회의, 2021.

프란치스코 교황, 『사랑의 기쁨(Amoris Laetitia)』, 한국천주교주교회의, 2017.

최종훈, 『우리시대의 가족을 묻다: 인문학과 종교의 대화』, "성경의 창조설화 속에 나타난 가족의 이해 - '알맞은 협력자'(창세 2,18)로서의 가족공동체", 전남대학교출판문화원, 2022.

조셉 A. 피츠마이어, 『앵커바이블 누가복음 II』, 우성훈 옮김, 기독교문서선교회, 2015.

프란치스코 교황, 『찬미받으소서(Laudato si')』, 한국천주교주교회의, 2015.

자기애 自己愛 Self-Love

기본적 정의

'자기애'는 단순히 특수한 감정이 아니라 인간 본성의 기본적 방향성을 지시하는 개념이다. 자기애는 인간적 실천의 근본동기로서 모든 사랑의 전제이자 범형으로 간주되지만, 때때로 이기심과 동일시되거나 타자애와 대립한다고 여겨진다. 자기애는 배타적인 양상을 띨 때 이기심이 되지만, 이성 내지 분별력의 동세 하에서 '합리적 자기애'가 될 때 타자애와 양립가능하며, 도덕적으로도 긍정될 수 있다.

개념의 기원과 발전[1]

고대 그리스와 기독교 문화의 전통에서 사랑은 에로스(eros), 필

1 이 부분은 대체로 필자의 다음 논문에 기초하여 작성되었다. 오창환, 「서양철학 전통에서 자기애의 문제 – 아리스토텔레스와 아우구스티누스를 중심으로」, 『감성연구』, 10, 2015: 147-189쪽 및 「칸트 윤리학에서 자기애의 문제」, 『감성연구』, 13, 2016: 93-138쪽.

리아(philia), 아가페(agape)라는 서로 다른 세 개념으로 구별된다.[2] 니그렌(A. Nygren)에 따르면, 에로스는 헬레니즘 문명에서 두드러지는 유한한 인간의 획득적이고 자기중심적인 사랑을 대표하며, 아가페는 기독교에서 신의 조건없는 사랑과 유비적으로 보편적 사랑을 나타낸다.[3] 에로스는 이미 결정된 본능이나 수동적 촉발의 성격이 강하며, 아가페는 신의 사랑, 무한하게 능동적이고 무조건적으로 베푸는 사랑에 가깝다. 이에 비해 필리아는 에로스와 아가페의 중간에 자리하며 인격적 주체 간에 상호 관계하는 사랑, 서로 주고받는 사랑을 나타낸다. 그것은 완전히 수동적인 것도 능동적인 것도 아니며 양편의 성격을 고루 나누어 가진다. 이 점이 무엇보다 인간적 사랑의 특색을 이룬다. 상호성에 바탕을 둔다는 점에서 이 사랑은 나-너 관계의 산물이다.[4] 그런데 인격적 관계의 모범은 우리가 자기 자신과 맺는 관계에서 가장 순수한 형태로 목격될 수 있으며, 이런 점에서 서유럽 전통에서 자기애는 주로 에로스나 아가페가 아니라 필리아 개념과 연관되어왔다.

예부터 자기애는 평범한 사람들의 일상적 언어사용에서는 물론이고 학문적 관점에서도 평가절하된 개념이다. 그것은 한 편으로 이기심이나 탐욕과 동일시되거나 다른 한편으로 교만과 동일시되었

---

2 세 개념의 구별에 대해서는 J. B. 로쯔,『사랑의 세 단계: 에로스, 필리아, 아가페』, 심상태 옮김, 서광사, 1985 참조.

3 A. 니그렌,『아가페와 에로스』, 고구경 옮김, 크리스챤 다이제스트, 1998.

4 '필리아'라는 의미에서의 사랑은 감정일 뿐만 아니라 어떤 점으로는 구체적 관계(relationship)를 나타낸다(Martha C. Nussbaum, "Love", in: *Routledge Encyclopedia of Philosophy*, London and New York: Routledge, 1998. '에로스'로서의 사랑은 감정 또는 감성적 욕구의 추구와 밀접하지만, 지금 문제되는 사랑인 '필리아'는 인격적 관계를 형성하는 활동이다.

다. 이러한 평가절하에 반대하여 서양철학 전통의 두 대가, 아리스토텔레스(Aristoteles)와 아우구스티누스(Augustinus)는 윤리성과 자기애의 조화가능성을 모색했다. 아리스토텔레스는 열등한 사람의 자기애와 탁월한 사람의 자기애를 구분함으로써 자기사랑과 이웃사랑의 모순을 피하려 했다. 그에 따르면 열등한 사람들의 자기애가 자기 자신의 감성적 욕구충족의 극대화라는 의미에서 이기적 성격을 띠지만, 탁월한 사람들의 자기애는 자기 영혼의 사유하는 부분을 사랑하고 지성의 지배에 따라 영혼의 나머지 부분을 조율한다는 점에서 덕의 성격을 이룬다.[5]

인간적 사랑은 자기애에 기초한다. 첫째, 자기를 위한다는 점에서, 둘째, 선과 행복의 규정자가 자기 자신이라는 점에서 자아와 밀접한 연관성을 지닌다. 인간은 생명 유지를 위해 무언가를 욕구하지 않을 수 없다는 점에서 욕구로서의 사랑은 유한한 조건에서 기인하며, 이런 점에서 윤리적으로 가치중립적이지만 그럼에도 인간은 자유의지로 자기의 욕구대상, 즉 사랑의 대상을 규정할 수 있다. 그런 한에서 그가 원하는 대상의 본질에 따라 사랑은 윤리적 의미를 지닌다. 이런 이유로 사랑하는 자의 의지의 향방에 따라 우리는 사랑의 가치를 평가할 수 있다. 물론 인간이 천상과 지상의 두 도성(都城) 가운데 존재한다는 것은 원죄로 인한 인간의 현존 조건이다. 아우구스티누스에 의하면, 이에 따라 사랑의 운동방향도 두 편으로 나뉜다. 상승하는 사랑은 천상의 도성을 향하는 반면, 하강하는 사랑은 지상의 도성, 즉 세속(saeculum)을 향한다. 사랑의 방향에 따라 사랑

5 아리스토텔레스, 『니코마코스 윤리학』, 강상진·김재홍·이창우 옮김, 도서출판 길, 2011, 9권 4장 1166a14 이하 참조.

의 성격도 달라져서 상승하는 사랑은 '자애'(caritas)라 불리며, 하강하는 사랑은 '욕망'(cupiditas)이라 불린다. 아우구스티누스가 도입한 영원성의 관점에서 보면, 자애는 영원하고 변치 않는 것을 향한 사랑이고, 욕망은 일시적이고 소멸하는 것을 향한 사랑이다. 참된 자기애는 사랑의 두 방향이 조화로운 질서를 이루는 데 존립한다. 오직 신만을 향유하는 자애를 통해 질서 잡힌 사랑과 더불어 자기애는 교만이 아니라 겸허함과 연결되며, 이 때 우리는 스스로 낮아짐으로써 높은 곳에 이를 수 있다.[6] 아우구스티누스에 따르면, 서로 다른 대상을 향한 사랑의 조화와 일치 속에 인간적 덕과 행복이 존립하며, 그것을 추동하는 근본동기가 바로 자기애이다.

서유럽의 주류적 전통에서 자기애의 규범적 정당화는 인간본성과 세계에 대한 목적론적 질서를 전제로 한다. 반면 근대 이후 계몽된 사회에서는 규범적 기준을 자기 바깥에서 구할 수 없다. 이제 규범적 정당화의 토대는 각 개인이다.[7] 이러한 자기준거적 척도가 부상함으로써 자기애는 공동체의 윤리적 지평으로부터 이탈하여 다시 이기주의적이거나 에고이즘적인 것으로 간주된다. 자기애와 이기심을 동일시하는 근대적 자기애의 표준적 개념화를 대표하는 것은 개신교의 극(極)아우구스티누스적인 관점이다. 종교개혁 시기 루터(M. Luther)는 자기애를 만악의 뿌리로 간주했고, 칼뱅(J. Calvin)은 자기애를 페스트에 비유했다.[8] 여기서 아리스토텔레스-토마스적

---

6 아우구스티누스, 『신국론』, 성염 옮김, 분도출판사, 2004, 제14권 13장, 1491쪽.

7 전통과 현대의 덕과 규범의 차이에 대해서는 A. Pieper, 「덕(德)의 의미, 어제와 오늘」, 김형수 옮김, 『신학전망』, 178, 2012, 231쪽 이하 참조.

8 U. Dierse/S. Knoche, "Selbstliebe", in: *Historisches Wörterbuch der Philosophie*, Bd. 9, Basel: Schwabe & Co, 1995, 476쪽 이하 참조.

목적론의 질서지어진 자기애의 여지가 없고 인간본성과 현세에 대한 가차 없는 부정성이 두드러진다. 이에 따르면 자기애와 인간본성은 더는 윤리적 기초일 수 없다. 다른 한편, 근대 사회철학적 맥락에서 이해될 때, 대표적으로 홉스(T. Hobbes)에게서 자기애는 자기보존의 원초적 충동과 이기심에 다름 아니다. 홉스를 따라 맨더빌(B. Mandeville)도 개체의 자기보존의 성향과 자기애를 동일시하며, 초월적 선이 아니라 자연적 선을 옹호한다. 특히 맨더빌은 전통 윤리학이 개인적 악덕이라고 비난해온 이기심이 사회적 선을 증진한다는 주장을 통해 자기애와 이기심을 윤리적 행위의 기초로 간주하는 데까지 나아간다. 홉스적 이기주의에 맞서 인간 본성의 이타심을 변호한 스코틀랜드 도덕감 학파의 경우에도 자기애의 개념화는 홉스와 다르지 않았다. 그들은 자기애를 이기적 본성으로 파악했고, 이타심을 옹호하기 위해 자기애 곁에 이타적 본성인 도덕감을 병렬시켰다.[9]

18세기의 윤리적 논쟁의 중심부에는 인간 본성과 관련된 논쟁, 즉 자기애 대 도덕감의 논쟁, 이기주의와 이타주의의 논쟁이 있었다.[10] 칸트(I. Kant)는 청년기부터 영국과 프랑스를 중심으로 이루어진 동시대의 저 논쟁을 충분히 의식해왔지만, 1780년대의 윤리학 저작, 대표적으로 『도덕형이상학 정초』와 『실천이성비판』에서 당대의 한 경향과 선을 긋고 인간의 감성적 본성이라는 경험적 차원

9 A. Pieper(Hg.), *Geschichte der neueren Ethik, Bd 1: Neuzeit,* Tübingen und Basel: Francke Verlag, 1992, 83쪽 이하 참조.

10 W. Schneiders(Hg.), *Lexikon der Aufklärung: Deutschland und Europa,* München: C.H.Beck, 2001, 243쪽. 대표적인 예로 홉스 대 샤프츠베리의 논쟁, 이를 잇는 맨더빌 대 허치슨의 논쟁을 들 수 있다. 동시대 프랑스에서는 이와 유사한 맥락에서 이기심 대 자기애의 논쟁이 있었다.

에서 도덕을 논하길 거부한다. 그에 따르면, 모든 감정은 자기애로 환원될 수 있기 때문에 도덕은 감정에 기초할 수 없다. 칸트는 좋고 나쁨의 구별 없이 모든 종류의 자기애를 한 부류로 취급하고 자기애의 도덕적 지위를 부정하는 것처럼 보인다. 이러한 외관은 칸트가 자기애와 타자애를 모순관계로 간주한다는 해석을 낳기도 한다.[11]

그러나 선량한 사람의 자기애는 타인에 대한 연민과 동정심으로 나타날 수도 있고 곤궁에 처한 타인을 돕는 일로 귀결될 수도 있다.[12] 만일 자기애로부터 비롯된 행위가 이처럼 타자애와 양립가능하다면, 그런 한에서 우리는 선량한 자기애, 또는 배타적이지 않은 자기애를 도덕적이라고 부를 수 있지 않을까? 하지만 우리의 이러한 소박한 판단과 다르게, 칸트는 이를 거부한다. 자선가의 사례에서 분명하듯, 칸트는 어려운 상황에 처한 사람을 돕는 자선행위라 하더라도 그것이 감정에 토대를 둔다면 거기에는 아무런 도덕적 내용도 들어있지 않다고 주장한다. 심지어 칸트는 "도덕적 자기애" (moralische Philautie)란 표현에 자만심의 의미를 부여하기도 한다 (XXVII 358).

더 문제적인 것은 칸트 윤리학이 자기애의 개념을 전통적인 방식으로 이중화하지 않으면서도 자기애에 대해 양가적 입장을 취하

---

11 안옥선, 「자기애에 대한 성찰: 자기애의 자리매김을 위한 시론」, 『철학연구』, 84, 2002: 325-352쪽.

12 『도덕형이상학 정초』에서 동정심 많은 자선가의 사례를 참조하라(IV 398 이하). 이 글에서 칸트의 저작을 인용할 때는 학계의 관례에 따라 축약하여 학술원판 칸트전집의 권수를 로마숫자로, 쪽수를 아라비아숫자로 표기하며, 단순 인용의 경우 각주 대신 본문에 괄호를 사용하여 표기한다. *Immanuel Kant's Gesammelte Schriften (Akademie-Ausgabe), begonnen von der Königlich Preußischen Akademie der Wissenschaften.* Berlin: De Gruyter, 1900ff. 국역이 있는 경우, 한국칸트학회 칸트전집판을 따랐으며, 필요한 경우 수정하였다. 번역본의 서지사항은 참고문헌을 보라.

는 것처럼 보인다는 점이다. 『실천이성비판』에서 칸트는 자기애를 이기심의 한 형식으로 간주하며 도덕법칙과 대립시키면서도(V 73), 다른 대목에서는 자기애를 "보편적 원리"로 고찰함으로써 도덕 외적인 맥락에서 긍정한다(V 22). 얼핏 보기에 자기애에 대한 칸트의 이러한 양가적 입장은 서로 상충하는 것처럼 보이지만, 중립적인 의미에서의 자기애와 악의 원천이 되는 이기적 자기애는 구별되어야 한다. 동기들의 윤리적 질서를 전도시키고 근본악을 지향하는 것은 이기적 자기애의 두 형태인 '자기애착'(Eigenliebe)와 '자만'(Eigendünkel)이다. 순수 실천이성은 전자를 도덕법칙의 지배 아래에서 조건적으로 인정하고 자아 스스로 법칙의 자격을 부당하게 주장하는 자만을 무조건 부정한다. 이로써 자기애는 그것이 동기들의 윤리적 질서를 전도시키지 않고 도덕법칙의 제약 아래 머무는 한에서 도덕성과 공존할 수 있다.

쇼펜하우어(A. Schopenhauer)는 자기애를 생리적 개념이자 생의 원리인 의지와 동일시하고 기본적으로 이기주의와 별개임을 강조한다.[13] 나아가 니체(F. W. Nietzsche)는 기독교적 교리가 참된 자기애를 가로막고 자기를 소외시켜왔음을 폭로한다. 그에 따르면, "중력(重力)의 영(靈)"인 기독교는 이웃사랑을 앞세우는 가식으로 인간에게 자기애를 금지하고 대신 자기 자신에게 낯선 말과 가치들을 따르라 한다.[14] 이에 맞서 니체는 각자가 자기 자신을 발견하기를

13 Dierse/S. Knoche, "Selbstliebe", in: *Historisches Wörterbuch der Philosophie*, Bd. 9, Basel: Schwabe & Co, 1995, 484쪽 및 김미영, 「쇼펜하우어에서 자연의지와 자유의지」, 『칸트연구』, 41, 2018, 129쪽 참조.

14 F. W. 니체, 『짜라투스트라는 이렇게 말했다』, 최승자 옮김, 청하, 1984, 234쪽 이하 참조.

권한다. 인간은 자기 밖으로 떠돌 게 아니라 자기 곁에 머물며 "자기 자신을 사랑하기를 배워야 한다."[15] 이를테면 "이것이 나의 선과 악이다"라고 스스로 자기 삶을 규정하고 자기 자신을 있는 그대로 사랑할 수 있어야 한다.[16] 이런 식으로 그는 모든 사람이 각자 자기 자신으로부터의 자기인식을 통해 자기 이름과 가치를 스스로 설정하기를 권한다.

의미와 해석

동물적 자기애와 인간적 자기애

칸트는 『이성의 한계 안에서의 종교』의 첫 논문에서 인간의 "욕구능력과 자의의 사용"에 관한 세 가지 근원적 소질을 동물성, 인간성, 인격성으로 나누어 고찰하는데, 이 가운데 동물성과 인간성의 소질은 자기애의 두 차원을 이룬다. 동물성의 소질은 생명체로서의 인간에게 속하는 "물리적이고 순전히 기계적인", 즉 "이성을 필요로 하지 않는 자기애"의 형식이다(VI 26). 이는 개체의 자기보존, 종족 번식, 그리고 사회적 교제 등으로 나타난다. 인간성의 소질은 "생명체이면서 동시에 이성적 존재자인 인간"의 "비교하는 자기애"의 원천이다. 그것은 타인과의 비교 하에서 자신의 행복을 고려하고 자신의 우위를 점하려는 소질이며, 비교를 위해서는 계산하고 추론하는 능력인 이성이 요구된다. 셋째 소질인 인격성은 "이성적이며 동시

15 같은 곳.

16 같은 책, 236쪽.

에 책임을 질 수 있는 존재로서의 인간"의 순수하게 지성적인 본성과 관계한다. 그것은 "그 자체로 선택의지의 충분한 동기가 되는 도덕법칙을 향한 존경의 감수성", 즉 도덕감정이다(VI 27). 이 소질은 주관의 감수성에 기초하지만, 도덕법칙의 이념은 경험적 인간(즉 구체적 인격)이 아니라 "인격성 자체", 즉 "오로지 지성적으로만 고찰된 인간성의 이념"이다(VI 28).

칸트에 따르면 이 세 원천적 소질들은 인간 본성의 가능성에 속한다는 점에서 그 자체로는 선의 소질들이다. 자기애와 자연적 경향성도 그 자체로는 배척할 것이 아니며, 도리어 "이것을 근절하려는 의욕은 헛될 뿐만 아니라 유해하고 비난받을 일이기도 하다"(VI 58). 그럼에도 자기애의 소질은 도덕성을 근거짓기에는 불충분하다. 양자는 감성적 욕구충동 및 경향성에 의해 좌우된다는 점에서 보편타당한 원리로 삼기 어렵다. 칸트에게 도덕성은 "행위가 의지의 자율에 대해, 즉 의지의 준칙을 매개로 한 보편적 입법에 대해 갖는 관계"이다(IV 439). 도덕적 선은 의지가 자신의 주관적 준칙이 보편적 도덕법칙이 되길 바랄 수 있는가에 존립한다.

에고이즘 또는 자기중심주의

칸트에게서 자기애는 그 자체로는 선의 소질이지만, 동시에 악을 향한 성향이 되기도 한다. 우리 자신의 자유의사에 따라 인간은 조건적으로 악으로 기운다. 자기애는 자유로운 자의의 사용에 따라 "우리의 모든 준칙의 원리로 취해질 때 곧 모든 악의 원천이 된다"(VI 45). 인간은 자기애의 동기를 자신의 최상준칙의 규정근거로 채택할 때 근본악에 이른다(VI 51). 악의 뿌리는 "인간의 감성 및 이로부터 생겨난 자연적 경향성"이 아니다(VI 34). 우리는 감성 및 경향성의 원작자가 아니므로 감성 자체에 대한 책임이 없다. 그러나 자기애가 악의 성향이라면 그것은 자유의지의 결과여야 한다. 따라서 동물성의 소질인 기계적 자기애는 그 자체로 무구하다. 오히려 자기애는 인간의 자아표상과 결합하여 선과 악이라는 도덕적 함의를 가진다.

『실용적 관점에서 본 인간학』 첫머리에서 칸트는 인간은 "'나'에 대한 표상을 가질 수 있다는 사실에 의해 지상의 다른 모든 생물보다 무한히 우위에 선다"고 말한다(VII 127). 이런 점에서 인간은 여타의 사물이나 이성 없는 동물과 "완전히 구별되는 존재"다. 칸트는 우리가 자기 자신을 나라고 말할 수 있는 능력, 따라서 인격일 수 있는 능력이 바로 사고능력, 즉 지성임을 강조한다. 칸트는 인간이 자기 자신을 나로 표상하고 말할 수 있다는 점으로부터 에고이즘(Egoismus), 즉 자기중심주의가 발원한다고 주장한다.

> "사람은 자기 자신을 '나'라고 말하기 시작한 그 날부터, 인간은 허용될 수 있는 한 사랑하는 자기 자신을 내세우고, 이렇게 자기중심주의는 거침없이 진행된다. 만일 공공연하게 그렇게 하지 않는다 해도(만약 그럴 경우 타인의 자기중심주의가 그와 맞설 것이므로), 인간은 표면적으로 자기를 부정하고 겸손을 가장하여 더욱 확실하게 타인의 판단에서 특별한 가치를 부여받기 위해 암암리에 그렇게 한다.[17]

---

17 VII 127. 『실용적 관점에서 본 인간학』의 국역본에서 홍우람은 에고이즘(Egoismus)을 '이기주의'라 옮기고 있으나, 필자는 '자기중심주의'로 옮겼다. 이는 이 낱말의 도덕 외적인 의미를 남겨두기 위해서이기도 하고 칸트가 'Selbstsucht'란 용어를 '이기심'의 의미로 따로 사용(V 73)하기 때문이기도 하다.

자기중심주의는 인간 마음의 주요한 능력과 관련하여 세 가지 월권(Anmaßung)을 범한다. 그것은 각각 지성의 월권, 취향의 월권, 실천적 관심의 월권이며, 이렇게 해서 자기중심주의는 각각 논리적, 심미적, 또는 실천적으로 나타날 수 있다. 논리적 자기중심주의자는 "자신의 판단을 타인의 지성에 의해 검사하는 일을 불필요하다"고 여긴다(VII 128). 그는 '진리의 외적 기준'을 불필요하다고 여기고 자신의 판단에 절대적 권위를 부여하려 한다. 심미적 자기중심주의자는 다른 사람들이 자신의 취향을 혹평하거나 비웃더라도 "자기 자신의 취향에 진정 만족하는 사람"이고, 실천적 내지 도덕적 자기중심주의자는 "모든 목적을 자기 자신에게 제한하는 사람이자 자기 자신에게 유용한 것 말고는 다른 어떤 것도 유익하다고 여기지 않는 사람이다"(VII 128). 이런 의미에서 그는 도덕법칙 내지 의무가 아니라 자기행복을 실천적 최상원리로 삼는 행복주의자이다. 칸트는 오직 '다원주의'(Pluralism)만이 자기중심주의와 대조될 수 있다고 말한다. 다원주의는 "자기 자신이 전 세계를 자기 안에 포괄한다고 여기고 처신하는 게 아니라 자신을 단순히 '세계시민'(Weltbürger)로 여기고 처신하는 사고방식이다"(VII 130).

이기심의 두 양태: 자기애착과 자만

인간의 자기중심주의는 자기애와 결합하여 무엇보다 자기 자신을 만족시키려는 성향으로 나타난다. 칸트에 따르면 인간 마음은 자연본성의 경험순서상 경향성과 자기행복의 추구상태에 있다. 칸트는 이것들이 하나로 체계화된 것을 가리켜 '이기심'(Selbstsucht)이라 부르며, 이기심의 만족을 가리켜 '자기행복'이라 부른다(V 73). 칸트는 이기심의 두 종류를 구별한다. 그것은 자기애의 이기심, 내지 "모든 것을 능가하는 자기 자신에 대한 호의(Wohlwollen)의 이기심", 곧 '자기애착'이거나 "자기 자신에 대한 만족(Wohlgefallen)의 이기심", 즉 '자만'이다(V 73).

이기심의 본체인 감성적 자아는 개체적 현존에 몰입한다는 점에서 자기중심적이며, 타인과의 관계를 고려하기보다 자기 자신을 소중히 여기고 우월한 지위를 추구한다. 따라서 감성적 자아의 자기평가는 객관적으로 보편타당할 수 없을 뿐만 아니라 주관적으로도 우연적이기 쉽다. 자기 평가 자체가 주관의 상태와 조건에 따라 가변적일 것이기 때문이다.

칸트는 이기심의 두 양태인 자기애착과 자만의 근본적 차이가 도덕적 규범의식, 또는 칸트의 용어법으로 순수 실천이성 및 도덕법칙과 관계맺는 방식에서 따라 나온다고 주장한다. 자기애착은 보편화가능성 테스트를 통과하면 도덕법칙의 하위에 포섭됨으로써 '이성적 자기애'로 중화될 수 있다. 반면 자만은 도덕법칙과 모순관계에 있다. 자기 자신을 최고로 여기는 자기우월감으로서 자만은 도덕법칙의 지위를 월권적으로 탐하기 때문이다. 자만에 빠진 인간은 자신의 주관적인 특수한 준칙을 객관적이고 절대화하려 한다. 이러한 한갓 주관적 준칙의 보편화 경향은 거의 독재적이다. 이처럼 실천적 월권은 자만의 이기심에서 비롯된다.

존경의 도덕감정과 자기존중

자만이 법칙을 참칭하고 월권을 범하므로, 우리 안의 도덕적 의식인 순수 실천이성은 자만을 모조리 제압하고 근거 없는 자기우월감을 분쇄해야 한다. 이러한 순수 실천이성의 작용으로서 법칙에 의한 의지규정의 결과로부터 우리 마음에는 '존경'(Achtung)의 감정이 생겨난다. 존경은 이기심보다 시간상 나중에 현상하는데, 경험적 감정이 아니라 이기심의 본체인 감성적 자아의 부정과 제압의 결과로부터 유발된 선험적 감정이다. 이 감정의 원인은 선험적 대상인 도덕법칙이기 때문에 칸트는 이것을 가리켜 '도덕법칙에 대한 존경'(Achtung fürs moralische Gesetz)이라 부른다(V 75). 존경은 이중감정이다. 그것은 법칙의 작용에 의해 내감에 먼저 불쾌나 고통과 유비적인 부정적인 '굴욕감'(Demütigung)이 먼저 일어나고, 그 다음에 정반대로 쾌와 유비적인 긍정적 감정인 '존경'이 나타나는데, 칸트는 이 두 계기를 합쳐 '도덕감정'(ein moralisches Gefühl)이라 부른다.[18]

그런데 이러한 이중감정은 온전히 자기관계에 기초한 자아평가의 산물이다. 하나의 인격에 대해 상반된 정서적 평가가 거의 동시에, 또는 잇따라 일어나는 점은 부조리해 보인다. 그러나 그것이 우리 인간의 인격 내지 자아가 이중적이라는 점에서 유래한다면 모순은 해소된다. 칸트의 체계에서 우리 인간은 감성계와 지성계를 오가는 사이존재로서 서로 이종적인 두 자아를 지닌다. 한 편으로 우리는 감성적 존재자로서 "친애하는 자아"(IV 407) 혹은 "정념적으로 규정될 수 있는 자아"(V 74)를, 다른 한 편으로는 "본래적 자아"(IV 457), 즉 지성적 자아를 지닌다. 이런 의미에서 감성적 자아의 이기심의 제압은 '굴욕' 내지 '지성적 비하감'으로 느껴지기도 하지만(V 75), 나의 지성적 인격의 편에서는 일종의 자긍심, 즉 자기존중을 불

18 V 75. 칸트에게서 존경의 도덕감정에 대한 더 상세한 논의는 오창환, 「칸트에게서 존경의 감정」, 『철학논집』, 66, 2021: 241-267쪽 참조.

러일으킨다. 자기존중은 나와 타자를 별개로 평가하는 것이 아니라 인격성이라는 공통의 이념에 비추어 평가하며, 이에 부합하는 데서 오는 긍정적 자기평가는 보편적인 '자기승인'(Selbstbilligung)에 다름 아니다(V 80).

참고문헌 및 더 읽을거리

김미영, 「쇼펜하우어에서 자연의지와 자유의지」, 『칸트연구』, 41, 한국칸트학회, 2018: 114-138.

니그렌, A., 『아가페와 에로스』, 고구경 옮김, 크리스챤 다이제스트, 1998.

니체, F. W., 『짜라투스트라는 이렇게 말했다』, 최승자 옮김, 청하, 1984.

로쯔, J. B., 『사랑의 세 단계: 에로스, 필리아, 아가페』, 심상태 옮김, 서광사, 1985.

아리스토텔레스, 『니코마코스 윤리학』, 강상진·김재홍·이창우 옮김, 도서출판 길, 2011.

아우구스티누스, 『신국론』, 성염 옮김, 분도출판사, 2004.

안옥선, 「자기애에 대한 성찰: 자기애의 자리매김을 위한 시론」, 『철학연구』 84집, 대한철학회, 2002: 325-352.

오창환, 「서양철학 전통에서 자기애의 문제 - 아리스토텔레스와 아우구스티누스를 중심으로」, 『감성연구』, 10, 전남대 호남학연구원, 2015: 147-189.

오창환, 「칸트 윤리학에서 자기애의 문제」, 『감성연구』, 13, 전남대 호남학연구원, 2016: 93-138.

오창환, 「칸트에게서 존경의 감정」, 『철학논집』, 66, 서강대 철학연구소, 2021: 241-267.

칸트, 임마누엘, 『도덕형이상학 정초·실천이성비판』, 김석수·김종국 옮김, 한길사, 2019.

칸트, 임마누엘, 『실용적 관점에서 본 인간학』, 홍우람·이진오 옮김, 한길사, 2021.

칸트, 임마누엘, 『이성의 한계 안에서의 종교』, 백종현 옮김, 아카넷, 2015.

피퍼, A., 「덕(德)의 의미, 어제와 오늘」, 김형수 옮김, 『신학전망』, 178, 광주가톨릭대학교, 2012.

Dierse, U./Knoche, S., "Selbstliebe", in: *Historisches Wörterbuch der Philosophie*, Bd. 9, Basel: Schwabe & Co, 1995.

Kant, I., *Immanuel Kant's Gesammelte Schriften*, begonnen von der Königlich Preußischen Akademie der Wissenschaften. Berlin: De Gruyter, 1900ff.

Nussbaum, M., "Love", in: *Routledge Encyclopedia of Philosophy*, London and New York: Routledge, 1998.

Pieper, A.(Hg.), *Geschichte der neueren Ethik, Bd 1: Neuzeit*, Tübingen und Basel: Francke Verlag, 1992.

Schneiders, W.(Hg.), *Lexikon der Aufklärung: Deutschland und Europa*, München: C.H.Beck, 2001.

접촉과 만짐 contact and touch

기본적 정의

접촉과 만짐은 인간과 공동체의 본질을 이해할 수 있는 핵심 개념이다. 옥스퍼드 사전(Oxford English Dictionary)에서 만짐은 주로 "손, 손가락, 또는 (덜 일반적이긴 하나) 몸의 일부를 다른 사람이나 사물과 맞닿는(contact) 행위"로 정의된다.[1] 특히 만짐은 물리적 맞닿음(physical contact)의 의미를 강하게 내포하고, 단순한 접촉 상태라기보다는 적극적인 인간 행위를 수반한다는 점이 특징이다. 이는 만짐의 어원을 통해 더욱 명확히 드러난다. 영어 *touch*에 상응하는 현대 프랑스어 *touche*는 11세기에 "만지다, 치다, 두드리다"라는 뜻을 가지고 있던 *tochier*에서 유래한 것으로, 펜싱 경기에서 펜싱 검 끝으로 상대를 치는 행위를 의미한다. 또한 이 단어는 종과 같은 사물을 "두드리다, 치다"라는 의미를 가진 라틴어 *toccare*와도 그 맥락을 같이 한다.[2] 결국 만짐 개념은 한 인간이 의도적으로 다른 인간 또는 사물과 신체적, 물리적으로 맞닿는 행위를 핵심으로 한다.[3]

1 Oxford English Dictionary: https://www.oed.com/view/Entry/203877#eid18087096

2 Online Etymology Dictionary: https://www.etymonline.com/word/touch

Covid-19는 전 세계를 공포로 몰아넣고 있다. 이 공포는 단순히 죽음에 이르는 몸의 질병에 대한 것만이 아니라, 엄청난 속도로 확산되는 바이러스로 인해 타인과의 접촉(contact)에 대한 공포이며, 이 공포는 타인 자체에 대한 혐오로까지 이어지고 있다. 인간은 몸(body), 특히 살(flesh)을 가진 존재로 감각(sense)을 통해 사물과 세계의 특징을 지각(perception)하고, 타자와 소통하면서 자신을 인식(cognition)하는 존재임을 상기해 볼 때, 팬데믹 시대에 접촉과 만짐(touch)에 대한 공포는 사회적 존재로서 인간의 본질과 공동체의 역할에 근본적인 물음을 제기한다.

개념의 기원과 발전

만짐 개념은 고대 그리스 철학에서부터 20세기 실존주의, 현상학, 해석학에 이르기까지 서양 철학사에서 결코 간과할 수 없는 중요한 지적 전통을 유지하고 있다. 리차드 카니(Richard Kearney)에 따르면 서양 철학사는 두 가지 전통으로 재구성될 수 있다. 먼저, 플라톤의 시각중심주의(optocentrism) 사상은 시각을 인간이 이데아(Idea)에 다가가기 위한 가장 우월한 감각으로 제시한다.[4] 인간은 눈을 들어 하늘을 바라보고 우주와 이데아에 대해 명상하면서 이성적인 존재가 된다는 것이다.[5]

3 물론 만짐은 단순히 촉각에만 한정되지 않고, 인간의 시각, 후각, 미각, 청각 등 오감 전체로 확장되어 해석될 수 있다. 결국 만짐은 감각을 통해 타자와 세계를 지각하고 인식하는 적극적인 행위라 할 수 있다.

4 Richard Kearney, *Touch: Recovering Our Most Vital Sense*. New York: Columbia UP, 2021. 35쪽 참조.

이와 반대로 아리스토텔레스는 플라톤이 주목하지 않은 촉각을 논하면서 인간이 다른 동물들보다 가장 지적인 이유를 촉각에서 찾는다. 인간은 두꺼운 털과 가죽을 가진 다른 야생동물들보다 가장 연약하면서도 민감한 살을 가지고 있고, 그 살을 매개로 사물과 예민하게 접촉하면서 사물들 사이의 차이를 지각하는 동시에 그것들의 특수성을 파악하며 반응한다. 이것이 아리스토텔레스에게 인간의 지성을 형성하는 가장 중요한 감각으로 촉각이 제시되는 이유이다. 아리스토텔레스의 접촉에 관한 논의에서 주목할 점은 인간이 살을 매개로 세계를 지각하고 이해한다는 점이다. 이 점에서 아리스토텔레스는 시각중심주의의 플라톤 철학에서 소외된 촉각의 지위를 복권하는 동시에, 플라톤 사상에 대항할 수 있는 접촉 철학의 토대를 마련하여 육체의 해석학(carnal hermeneutics)을 선취했다고 볼 수 있다.

그러나 이성중심의 사유가 서양철학의 헤게모니를 형성하면서 접촉/만짐의 계보는 크게 주목받지 못하다가 20세기 초반 현상학을 통해 재조명받게 된다. 후설(Edmund Husserl)은 아리스토텔레스의 촉각 전통을 따르며 정신과 육체의 이원론을 거부한다. 그에게 살을 통한 접촉은 인간이 단순히 외부의 정보를 지각하는데 그치지 않고, 인간 스스로도 외부의 존재에게 지각되고 이로부터 영향을 받는다는 점에서 "이중 감각(double sensation)"이 된다.[6] 이중 감각으로서의

---

5 플라톤은 청각 또한 중요한 감각으로 보았는데 이는 인간이 신의 말씀을 듣고 영혼의 조화를 이루는데 유용하기 때문이었다. 이는 데리다가 서양철학 전통의 가장 강력한 헤게모니로 지적한 로고스중심주의(logocentrism)의 근간이 된다.

6 Edmund Husserl, *Ideas Pertaining to a Pure Phenomenology and to a Phenomenological Philosophy*, Second Book, trans. R. Rojcewicz and A. Schuwer, Kluwer, 1989, 153쪽.

접촉은 내부와 외부, 주체와 타자, 능동과 수동, 몸과 정신의 엄격한 이분법적 구분 대신, 두 영역들 사이의 상호침투적인 관계를 설명하는 개념이 된다. 이러한 특징으로 접촉은 타자를 경험하는 인간의 원초적 경험이 되고, 결국 윤리학의 토대가 된다.

후설에 이어 메를로-퐁티(Maurice Merleau-Ponty)는 접촉의 현상학을 획기적으로 발전시켰다. 메를로-퐁티에 따르면 인간은 다공성을 가진 살(flesh)을 매개로 세계와 접촉하면서 주체와 대상의 대립을 넘어 만지는 동시에 만져지는, 즉 자신의 살과 세계의 살 사이에서 "상호 교차(the chiasm)"를 경험한다. 더욱이 그는 접촉을 촉각뿐만 아니라, 인간의 오감을 종합적으로 포괄하는 것으로 봄으로써 후설의 접촉이론을 확장시켰다.

그러나 이러한 현상학적 관점은 개인의 의지와 상관없이 인간의 지각 현상이 주어진 사회적, 역사적 특수성에 의해 영향을 받기에 언제나 제한적이고 유한하다는 점에서 한계를 지닌다. 이런 한계가 인식되면서 하이데거(Martin Heidegger)와 가다머(Hans-Georg Gadamer)를 기점으로 현상학에서 해석학으로의 우회 현상이 일어난다. 특히 1950년대 리쾨르(Paul Ricoeur)는 살 자체가 가진 타자성을 지적하면서 접촉과 같은 인간 경험의 의미가 상징적으로 해석되어야 함을 강조한다. 이와 함께 몸의 경험을 다루는 살의 현상학(phenomenology of flesh)은 언어의 지평에 속해 있는 인간 경험의 유한성과 함께 그 한계를 맞이한다. 결국 1960년대에 이르러 가다머와 리쾨르를 중심으로 해석학적 전회(hermeneutic turn)가 본격화되면서 지각과 접촉에 관한 담론은 텍스트와 언어에 대한 해석학으로 중심을 옮겨 간다. 더욱이 20세기 후반에는 세계의 의미가 구성의 관점에서 논의되면서 접촉, 살아 있는 몸, 물질성 등에 관한 논의는 언어와 텍스트 담론의 주변부로 밀려난다.

그럼에도 불구하고 학자들은 해석학적 현상학, 즉 몸과 텍스트 사이 그리고 감각과 해석 사이의 긴장 관계를 끊임없이 사유하면서 육체의 해석학(carnal hermeneutics)에 이르게 된다. 육체의 해석학은 카니(Kearney)가 제시한 바와 같이 몸에 관한 여성주의적 해석학, 해체주의적 해석학, 성육신(incarnation)에 관한 신학적 해석학, 그리고 육체에 관한 차이의 해석학 등 다양한 방향으로 전개되고 있다.[7]

특히 몸에 관한 여성주의적 해석학에서 어루만짐(caress) 개념은 크리스테바(Julia Kristeva)와 이리가레(Luce Irigaray) 등을 중심으로 새롭게 전개되어왔다. 이리가레는 연인들의 어루만짐이 단순한 촉각의 맞닿음을 넘어 연인들이 "새로운 세계의 창조자"가 되어 서로의 취약성(vulnerability)으로 들어가는 경험임을 강조한다.[8] 타자와의 접촉은 그 접촉의 성격에 따라 고통 또는 쾌락을 생산하고, 타자에 대한 주체의 행위에 영향을 미친다는 점에서 윤리적 성격을 지닌다.

물론 어루만짐에 대해 이전에도 철학자들이 활발한 논의를 전개한 바 있었다. 사르트르(Jean-Paul Sartre)는 타자와의 갈등 관계에서 몸을 도구적인 것으로 규정하면서 어루만짐이 자아 또는 타자의 자유를 침해하고 "몸을 전유"한다고 주장한다.[9] 반면 레비나스

---

7 Kearney, "The Wager of Carnal Hermeneutics." in *Carnal Hermeneutics*, Fordham UP, 2015, 56쪽.

8 Luce Irigarary, "The Fecundity of the Caress" *An Ethics of Sexual Difference*, Cornell UP, 1993, 232쪽.

9 Jean-Paul Sartre. *Being and Nothingness*. Trans. Hazel Barnes, Philosophical Library,

(Emmanuel Levinas)는 육체의 어루만짐이 타자의 자유를 제한하는 행위라기보다는 표현할 수 없는 내밀한 것을 만지는 것이라고 본다. 곧 어루만짐은 "육감의 접촉 속에서 만질 수 없는 것, 즉 현재에 깃든 미래"[10]를 만지는 것이다. 이러한 어루만짐은 자아와 타자의 육체를 사회적, 역사적 문맥에서 벗어나게 하고 형이상학적 세계로 초월시킨다.

해체주의적 관점에서 육체의 해석학을 시도하는 낭시(Jean-Luc Nancy)[11]는 몸을 자아의 소유가 아닌, 매 발화 순간 동일성으로의 환원을 거부하고 중심으로부터 이탈하는 타자로 여긴다. 특히 그에게 어루만짐은 정보나 에너지를 전달하기 위한 피부의 접촉과는 다르다. 악수나 포옹 같은 간단한 접촉은 최소한 가까움 또는 친절에 대한 상호 합의를 의미한다. 그러나 어루만짐은 어떤 확정적인 것도 전달하지 않는다. 오히려 어루만짐은 어둠 속의 타자에게로 다가섬, 방문을 의미한다.

이때 어루만짐은 피부로 가능한데, 몸으로부터 끊임없이 분리되고 변화하는 동시에 몸을 외부로 노출시키는 피부의 특징으로 인해, 어루만짐은 자신과 타자의 피부를 동요시키고 각성시키는 역할을 한다.[12] 그는 상호 만짐으로 인해 동요된 몸을 영혼이라고 부른다. 따라서 몸은 자아에 속해 있지 않고, 끊임없이 타자와 접촉하면서 세계를 향해 열려 있다. 열려 있는 몸을 지닌 자아들이 구성하는 공

1956, 390쪽.

10 Emmanuel Levinas, *Totality and Infinity*. Trans. Alphonso Lingis, Pittsburgh, PA: Duquesne UP, 1969, 258쪽.

11 Jean Luc Nancy. *Corpus*. Trans. Richard A. Rand, Fordham UP, 2008, 8쪽.

12 Jean Luc Nancy. "Rethinking Corpus." in *Carnal Hermeneutics*. 80, 81쪽.

동체 또한 전체성을 거부하고 특정한 단일 목적까지도 지양하면서 공동체 담론은 새롭게 확장된다.

21세기 초반 디지털 시대로 전환되면서 만짐 담론은 새로운 국면을 맞이하게 된다. 이제 인류는 몸과 몸 사이의 오감을 통한 직접 접촉보다 스크린 속의 이미지를 간접적으로 접촉하는 것을 선호하게 된 것이다. 이는 플라톤 전통의 시각중심주의의 부활로 이해될 수 있다. 더욱이 2020년 전 세계를 강타한 팬데믹을 기점으로 대면 접촉에 대한 혐오가 만연하면서 촉각보다는 시각이 사회 문화적으로 절대적인 우위를 점하게 된다.

카니는 이러한 시대를 기독교에서 신이 인간의 몸으로 육화된 현상이 반대로 일어나는 시대, 즉 물질성을 지닌 몸이 이미지로 대체되는 "탈육화 시대(the age of excarnation)"로 진단한다. 인터넷과 소셜미디어를 중심으로 급속하게 확장되어 온 시각중심주의의 탈육화 시대에 몸과 몸의 접촉과 만짐이 터부시되고, 성적 접촉과 만짐조차 "터치" 스크린을 통한 대리 경험으로 대체되면서, 만짐 담론은 새로운 윤리적 논의를 가져왔다.

크리스테바의 지적처럼 현대인들은 역설적이게도 외로워지지 않기 위해 스크린 앞에서 SNS를 하면서 외로움을 느끼고, 이것은 현대인들의 불안과 분노의 근원이 된다.[13] 동시에 탈육화 시대에 가상현실(virtual reality) 기술의 발전으로 인해 죽은 자에 대한 접촉의 감각이 복원되면서 기존의 몸-정신의 이분법은 커다란 도전을 맞

13 Julia Kristeva, "Humanity is Rediscovering Existential Solitude, the Meaning of Limits, and Mortality" in *Corona Virus, Psychoanalysis, and Philosophy: Conversations on Pandemics, Politics, and Society*, Routledge, 2021, 102쪽.

이하고 있다. 또한 손과 발의 감촉을 사용한 사족보행이 아닌 직립보행을 하게 되면서 시각을 더욱 중요하게 여긴 인류세(anthropocene)에 관한 비판적 논의와 함께 기존의 인간 중심의 만짐 담론은 인간과 동물, 인간과 인공지능(artificial intelligence) 사이의 관계에 대한 성찰로 급진적으로 확장되고 있다.

의미와 해석

만짐과 치유 그리고 공동체

현대 문명의 급속한 발전 이면에 도사리고 있던 트라우마(trauma)에 대한 고찰과, 이에 대한 반작용으로 열풍처럼 일었던 치유(healing) 담론이 팬데믹 시대에 재조명되고 있다. 카니는 치유의 의학적 계보를 고대 그리스 신화와 역사 속 인물인 아스클레피오스(Asclepius)와 히포크라테스(Hippocrates)에서 찾는다.

반인반수로서 동물의 예민한 촉감과 뛰어난 손기술을 소유한 카이론(Chiaron)의 제자인 아스클레피오스는 치유의 기법으로 목욕, 마사지, 약초 등을 사용하면서 몸의 감각을 회복하는 것을 치유의 기초로 삼는다. 특히 그는 환자의 곁에 앉아 접촉과 만짐을 통해 치유 활동을 전개하곤 했는데, 이는 환자와 일정 거리를 유지하면서 관찰을 통한 치료를 선호한 히포크라테스와 대조를 이룬다. 현대 의학의 아버지로 알려진 히포크라테스는 고통을 통제하고 질병을 파악하며 제거하는 것이 치료의 핵심이라고 생각했다. 그의 방식은 카이론의 형제였던 제우스(Zeus)가 지배한 올림포스 산에서 지상을 내려다보는 것과 같이, 환자를 총괄적으로 조망하고 지배하는 방식을 통해 치유 활동을 전개한다. 이에 반해, 환자와 수평적인 정서 관계를 중시한 아스클레피오스는 지하세계를 대표하는 몸의 감각과 꿈을 통해 치유를 진행한다.[14]

서양의학에서는 히포크라테스 전통이 치유의 주류를 형성해 왔다. 특히 20세기 초반의 정신분석학, 20세기 중반부터 1980년대까지 후기구조주의의 영향으로 환자의 언어 분석에 기반을 둔 치유법이 우세했다. 1990년대 중반 이후 트라우마 연구가 탈식민주의 및 여성주의 관점과 결합, 확장되면서 고통에 대한 기존의 언어적, 약물적 치료법 대신, 몸의 기억이 재조명되기 시작한다. 이 관점은 목소리, 제스쳐, 만짐을 통한 신체적 치유법 및 윤리학을 주창한다.

이러한 직접 접촉의 치유법은 팬데믹 시대에 뚜렷한 한계를 보이고 있다. 더욱이 2010년대 중반부터 세계적으로 확산된 #Me Too 운동의 배경으로 사회권력으로 개인의 신체를 통제하려는 폭력적 남성주의 이데올로기가 지목되면서 신체 접촉에 대한 혐오 현상이 심화되고 있다. 그러나 상대방과 대면하여 신체적으로 접촉하고 만지는 것과 상대방과 대면하지 않고 디지털 매체를 매개로 타인을 접촉하고 만지는 것, 두 접촉 모델에서 어느 한쪽의 우월성을 논하는 것은 순진한 이분법적 사고에 기초한 논의일 뿐이다. 오히려 우리는 두 모델 간 긴장 관계 속에서 인간의 정체성과 공동체의 방향성을 재정립할 필요가 있다.

특히 역사, 정치적 관점에서 접촉과 만짐은 집단적 트라우마를 지닌 공동체에 시사하는 바가 크다. 국가주의 이데올로기를 정당화

14 Kearney, *Touch*, 66-69쪽.

하는 목적론적 관점을 지닌 기존의 진실과 화해를 위한 프로젝트들과는 달리, 카니는 "공통-체(commons of the body)" 개념을 통해 개인과 집단의 트라우마가 치유되고, 진실이 회복되며, 사회적 통합이 일어나는 몸의 연대 모델을 제시한다. 트라우마를 겪은 몸은 "외부의 몸(foreign body)"에 의해 상처를 받아 "상실된 몸(nobody)"이 되지만, "다른 몸(another body)"과 연결되어 치유를 받고 "새로운 몸(somebody)"으로 회복된다. 이 일련의 과정은 고통을 경험한 "모두/모든 몸(everybody)"을 향한 공감적인 열림이 된다.[15] 이처럼 트라우마를 간직한 몸은 또 다른 몸과의 관계를 통해 치유를 받게 되고 회복된 새로운 몸들이 모여 연대를 이룬다.

카니의 공통-체 모델은 디지털 기술의 발전과 팬데믹이 결합되어 대안적 접촉과 만짐을 모색하는 뉴 노멀(new normal) 시대에 시사하는 바가 크다. 영어문화권에서 헤어지면서 나누는 인사 중 하나인 "연락해(Keep in touch)"처럼 접촉과 만짐에 대한 사회구성원으로서 각 개인의 근원적 갈망은 더욱 다양한 형태로 표현되고 추구될 것이다.

참고문헌 및 더 읽을거리

Edmund Husserl, *Ideas Pertaining to a Pure Phenomenology and to a Phenomenological Philosophy: Second Book*, Trans. R. Rojcewicz and A. Schuwer, Kluwer, 1989.

15 Kearney, *Touch*. 108, 109쪽.

Irigarary, Luce. *An Ethics of Sexual Difference*, Trans. Carolyn Burke and Gillian C. Gill. Cornell UP, 1993.

Kearney, Richard. "The Wager of Carnal Hermeneutics." *Carnal Hermeneutics*, Ed. Richard Kearney and Brian Treanor, Fordham UP, 2015.

Kearney, Richard. *Touch: Recovering Our Most Vital Sense*, Columbia UP, 2021.

Kolk, Bessel Van der. *The Body Keeps the Score: Brain, Mind, and Body in the Healing of Trauma*, Penguin, 2015.

Kristeva, Julia. "Humanity is Rediscovering Existential Solitude, the Meaning of Limits, and Mortality" *Corona Virus, Psychoanalysis, and Philosophy: Conversations on Pandemics, Politics, and Society*, Routledge, 2021.

Levinas, Emmanuel. *Totality and Infinity*, Trans. Alphonso Lingis. Pittsburgh: Duquesne UP, 1969.

Merleau-Ponty, Maurice. *The Visible and the Invisible*, Trans. Alphonso Lingis. Northwestern UP, 1968.

Nancy, Jean Luc. *Corpus*, Trans. Richard A. Rand, Fordham UP, 2008.

Nancy, Jean Luc. "Rethinking Corpus." in *Carnal Hermeneutics*, Fordham, 2015.

Sartre, Jean-Paul. *Being and Nothingness*, Trans. Hazel Barnes, Philosophical Library, 1956.

정성精誠 Wholeheartedness

기본적 정의

정성은 온 몸의 기운과 마음을 모아 거짓 없이 올바르게, 이루고자 하는 바를 실현하기 위해 전심전력하는 것을 말한다. 이것은 어떤 일을 진실하게 응대하여, 치밀하고 조밀하게, 있는 힘껏 다하려는 마음과 태도이기도 하다. 이와 같은 심적 상태를 동반한 행위는 누군가의 시선을 의식하는 데서 나오는 수동적인 것이 아니다. 자기 자신이 갖추고 있는 본성과 양심에서, 마치 샘물이 넘쳐나는 듯한 자발성에 의한 것이다. 이러한 자발성에 의한 정성은 거짓과 위선을 배제하고, 타자를 위할 뿐만 아니라 자기 자신의 완성을 위한 것이기도 하다. 이 때문에 정성은 관계를 기껍게 연결하고 만남을 풍요롭게 만드는 공존의 역량이다.

개념의 기원과 발전

일상적 수준에서 정성에 대해서 거론하면 관행적으로 '성실'과 연관해서 말하게 된다. 예를 들어 정성에 대해 '참되고 성실한 마음'

이라 풀이하면, 성실에 대해서는 '정성스럽고 참됨'이라는 식으로 풀이한다. 이것은 '정성'과 '성실'을 동어반복적인 용법으로 정의하는 것이다. 우리의 관습적인 언어 사용은 두 어휘의 구분을 애매하게 만든다. 두 낱말이 '성(誠)'이라는 낱글자를 포함하고 있어서 의미의 중첩은 피할 수 없다.

정성은 정(精)과 성(誠) 두 글자로 이루어진 한자어다. 『설문해자』에서는 정(精)을 "택미(擇米)"라는 의미로 보았다. 택(擇)은 '가려내다'는 뜻이다. 미(米)는 '껍질을 벗긴 조나 수수, 보리' 등을 의미한다. 『설문해자주』에서도 '정성'을 '택미'로 보고, '택미'에 대해서 '쌀알을 골라는 내는 것'이라고 풀이했다.

'택미'와 관련해서는 중국 선불교의 육조(六祖)가 되는 혜능(惠能, 639-713)과 관련된 일화가 전해진다. 혜능이 허드렛일이나 하는 불목하니 시절에 선불교 오대조 홍인은 문하생들에게 개달음의 게송을 짓게 했다. 수행자들 중 가장 으뜸이었던 신수가 게송을 지어 게시하자 혜능도 그것을 들었다.

글자를 모르는 혜능은 동자에게 부탁해 자기가 읊은 게송을 써서 붙였고, 홍인이 그것을 보고는 그를 찾아갔다. 방아를 찧고 있던 불목한 혜능에게 "방아는 다 찧었느냐?"하고 한 마디 하니, 혜능은 "방아는 찧은 지가 오래됩니다만 아직 택미(擇米)를 못했습니다."라고 답했다. 홍인은 글자를 모르지만 깨달은 바가 있는 혜능을 알아보고는 한밤 중에 그를 불러 의발을 전수했다고 한다.

'택미'는 불교에서 부처에게 올리는 '하얀 꽃'인 '고봉의 마지(摩旨, 마짓밥)'와 연관된다. 부처에게 공양하는 불공의 상징이 바로 택미의 과정을 거친 정결한 쌀이나 그 쌀로 지은 밥이다. 아버지 심봉사의 개안을 위해 심청이가 공양미(供養米) 삼 백석에 팔려 가는 서글픈 서사도 이와 관련된다.

고대사회에서 최상품의 쌀을 생산하는 일은 기운을 북돋는 음식을 만들고 정성을 다해야 하는 의식과 연관되기 때문에 '택미'는 중요한 일이었다. 벼에서 쌀알을 골라내는 수고로운 '택미'의 작업은 죄수에게 부가했던 형벌 가운데 하나였다. 이처럼 정(精)은 쌀알을 골라내는 육체적인 수고로움이 따르고, 수고로움의 결과로 깨끗한 쌀을 얻었다는 의미에서 순수함이라는 의미도 갖는다. 이 정은 쌀로 대표되는 먹을 것으로부터 얻은 기운이라는 뜻도 포함한다.

『설문해자』에서 성(誠)은 "믿음[信]이다. 언(言)에서 나왔고 성(成)은 소리다."라고 풀이했다. '성(誠)'은 글자를 쪼개 보면, 언(言)과 성(成)으로 구성되는데, '자신이 직접 내뱉은 말(言)을 실행하여 이루어내는 것(成)'이라는 뜻이다. 이와 같은 '성(誠)'을 '신(信)'과 같은 선상에 놓았다는 것이 이 낱글자의 의미 맥락을 유추하게 한다. '신(信)'은 '의심하지 않고 어긋나지 않음'이란 뜻을 갖는데 신은 곧 사람이 한 말에 대한 믿음을 나타낸다. 스스로 자신의 말에 대해 책임진다는 '성(誠)'은 내뱉은 말이 거짓된 것이 아니고, 거짓되지 않기 때문에 믿음을 가지고 그 말을 성취해 나가는데 부끄럽거나 주저함이 없다는 것을 뜻한다.

이렇게 보면 '정성'의 의미는 무엇인가를 이루기 위해 온 기운을 모아 믿음을 갖고 쌀알을 골라내듯이 치밀하게 하는 애쓰는 거짓 없고 순수한 마음이나 태도를 의미한다. 그러나 정성은 단지 거짓이 없는 순순한 마음의 태도에 국한되는 것이 아니라, 무언가에 대한 믿음이라는 강렬한 열망과 온몸의 기운을 던지는 육체적인 수고로움까지 결합되어 있다. 이런 점은 '정성'이 종교적인 수행과 직접 연결될 수 있는 가능적 요소이기도 하다.

그런데 중국 송대 시기를 경과 하면서 신유학자들에 의해 성(誠) 개념에 일정한 변화가 발생하면서 '정성' 개념도 의미가 확장된다. 『설문해자』에서 '성(誠)'을 '믿음[信]'으로 풀이했는데, 신유학자들은 여기에 '무망(無妄)'과 '진실(眞實)'이란 두 의미를 부가하였다. 북송대 성리학자인 정이천(程伊川)은 '성(誠)'을 "거짓이 없음[無妄之謂誠]"이라 하여 '무망'의 의미를 덧붙였다. 남송대 시기에 주희는 '무망'에 '진실(眞實)'을 더하여 '성(誠)'을 "진실하여 거짓이 없음[眞實無妄謂之誠]"이라고 규정했다. 이러한 변화는 도학(道學)을 표방했던 송대 신유학자들이 '성(誠)' 개념을 재발견함으로써 성리학의 형이상학적 근거를 세우려는 시도에서 비롯하였다.

이런 학술적 의미의 변화 과정을 거쳐 '성(誠)'은 곧 '실(實)'의 의미를 포함하게 되었고, 자연스럽게 '성실(誠實)'이란 조어가 유통되었다. 이러한 영향권 하에서 '정성'과 '성실'은 '성(誠)'이라는 같은 개념을 공유하면서 유사한 맥락에서 사용되는 경향을 보이게 된 것이다. 그러나 두 어휘가 유사한 의미망을 형성하지만 '성실'은 주자학의 영향권에서 '진실'이라는 추상성이 중첩될 정도로 강화되었다면, '정성'은 '진실'의 개념이 강화되면서도 '정'의 구체성이 여전히 중요한 맥락을 점하고 있다는 것이다.

학술적인 측면에서 '정성'이란 낱말은 유가의 맹자와 동시대에 활동했다고 알려진 장자의 저술에 등장한다. 『장자』 제31편 「어부」에는 이런 대화가 실려 있다.

공자가 얼굴빛을 바꾸면서 말했다.

"청컨대 무엇을 진실함[眞]이라고 합니까?"

객(어부)이 말했다. "진실이란[眞者] 정성(精誠)의 극치이다. 정(精)하지 않고 성(誠)하지 않으면 사람들을 감동시킬 수가 없다. 그러므로 억지로 곡하는 자[哭者]는 비록 슬퍼 보이더라도 애처롭지 않고, 억지로 성내는 자[怒者]는 비록 위엄있어 보여도 위협하지 않고, 억지로 친하게 행동하는 자[親者]는 비록 웃더라도 사람들을 조화롭게 하지 못한다."

여기서 장자가 말하려고 하는 '진실함'이란 '참된 도'를 말한다. 그는 이것이 공자가 구하려는 '진실함'과는 다른 것이라고 분명히 한다. 공자와 비판적 거리두기를 하고 있는 장자의 입장에서는 '참되고 진실한 도'는 인위적인 것이 아니라 천지자연을 본받은 도라는 것을 보여준다. 흥미로운 것은 장자의 입을 통해 전해지는 이야기 중에 진실함은 정성의 극치이고 정성스럽지 않다면 사람을 감동시킬 수 없다는 것이다. 정성스러움은 노장이든 유가든 사람에게 감동을 주는 근본적인 어떤 것이라는 점이다.

유가철학에서 '정성'이라는 개념은 찾아보기 어렵다. 초기 유가철학의 문헌에서는 보이지 않는다. 그럼에도 '정성'이란 낱말은 현대에게까지 삶의 관계적 양상에서 일상적으로 사용되고 있다. 이점은 여러 측면에서 논구해 볼 만한 주제인데, 특히 정성이란 어휘가 정(精)과 성(誠) 두 글자의 조합으로 만들어졌다는 점을 염두에 둘 필요가 있다.

정(精)은 우리의 신체성이 갖는 기운과 관련하여 양생이나 약제의 측면에서 정기(精氣)나 정련(精鍊)과 연관된다면, 성(誠)은 유가 철학의 핵심 내용과 직결되어 있다. 정성 개념이 종교적 열망을 담은 신앙의 차원이나 문학적 표현에서 주로 논의되는 데는, '정(精)'과 연관된 '신체성'이나 '기운'의 맥락이 자리하고 있다. 어쨌든 정성 개념의 내용적 확장과정은 '성(誠)' 개념의 발전과정과 직접적으로 연동된다.

『맹자』「이루」상편에서는 『장자』에서 보았던 '정성'과 유사한 내용이 보인다. 맹자는 "어버이를 기쁘게 함에는 방법이 있다. 자신을 반성하는데 성(誠)하지 않으면 어버이를 기쁘게 할 수 없다"라고 하여 "반신불성(反身不誠)"을 언급한다. 이때 성(誠)은 어떻게 해석하는 것이 적절한가의 문제에 봉착한다. '성'을 장자처럼 '정성'으로 풀이할 것인가? 아니면 주자학적인 측면에서 '성실'로 풀이할 것인가 하는 점이다.

일단 장자와 맹자가 동시대를 살았던 인물들이기 때문에, 『장자』에서 사용되었던 '정성'이란 의미를 『맹자』의 '성(誠)'에 대한 번역으로 쓸 수도 있다. "반신불성(反身不誠)"은 "자신을 반성하는데 정성스럽지 않으면"으로 번역해도 무리가 없다.

『맹자』에는 이어서 "몸(자신)을 성(誠)하게 하는 데는 방도가 있다. 선에 대하여 밝지 않으면 그 몸(자신)을 성(誠)하게 할 수 없다." 라고 하여 "성신유도(誠身有道)" "불성기신(不誠其身)"을 말한다. 이때 성(誠)도 '정성스러움'으로 번역할 수 있다.

『맹자』에서는 이런 논법을 통해 다음과 같은 내용을 말하고자 했다. 『맹자』는 "그러므로 성이라는 것[誠者]은 하늘의 도[天之道]

이고 성을 생각하는 것[思誠者]은 사람의 도[人之道]이다. 지성(至誠)하면서 다른 사람을 감동하게 못 하는 것은 없다. 불성(不誠)이면 다른 사람을 감동시킬 수 없다."라고 한다.

『맹자』는 "성자(誠者)"와 "사성자(思誠者)"을 짝하여 "천지도(天之道)"와 "인지도(人之道)"를 설명한다. 이런 사유는 『중용』의 성(誠)에 대한 논의와 유사하다. 이어서 『맹자』는 "지성(至誠)"과 "불성(不誠)"을 대비하여 자신이 말하고자 하는 바를 분명히 한다. "지성(至誠)"이면 하늘까지 감동하게 할 수 있다는 것이 "감천(感天)"이다. 그렇지 못하다면, "불성(不誠)"이면 우리 시대의 말처럼 '폭망(暴亡)'이다. 여기서 성(誠)은 대체로 '정성스러움'으로 번역해도 무리가 없을 듯하다.

『대학』에서는 성(誠)이 단독으로 쓰이기 보다는 성의(誠意)와 병렬하여 사용된다. 이를테면, '그 뜻을 성실히 한다'는 의미에 대해서 말한다면, '스스로 속이지 않는 것[毋自欺]'이 핵심이다. 이것은 마치 악을 미워하기를 악취를 미워하는 것과 같이 하는 것이고[如惡惡臭], 선을 좋아하기를 호색을 좋아하는 것과 같이 하는 것[如好好色]과 다르지 않다. 그래서 군자는 반드시 홀로 있을 때를 삼가는 것[愼其獨]을 중요하게 여긴다. 『대학』에서는 성의(誠意)를 무자기(毋自欺)로 설정하고, 이러한 태도를 신독(愼獨)과 연결하고 있다.

『맹자』에서 보았던 '성(誠)'에 대한 논의가 등장하는 대표적인 텍스가 『중용』이다. 『중용』 20장에서 성(誠)은 유가철학에서 말하는 형이상학적인 근거와 그 원리성에서 비롯한 인간의 '도덕적 품격'으로 제시된다. 성(誠者)은 '하늘의 도[天之道]'이고, 성을 실현하려는 것[誠之者]은 '사람의 도[人之道]'라는 것이다.

이 경우 성[誠者]은 우주만물의 존립 근거[物之終始]이고 성하지 않으면[不誠] 사물은 존재 이유를 상실[無物]하게 된다. 성[誠者]은 자기 존립의 근거일 뿐만 아니라[非自成己而已] 이 성을 통해서 타자의 존립도 가능하게 된다[所以成物]. 이런 점에서 형이상학적 원리로서의 성은 곧 인간의 근거라는 점을 명확하게 보여준다.

『중용』에서는 이러한 '존재의 근거'를 '타자의 영역에 대한 관심'과, '함께 함'이라는 궁극적인 실천장으로 연결한다. 『중용』 22장에서는 "자신의 특이성[其性]을 다할 수 있는 사람은 타인의 특이성[性]도 실현할 수 있게 돕고, 타인의 특이성[人之性]을 실현할 수 있게 돕는 사람은 사물의 특이성[物之性]도 실현할 수 있게 돕는다. 사물의 특이성[物之性]도 실현할 수 있게 돕는 것은 천지의 화육을 돕는 것이니, 가히 천지와 더불어 나란히 설 수 있게 된다."라고 한다. 이 말은 곧 지성(至誠)의 존재만이 천지와 함께 생명을 키우는 역사에 참여할 수 있다는 말과 다르지 않다.

의미와 해석

'정성'이 『장자』에 보이지만 이 낱말이 학술적으로 사용된 용례를 확인하기는 쉽지 않다. 정성은 학술적인 논의보다는 개인의 심적 태도나 삶을 대하는 태도와 관련한 기술에서 주로 등장한다. 이러한 경향은 정성이 기본적으로 마음에서 비롯하여 행위로 드러나는 가치 지향적인 의미나 태도까지 포함하고 있기 때문이다. 이것은 '정성'을 표제어로 하는 일상적 언어 사용에서 잘 드러난다.

일례로, '정성을 들이다'라는 표현은 '마음을 들이다'는 뜻이지만 이것은 육체적인 힘을 들이는 것과 연관되어 있다. '정성을 다하다'라는 표현의 경우도 '온마음을 다하다'라는 뜻이지만, 이것도 육체적인 수고까지 포함하여 온 힘을 다하는 것이다. 이처럼 '정성'은 '마음'의 영역에서 몸을 사용하는 구체적인 '행위'의 영역까지를 포괄하고 있다.

정성이 '마음-몸'의 영역과 깊이 연관되어 있다는 것은 이 개념이 상식적인 일상인들의 경험 세계뿐만 아니라 종교적이고 문학적인 영역에서 유통될 여지가 있음을 암시한다. 실제로 정성이란 어휘는 종교적 수행이나 믿음의 실천적 과정에서 자주 거론된다.

조선시대에 간행된 불경에는 '정성'이란 어휘가 빈번하게 보인다. 불교에서 '정성'은 부처에 대한 존경과 믿음을 표현하는 마음이나 태도와 직결되어 있다. '정성'이라는 낱말은 『월인석보』에도 등장한다.

『역주 월인석보』 제21(상권) [도리천 설법 5]에는 "마야가 한 마음으로 오체투지하시어【오체투지는 다섯 개의 몸의 부위를 땅에 던지는 것이니 두 무릎과 두 팔뚝과 정수리가 땅에 다다르는 것이다.】 정성을 온전케 하여 바르게 생각하시니 결사가 사라지므로"라는 구절에 "摩耶ㅣ 一心으로 五體投地ᄒᆞ샤【五體投地ᄂᆞᆫ 다ᄉᆞᆺ 體ᄅᆞᆯ ᄯᅡ해 더딜씨니 두 무룹과 두 불톡과 뎡바기 ᄯᅡ해 다ᄃᆞᆯ 씨라】 精誠을 올와 正히 念ᄒᆞ시니 結使ㅣ 스러디거늘"라고 적고 있다. '정성'은 한자와 훈민정음이 혼용되어 '精졍誠쎵'으로 표기되어 있다.

흥미로운 것은 "정성을 온전케 하여 바르게 생각하시니"라는 말 앞에 "마야가 한 마음으로 오체투지하시어"가 표기되어 있다. 이때의 '정성'은 '한 마음으로'와 '오체투지'라는 행위가 연동되어 있다. 정성은 순수하면서 깨끗한 마음에서 작동하는 생동하는 기운이기도 한 것이다. 『역주 법화경언해』 권3에서는 "우리 선세의 복'들은 투헌을 편 것이다. 【'투'는 던지는 것이고, '헌'은 바치는 것이니, 몸을 정성(精誠)으로 던져 바치는 것이다.】"라고 적고 있다.

한자어 정성(精誠)은 〈훈민정음〉이 창제되면서 순우리말 '졍셩'으로 '문해인민'들에게 확산 되었다. 일상어를 한글을 통해 일상적인 문자로 기록하게 되면서 폭발적으로 증가한 문해인민은 조선사회를 새로운 국면으로 이끌었다. 그러한 변화는 조선후기 사회의 열악한 민생의 현실에서 변혁 주체들의 탄생과 연동되었다. 동학이 그러한 흐름의 하나였는데, 특히 최제우는 자신의 깨달음을 담은 『동경대전』과 한글 가사집 『용담유사』를 집필하면서 한자 '성(誠)'과 한글 '정성'을 주요한 개념으로 제시했다.

『용담유사』에서 가장 포괄적으로 교리의 핵심을 담고 있는 「교훈가」에는, "도성입덕 하는법은 한가지는 정성이요 한가지는 사람이라 부모의 가르침을 아니듣고 낭유하면 금수에 가직하고 자행자지 아닐런가 우습다 너희사람 나는도시 모를러라 부자형제 그가운데 도성입덕 각각이라 대저세상 사람중에 정성있는 그사람은 어진사람 분명하니 작심으로 본을보고 정성공경 없단말가 애달하다 너희들은 출등한 현인들은 바랄줄 아니로되 사람의 아래되고 도덕에 못미치면 자작지얼이라도 나는또한 한이로다 운수야 좋거니와 닦아야 도덕이라 너희라 무슨팔자 불로자득 되단말가 해음없는 이것들아 날로믿고 그러하냐 나는 도시 믿지말고 한울님을 믿었어라 네 몸에 모셨으니 사근취원 하단말가"라는 내용이 실려 있다. 최제우는 인민들에게 자신을 믿지 말고 상제님을 믿어 정심 수도하는 것에 '정성과 공경을 다하라'는 당부를 담고 있다.

이러한 당부는 최제우를 잇고 있는 해월 최시형의 『해월신사법설』에서도 보인다. 해월은 "우리 도는 다만 성·경·신 세 글자에 있느니라"라고 하면서 "순일한 것을 정성[純一之謂誠]이라 이르고 쉬지 않는 것을 정성[無息之謂誠]"이라고 한다. 해월은 수운 최제우에 대해, "수운대선생께서는 정성에 능하고 공경에 능하고 믿음에 능하신 큰 성인이시었다.[克誠克敬克信之大聖也夫]"

외세의 침탈에 직면했던 근대이행기의 조선사회에서 동학을 추동했던 수많은 마음의 힘들은 '정성'에 집중했다고 해도 지나치지 않을 듯하다. 이러한 '정성'은 타자뿐만 아니라 자기 자신에 대한 '정성스러움'의 태도로 확산 되었다. 그것이 동학에서 제기했던 '시천주(侍天主)'의 영성(靈性)이다. 모든 존재가, 천주(天主)를 모시는 몸이라고 하는 각성과 발견은 진혀 새로운 평등과 인간에 대한 존임을 선언하는 것과 다르지 않았다. 나와 이웃한 너, 함께 공존해야 할 우리의 관계성에 대해 19세기 중후반 이후 조선의 많은 사람들은 '정성'이란 낱말을 통해 몸에, 가슴에 각인했다.

돌이켜 볼 것은 동학의 이러한 가르침이 참으로 지난하게 한국사회에 확산되어 전파되었다는 점이다. 동학은 종교에서 사회운동으로, 정치적 혁명으로 전환된 후 근대이행기에 한국사회의 새로운 사유와 신종교의 자양분으로 작동했다. 호남지역에서 등장했던 증산교를 비롯한 원불교, 보천교 등 많은 신흥종교는 특히 동학에 뿌리를 두고 있다. 이러한 흐름이 비록 단속(斷續)의 과정은 거쳤지만 동학에서 제기했던 '정성스러움'은 여전히 한국인의 심성에 자리하고 있다.

이전에 없던 산업과 새로운 제도 속에서 현대인들은 전혀 낯선 관계를 만들고 또 구성해 가고 있다. 타자를 어떻게 응대하고 관계를 맺어갈 것인가 하는 문제는 곧 자기와의 관계를 어떻게 지속할 것인가 하는 문제와 직결된다. 새로운 동반자 관계와 반려의 가족이 구성되는 우리 시대에 '정성스러움' 혹은 '정성'을 통해 타인을 응대해 보자. "정성을 다하겠습니다"라는 발화의 마음은 그런 첫걸음이다.

참고문헌 및 더 읽을거리

『중용』
주돈이, 『통서』
최제우, 『용담유사』
최제우, 『동경대전』

지기知己 Companion

기본적 정의

'지기(知己)'란 나를 알아주는 벗을 뜻하는 지기지우(知己之友)의 줄임말에서 비롯되었다. 이는 남성의 경우 일반적으로 신의에 기반한 우정을 뜻하는 말로 통용되었던 반면, 여성의 경우 그 의미가 신분, 계급을 포함해 각자의 처지와 상황에 따라 다양하게 해석되었다. 지기는 동양사회에서 이성과 동성을 뛰어넘어 관계에 대한 욕망이 내재된 개념으로 이해할 수 있다.

개념의 기원과 발전

지기(知己)는 사마천(司馬遷)의 『사기(史記)』, 「자객열전(刺客列傳)」에 보이는 어휘로, 전국시대 진나라 사람으로 유명한 자객이었던 예양(豫讓)과 지백(知伯)의 고사에서 유래한 것이다. 예양은 진나라 대부인 범씨(范氏)와 중항씨(中行氏)를 섬겼으나 인정받지 못했고, 이후 지백을 섬기면서 총애를 받았다. 지백이 조양자(趙襄子)를 축출하려 하자 오히려 조양자가 한씨, 위씨와 합세하여 지백을 죽인 다음 후손을 멸하고 땅을 셋으로 나눠가졌다. 뿐만 아니라 지백의 해골에 옻칠을 해서 술잔으로 사용하는 지경에 이르자, 예양은 자신을 알아준 지백을 위해 원수를 갚으려는 마음으로 "선비는 자신을 알아주는 사람을 위해 죽으며, 여자는 자기를 기쁘게 해주는 사람을 위해 꾸민다."라고 말을 하였다.[1] 여기서 자기를 알아주는 사람을 위해서는 목숨도 바칠 수 있는 신의와 연대를 의미하는 것으로 파생되어 널리 활용되었다.

그 밖에 이와 유사한 의미를 가진 고사들도 확인되는데, 『열자(列子)』, 「탕문(湯問)」편에 등장하는 백아(伯牙)와 종자기(鍾子期)의 이야기에서 비롯된 '백아절현(伯牙絶絃)', 『사기(史記)』, 「관안열전(管晏列傳)」의 관중(管仲)과 포숙아(鮑叔牙)의 이야기에서 나온 '관포지교(管鮑之交)' 등이 대표적이라 할 수 있다. 뿐만 아니라 신의로 다져진 우정을 뜻하는 『사기(史記)』, 「염파인상여열전(廉頗藺相如列傳)」의 문경지교(刎頸之交), 『주역(周易)』 「계사상전(繫辭上傳)」의 금란지교(金蘭之交), 『삼국지(三國志)』 「제갈량전(諸葛亮傳)」의 수어지교(水魚之交), 『장자(莊子)』, 「대종사(大宗師)」편의 막역지우(莫逆之友) 등과 같이 지기와 유사한 의미를 가지는 고사들이 다양한 문헌 속에서 확인된다.

이렇듯 지기(知己)는 특별한 우정을 표현할 때 사용되는 경우가 일반적이며 특히 남성들 간의 신의와 우정을 지칭하는 것으로 주로 인식되었다. 이점은 지기와 유사한 고사들에 등장하는 인물 대부분이 남성이라는 점에서 간취되며, 우리나라의 경우 또한 대표적인 우정의 예로 조선시대 인물인 '오성과 한음'을 떠올리게 되는 것에서

1 司馬遷, 『史記』, 「刺客列傳」, "士爲知己者死, 女爲悅己者容."

유사한 것을 확인할 수 있다. 이는 지기가 주로 남성 중심 이데올로기에 기반한 개념으로 사용되었음을 뜻한다.

하지만 지기를 비단 남성들만의 전유물이라고만 말하기는 어렵다. 우리나라 고전소설 속에 등장하는 지기의 경우 남성만큼이나 여성들 사이의 관계를 표현하는 개념으로 다수 활용되고 있기 때문이다. 예를 들어 〈방한림전〉의 방관주와 영혜빙,[2] 〈숙녀지기〉의 여진주와 화홍미의 관계가 대표적으로 이들 작품을 통해 여성간의 지기는 현실적 제약에 대한 극복의 방식으로 등장하기도 한다. 이들 작품 속에서 지기는 인간 종이나 특정 성별에 국한되어 만나고 사귄다는 한정된 의미를 넘어, 남들과 구별되면서 그들의 관계가 특별하게 인정되는 것을 강조하는 데 주안점이 있다. 이처럼 지기는 남성간의 신의, 우정을 의미하는 것에서 비롯되었으나, 비단 남성만이 아닌 이성간의 사랑, 그리고 동성 여성의 관계에 이르기까지 다양하게 확장된 개념으로 활용되고 있는 게 중요하다.

의미와 해석

초기 서사에 등장하는 지기의 형상

지기는 특별한 둘 사이가 서로에게 유일무이한 존재로 인정받는 것에 기반한다. 이는 상호독점적 관계를 인정하는 것으로, 고전문학에서는 이성과 동성의 성별 차이를 뛰어넘어 지지와 연대를 확인하

2 이들의 관계와 행동에 대해서는 한의숭, 「여성의 주체되기와 살아남기-〈방한림전〉을 중심으로-」, 『동양고전연구』 제89권, 동양고전학회, 2022, 140-162쪽 참조.

는 방식으로 지기가 주목되었다. 그렇다면 지기라는 개념이 고전 작품 속에서 어떻게 형상화되고 있는지 살펴보기로 하자.

고전문학을 살펴보면 사랑은 통시대성을 가진 주제로서 중요한 위상을 차지한다. 초기서사[3]에 나타나는 사랑은 남성과 여성이라는 사람 사이에만 국한하지 않고, 인귀교환(人鬼交驩)으로 대변되는 인간과 귀신 사이에서 자주 발견된다. 초기 서사에 해당되는 나말여초의 작품인 〈최치원(崔致遠)〉의 경우를 보면 최치원은 팔낭자, 구낭자와 사랑을 나누는데 이들의 관계는 산 자와 죽은 자 사이의 정신적 교감이 핵심을 이룬다. 이때 사랑은 결국 이루어지지 않더라도 실패나 좌절로 끝나는 것이 아니라, 삶의 질적 성장을 분만하는 중요한 계기로 작동한다는 게 중요하다.

한편 『삼국유사(三國遺事)』에 수록된 〈김현감호(金現感虎)〉는 김현이라는 사람과 호녀라는 동물의 이종(異種) 사이의 관계를 전면에서 다룬다는 점에서 흥미롭다. 특히 주목되는 부분은 호녀가 김현이 공을 세울 수 있도록 도와줄 뿐만 아니라, 호랑이 오빠들의 생명을 지키고자 자신의 목숨을 던져 희생하는 행동을 감행한다는 점이다. 호녀의 행동은 열정적이고 낭만적인 남녀의 사랑과는 결을 달리하는 헌신적이고 이타적이란 점에서 특별하다. 이점은 이른바 초기 서사에서 사랑이 육체적 관계보다는 정신적 교감에 기반한 상호 독점적 관계로써 지기를 지향한 것으로 이해된다.

그렇다면 동성과 이성을 막론하고 사람 사이의 관계 형성에 있

3 본고에서는 초기서사를 나말여초에서 17세기까지로 확장해 보고자 한다. 이는 시대적 편폭이 넓다는 한계에도 불구하고 17세기 이후 펼쳐지는 서사와의 대비를 선명하게 하고자 함이다.

어서 핵심은 무엇일까? 그것은 바로 나를 알아주고 인정해주는 유일무이한 사람을 찾고픈 지기(知己)에 대한 욕망이라 할 수 있을 것이다. 지기 찾기의 욕망은 초기 서사에서 어느 누구도 방해할 수 없는 절대적 신뢰 관계로 재현된다. 상대를 한 눈에 알아보고 절대적으로 신뢰하는 지기가 되는 과정은 운명적으로 연결된다. 하지만 지기로 연결된 두 사람의 관계는 초기 서사에서 주로 비극적인 결말로 마무리된다. 지기로 연결된 두 사람일지라도 거대한 운명의 질곡 앞에선 한낱 나약한 인간임을 자각하게 되기 때문이다.

문제는 시대의 변화에 따라 고전문학에서 표현되는 지기의 관계도 양상을 달리한다는 점이다. 즉 지기가 된 두 사람의 관계가 이전처럼 절대적인 신뢰를 기반으로 굳건하게 유지되지 않고, 고단한 현실 속에서 시기와 질투, 배신과 증오가 폭로되는 등 지기의 이면을 다룬 작품들이 등장하는 게 그것이다. 일례로 17세기의 대표적 명편인 〈주생전(周生傳)〉은 남녀 간의 현실적 관계를 잘 보여주는 작품으로, 주생과 선화, 배도가 중심이 된 삼각관계 속에서 지기가 한낱 허상일 수 있음을 성찰하게 해 준다. 〈주생전〉에 등장하는 3명의 남녀는 상호독점적 소유욕에 바탕을 둔 지기에 대한 욕망을 성취하기 위해 분투한다. 하지만 그들의 욕망은 삼각관계 속에서 서로 엇갈리고 만다. 주생, 선화, 배도는 낭만적 사랑으로 출발했지만 이내 질투와 배신의 소용돌이 속에 휘말려 비극적 결말에 이르게 된다.

주생, 선화, 배도가 보여준 지기에 대한 욕망은 이기적이고 현실적인 것으로 인간이 가진 감정의 나약함을 반영하고 있다. 〈주생전〉의 세 인물은 서로 원하는 상대에게 지기로 인정되기를 욕망하고 성취를 위해 달려간다. 하지만 그것은 현실의 삶에서 움켜쥐기가 쉽지 않고 예상치 못한 환경의 변화로 인해 지기가 되려는 욕망은 결국 실패를 맞이하게 된다. 이를 통해 본다면 애당초 지기가 되거나 찾으려는 욕망은 현실과 공존하는 게 불가능한 것일지도 모른다. 그렇기 때문에 역설적으로 지기는 생에 있어서 특별한 경험으로 다가오게 된다.

후기 서사에 등장하는 지기 형상의 변화

지기라는 믿음은 동성과 이성의 관계를 강력하게 견인하는 힘으로 작동하면서, 그들 앞에 놓인 난관을 극복해 내는 결정적 요인이 된다. 그러기 위해서는 상호간의 절대적 믿음이 전제되어야만 한다. 그렇지 않을 경우 지기는 현실적 벽에 부딪치는 순간 오해나 갈등을 겪으면서 쉽게 흔들리게 된다. 후기 서사의 경우 현실적 문제를 마주한 지기의 관계가 생각보다 속절없이 무너지곤 한다. 지기라면 이런 정도의 난관은 충분히 극복할 수 있을 것 같은데, 예상 밖으로 머뭇거리며 주저하는 모습을 보이는 게 그것이다. 하지만 이런 모습은 오히려 현실적 인물을 적확하게 포착하고 형상화한 결과로 이해될 수 있다. 즉 지기는 낭만적 이상이나 수사가 아니라, 유리처럼 쉽게 깨질 수 있는 관계의 속성으로 바라볼 필요가 있음을 지적하는 것이다.

현실적 나약함과 같은 지기의 내밀한 속성을 폭로하는 작품으로 〈정생전〉을 꼽을 수 있다. 〈정생전〉은 경기도 양근현의 정생과 삼청동 낭자가 순간의 만남을 통해 낭만적 사랑으로 연결되어 서로를 지기로 인정하는 서사 구조를 가지고 있다. 무엇보다 〈정생전〉은 남녀 관계의 결실인 '아이'가 갈등의 계기를 촉발시키고 파국으로 연결시키는 기제로 등장한다는 점에서 문제적이다. 정생과 삼청동 낭자의 관계는 지기를 지향하고 있으나 혼전 임신이라는 현실적 문제에 반응하고 해결하려는 태도에서 상당한 거리차를 드러낸다. 정생은 낭자를 아내로 둘만한 처지가 못 됨을 자각하면서, 현실을 회피하는 소극적 태도로 일관한다. 반면 낭자는 문제를 해결하기 위해 집을 사서 자신을 부르라는 현실적 대안을 정생에게 제안하며 적극적으로 대처한다. 순간적 충동을 통한 만남과 밀회의 과정 속에서 서로를 지기라 여겼지만, 정작 현실적 문제가 닥치자 이를 마주하는 태도를 통해 상대를 지기로 인정하는 깊이가 다름을 여실히 보여주고 있다.

이점은 결국 〈정생전〉의 정생과 삼청동 낭자의 관계를 통해 지기라는 존재가 전대 서사에서 보여준 것과 동일한 위상을 가지고 있는 게 아님을 보여준다. 즉 지기에 대한 욕망이 그만큼 퇴락했음을 의미하는 것으로, 지기라는 공감과 소통의 관계 또한 현실적 제약과 개인적 이익에 의해 언제든 후순위로 밀려날 수 있다는 점이 중요하게 부각된다. 이러한 양상은 19세기로 넘어가면서 지기에 대한 욕망을 투사되는 방식이 상대에게 집중하기보다 자신에게 골몰하는 형태로 변화되어 등장한다.

19세기에 창작된 작품인 〈절화기담〉과 〈포의교집〉은 당대 서울의 인정세태를 핍진하게 묘사하면서 이익추구와 지기 찾기라는 서로 공존하지 않을 것 같은 욕망의 형상을 보여준다는 점에서 주목된다. 〈절화기담〉은 19세기 서울이라는 공간 속에서 이생과 순매의 만남과 어긋남을 그려내고 있다. 문제는 이들의 만남은 궁극적으로 기혼남녀의 사랑이라는 '불륜'에 해당되며 금기된 욕망을 표출한 것에 해당된다는 것이다. 금기된 욕망을 향해 달려가는 이생과 순매의 관계는 둘 사이만 놓고 본다면 지기란 이름으로 상호 교감했던 인물들과 별반 차이가 발견되지 않는다. 이점은 지기란 명칭 속에 덧씌워졌던 비장함의 무게가 일정부분 약화되고 있음을 보여주는 것으로 이해된다.

이와 비교되는 게 〈포의교집〉인데, 불륜이란 동일한 소재를 가지고 서사화하면서도 〈절화기담〉과는 다른 결을 보여준다. 〈포의교집〉에서 핵심 인물은 여성인 초옥이다. 그녀는 지기를 얻기 위해 저돌적으로 달려 나가며, 그 와중에 자신에게 가해지는 무수한 폭력에 무방비로 노출되는 상황에 처해진다. 초옥의 이러한 행동은 이생이라는 별 보잘 것 없는 남자를 지기라고 판단한 것에서 비롯된 것인데, 주변에서 봤을 때는 비현실적으로 여겨질 정도로 무모하기까지 하다. 왜냐하면 지기의 대상인 이생은 현실적 처지로 인해 늘 머뭇거리며, 관계를 계산하기만 하는 등 진정성이 전혀 감지되지 않는 인물이기 때문이다.

그렇다면 이생이란 이런 인물에 대해서 상대적으로 기혼녀에다 신분마저 낮은 초옥이 이토록 지기 찾기를 욕망하는 것은 무엇 때문일까? 초옥의 지기 찾기는 자신에 대한 일종의 자부심에서 비롯된 것으로 보인다. 초옥은 허난설헌을 롤 모델로 여기고 충분히 그런 정도의 능력을 갖춘 인물로 스스로를 생각하기에 동등한 위치에서 지기가 될 만한 사대부 남성을 원했던 것이다. 하지만 초옥의 지기 찾기는 애당초 대상을 잘못 선택한 것이어서 실패할 수밖에 없었다. 그 결과 이생과의 불륜이 시댁에 알려지고 남편에게 폭행을 당하며 삶의 위기를 자초하게 된다. 이후 초옥은 자신의 목숨을 담보로 자신의 행동에 대한 당위성과 정당성만을 항변한다. 그러한 그녀의 모습은 한편으론 신분제 사회에서 하층 여성이 계급에 매몰되지 않고 당당한 주체로 일어서려는 시도로 읽히기도 한다. 그러나 지기를 찾으려는 그녀의 욕망이 절실하게 느껴짐에도 불구하고 다른 한편으론 무모하게 보인다는 점에서 지기 찾기의 욕망이 과잉되었다고 할 수 있다. 결국 초옥과 이생의 엇갈림은 지기를 욕망하는 목적이 달랐기 때문에 궁극적으로 쓰라린 상처와 회한으로 연결될 수밖에 없었다.

초옥의 지기 찾기는 불륜이라는 금지된 욕망을 통해서라도 성취하고픈 개인적 인정 욕구의 발현으로 이해된다. 지기란 상대에게 유일무이한 절대적 존재로 인정받는 것을 통해 실현되기 마련이다. 〈포의교집〉에서 초옥이 구현하려 한 지기 찾기는 사람들이 늘 갈망하지만 현실에서 이뤄지기 힘든 것을 잘 알기 때문에 그 가치가 역설적으로 부각되는 게 아닐까? 문학 작품 속에 형상화된 지기 찾기는 삶의 어느 곳에서든 우리가 이 세상에 존재하는 한 욕망하게 되는 현실의 일부라 할 수 있다.

지기 찾기의 욕망이 가지는 의미

지기에 대한 욕망은 사람이 혼자서 살 수 없다는 근본적 현상에서 기인한다. 문학 작품에 나타난 사랑에 대한 탐구는 사람들의 관계에서 벌어지는 다양한 풍경을 조망한 것이다. 초기 소설에서 지기가 중요한 소재 중 하나로 등장한 것은 나를 알아주는 유일한 사람이 세상에 같이 존재한다는 것을 통해 외로움을 잊고 세상으로 한 걸음 더 나아가기 위한 방법의 일환으로 이해되었기 때문일 것이다.

이러한 지기에 대한 욕망은 오랜 시간에 걸쳐 지속되었지만, 세부적 양상과 의미는 시대에 따라 다르게 형상화된다. 전통적으로 지기에 대한 호명은 우정이라는 이름으로 환치되어 주로 남성에 의해서 이루어졌다. 이는 연암그룹의 예와 같이 사회와 불통을 겪는 이들이 뜻이 맞는 공동체를 통해 결속력을 강화시키는 방식으로 표출되곤 했다. 이는 이방인과의 소통으로 확대되기도 했는데, 그 대표적인 예가 조선후기 홍대용과 항주의 세 선비와의 우정에서 나타난다.[4]

하지만 지기가 남성들만의 전유물인 것은 아니었다. 여성들 사이에서도 지기가 호명되었는데, 그때 지기는 남성들의 그것과는 다른 부분이 강조되었다. 〈창선감의록〉의 진채경, 〈포의교집〉의 초옥, 〈방한림전〉의 방관주와 영혜빙, 〈숙녀지기〉의 여진주와 화홍미의 경우에서 볼 수 있듯이 그녀들은 처한 현실적 상황 속에서 지기를 욕망했고 성취와 실패를 경험했다. 이때 그녀들의 지기 찾기의 욕망은 현실적인 불우와 결핍을 해결하기 위한 성격을 지니나,[5] 여성들의 지기 찾기는 금기된 여성의 욕망을 실천함으로써 권력과 위계에 도전하는 측면이 있기 때문에 남성들의 지기와는 사뭇 다른 결을 가진다.

나아가 지기는 이성과 동성 사이의 연인, 친구 관계에서 뿐만 아니라, 혈연으로 맺어진 가족 관계 속에서도 찾을 수 있다. 가족은 혈연이라는 운명적인 관계로 시작되지만, 현실적인 생활을 함께 영

4 박수밀, 「소통의 맥락에서 본 조선후기 友情論의 양상」, 『東方漢文學』 56, 東方漢文學會, 2018. 197-223쪽.

5 박길희, 「고전소설에 나타난 여성들의 知己와 그 의미」, 『고전과해석』 제25권, 고전문학한문학연구학회, 2018, 155-179쪽.

위하는 과정 속에서 지기로서의 관계 맺음을 필요로 하게 된다. 가족이 그저 혈연으로 연결되는 것이 아니라, 서로의 유일무이한 가치를 알아주는 지기가 되어줄 때, 가족의 진정한 의미가 발현될 수 있기 때문이다. 우리는 가족이 소중한 가치를 지니고 있다 생각하지만, 실제로 서로를 소중하게 대하는 실천에는 소홀한 경향이 있다. 실천이 담보되지 않는 가족은 기대와 실제가 일치하지 않는 허상적 관계일 수 있고, 조그만 상처에도 쉽게 무너질 수 있다. 이런 측면에서 지기 찾기의 욕망은 연인, 친구, 가족 등의 친밀한 사이에서 충족될 수 있어야 한다.

고전문학에 표상된 지기 찾기는 사람 사이의 관계 맺기에 대한 희망을 염원한 서사로 이해될 수 있다. 결국 사람에 대한 희망이 이성 또는 동성, 가족과 공동체 전체에서 실현되길 바라는 인간 본연의 욕망인 것이다. 우리는 오랜 시간에 걸쳐 사랑이나 불륜 등 제각각 모양으로 작품에 투영된 지기 찾기의 서사를 통해 관계에 대한 우리의 심원한 욕망을 돌아볼 수 있을 것이다.

참고문헌 및 더 읽을거리

사마천(司馬遷), 『사기(史記)』

『삼국유사(三國遺事)』, 〈김현감호(金現感虎)〉

〈정생전(丁生傳)〉

〈최치원(崔致遠)〉

『포의교집, 초옥 이야기』, 박희병, 정길수 옮김, 돌베개, 2019.

『방한림전』, 이상구 옮김, 문학동네, 2017.

『유화기연·숙녀지기』, 이윤석·김경미 교주, 경인문화사, 2008.
『창선감의록』, 이지영 옮김, 문학동네, 2010.
『주생전·운영전·최척전·상사동기』, 정환국 옮김, 문학동네, 2022.
박길희, 「고전소설에 나타난 여성들의 知己와 그 의미」, 『고전과해석』 제25권, 고전문학한문학연구학회, 2018.
박수밀, 「소통의 맥락에서 본 조선후기 友情論의 양상」, 『東方漢文學』 56, 東方漢文學會, 2018.
한의숭, 「19세기 서울, 욕망 투쟁과 가족 해체의 관계: 「布衣交集」을 중심으로」, 『민족문학사연구』 제70권, 민족문학사학회, 2019.
한의숭, 「여성의 주체되기와 살아남기-〈방한림전〉을 중심으로-」, 『동양고전연구』 제89권, 동양고전학회, 2022.

친밀함·친밀성 intimacy

기본적 정의

친밀함은 서로 친하고 가깝게 지내는 관계나 사이를 가리키는 개념이다. 관계와 사이의 성격이나 밀도를 가리키는 말이다. 그러니 관계를 형성하는 개인이나 개체, 혹은 집단의 성격과는 거리가 멀다. 친밀성은 하나의 사물이나 생물, 또는 사람이 혼자 소유할 수 있는 성격이나 가치가 아니다. 친밀성은 서로 만나서 소통하고 연대하며 만들어가는 감성이다.

친밀성은 관계를 맺고 있는 사람, 생물, 사물의 사이가 비교적 가깝고 허물없을 때 생기는데 그 정도는 상대적이다. 사랑과 우정은 친밀성을 대표하는 가치 개념이다. 그렇다고 친밀성이 두 개념으로 환원되는 것은 아니다. 친밀성은 사랑과 우정처럼 문화에 따라 다양한 변이가 있지만 동시에 사랑이나 우정보다 원초적인 자연성을 갖는다.

친밀성은 문화적이면서 동시에 자연적이다. 친밀성은 자연적 욕망이다. 친밀관계에 대한 지향성 자체가 자연적이다. 자연적으로 가까운 관계일수록 더 가까워지려고 하는 것도 자연적이다. 자연적 욕망과 무관하게 친밀성이 형성되는 경우는 극히 드물다. 다른 어떤 사람보다 그 사람하고 더 쉽게 가까워지고 더 깊은 친밀성을 느끼는 것도 자연적이다.

친밀성은 문화적이고 자연적이면서 동시에 사회적이다. 친밀성은 매우 내밀한 사적 영역에서 형성되는 경우가 많다. 그러나 아무리 사적이라고 할지라도 친밀성은 사회적 관계의 바깥에서 싹트지 않는다. 더구나 개인만이 아니라 사회적 집단도 친밀성의 주체가 될 수 있다. 특히 전통사회일수록 개인보다 공동체가 친밀성을 구성하는 주체인 경우가 많다. 이처럼 친밀성의 생산과 재생산 과정에는 문화, 자연, 사회가 함께 작용한다. 이것들은 서로 잘 어울리는 만큼 강하게 충돌하는 경우도 많다.

친밀성은 친밀관계, 가까운 관계를 매개하는 것들의 총괄 개념이다. 따라서 친밀성에는 사랑, 우정, 신뢰, 존중, 표현과 관심, 보살핌, 돌봄, 배려, 소통, 대화, 섹슈얼리티가 결합해 있다. 일부 문화권에서 친밀성은 신체적 친밀성으로서 성적 관계만을 표현하는 개념으로 좁게 쓰이기도 했다. 하지만 최근 들어 관련 담론이 지구적으로 확장되면서 친밀성은 가까운 관계, 친한 관계, 다시 말해 친밀관계를 매개하는 것을 포괄하는 개념으로 통용된다.

개념의 기원과 발전

친밀함·친밀성 개념은 동·서의 고대 문화에서 중요한 가치로 등장한다. 동양에서 『맹자』는 아버지와 아들 사이의 규범을 친밀성으로 규정하는 부자유친(父子有親)을 내세웠다. 2000년 전 선진 유가에서 親(친밀성)을 아버지와 아들 사이의 인륜적 기초로 삼았다는 것은 다소 의아하다. 친밀성은 기본적으로 상호적이고 대칭적인 관계 규범이다. 일반적으로 생각하는 유교의 위계적 규범과는 거리가 멀다. 그런데 선진 유가가 서로를 아끼고 신뢰하며 사랑하는 부자의 관계를 사회적 관계의 규범적 이상으로 삼았다는 데 의문이 들 수 있다. 이런 의문을 해소하려면 유교의 윤리체계에 대한 재해석이 필요해 보인다. 한 가지 분명하게 말할 수 있는 것은, 한나라 이후 상하 수직적 위계에 의해 부자관계를 규율해온 유교의 사회질서가 선진 유가에서 비롯된 것은 아니라는 점이다.[1]

서양에서 친밀성은 고대 그리스의 필리아(philia)에 개념적 뿌리가 있다.[2] 플라톤의 『뤼시스』와 『향연』, 아리스토텔레스의 『니코마코스 윤리학』과 『에우데모스 윤리학』에서 필리아로서 친밀성은 매우 중요한 가치를 가진 덕이거나 혹은 덕을 수반하는 것으로 언급된다.[3]

『뤼시스』는 서양에서 친밀성을 학문적 담론의 주제로 다룬 최초의 저작이면서 동시에 친밀성의 현대적 담론에서 여전히 해결되

1 맹자의 父子有親에서 '親'은 혈연관계의 자연성에 근거한 규범이다. 아버지와 자식이 서로 친한 것은 자연스럽다는 것이다. 문제는 자연적 친밀성이 사회 문화적 규범과 충돌할 때이다. 이와 관련된 문제에서 선진 유가는 자연적 친밀성을 기초로 삼아 사회적 규범과의 모순을 해소하는 길을 찾았다. 윤무학(2006), 「선진 유가의 오륜과 부자 윤리」, 『동양철학연구』 47 참조.

2 필리아는 사랑이나 우정, 혹은 친애 개념과 뒤섞여서 사용되며, 그 때문에 어느 하나로 옮기기 어렵다. 고대 그리스의 필리아는 사랑이나 우정으로 옮길 경우 양립하기 어려운 뜻과 가치가 충동하기 때문에 필리아로 쓰거나 혹은 보다 넓은 관계 개념인 친밀성으로 옮길 수 있다.

3 "친애(필리아)는 일종의 탁월성이거나 혹은 탁월성을 수반하는 것이며, 더욱이 삶에서 가장 필요한 것이기 때문이다." 아리스토텔레스(2021), 『니코마코스 윤리학』, 강상진·김재홍·이창우 옮김, 도서출판 길, 8권, 1155a4.

지 않은 상태로 머물러 있는 문제가 처음 체계적으로 거론되는 저작이다. 『뤼시스』에서 친밀성으로서 필리아는 자연과 문화, 자족성과 상호성 사이의 아포리아가 해소되지 않은 상태로 작품 전체를 가로지른다. 해소되지 않는 아포리아 때문에 『뤼시스』는 위작이거나 졸작이라는 불명예를 뒤집어쓰기도 했다.[4] 하지만 『뤼시스』만큼 친밀성으로서 필리아의 다면성을 잘 그려낸 작품은 흔치 않다.

『뤼시스』에서 친밀성은 가족의 범위를 벗어나 사회적으로 확장된다. 플라톤은 부모와 자식 사이의 친밀성에 대해서도 언급하지만 『뤼시스』에서 주로 다루는 친밀관계는 성인 남성과 소년의 친밀성이다.[5] 플라톤은 『뤼시스』에서 우선적으로 친밀관계의 상호성에 대해 다음과 같이 묻는다.

> 자, 그러니 내게 말해 주게. 누군가가 누군가를 사랑할 때, 두 사람 중 누가 누구의 친구가 되는가? 사랑하는 자가 사랑받는 자의 친구가 되는가, 아니면 사랑받는 자가 사랑하는 자의 친구가 되는가? 아니면 별반 차이가 없는가?[6]

---

4 R. G. Hörber(1955), "Plato's Lysis", *Phronesis* 4; W. K. C. Guthrie(1975), *A History of Greek Philosophy*, Vol. IV, Cambridge 참조.

5 『뤼시스』는 다음 두 개의 대표적인 번역서가 있다: 플라톤(2019), 「뤼시스」, 『플라톤전집 II』, 천병희 옮김, 도서출판 숲/ 플라톤(2021), 『뤼시스』, 강철웅 옮김, 아카넷. 천병희는 사람에 빠진 성인 남자를 가리키는 erastes를 연인(戀人)으로, 그리고 그 대상이 되는 소년을 가리키는 ta paidika를 연동(戀童) 옮긴다. 반면 강철웅은 ta paidika를 '사랑(연애)'이나 '애인'으로, erastes를 '사랑(연애)하는 자'로 옮긴다. 오늘날의 관점에서 능동적인 성인 남자와 수동적인 소년 사이의 친밀성을 사랑, 특히 동성애라고 말할 수 있는지에 대해서는 회의적이다. 하지만 동양에서 아버지와 아들의 친밀관계를 사회적으로 확장한 형태로 이해하는 것은 가능할 것이다. 다만 고대 그리스에서 사랑의 대상으로 그려지는 소년의 주체성은 충분히 인정되지 못한 것으로 보인다.

6 『뤼시스』, 212b. 천병희는 여기서 맞사랑이란 표현을 씀.

위 인용문에서 친밀관계의 네 가지 가능성을 생각해 볼 수 있다. ① 사랑하는 자가 사랑받는 자의 친구인 경우, ② 사랑받는 자가 사랑하는 자의 친구인 경우, ③ 별 차이 없이 둘 다 친구가 될 수 있는 경우와 ④ 둘 중 어느 쪽도 다른 쪽의 친구가 아닌 경우다. 플라톤의 답은 명확하지 않으나 ③을 선호하는 것으로 보이지만 친밀성의 구성이 일방적일 수 있는 가능성도 열어두고 있는 것처럼 보인다. 하지만 플라톤은 "서로를 존중하지 않는 사람들은 친구일 수 없다"[7]고 확언함으로써 상호성이 친밀성을 제약하는 규범인 것처럼 언급한다. 『뤼시스』에서 일방적 사랑과 상호적 우정 사이의 아포리아는 완전하게 해소되지는 않는다. 다만 친구는 비록 출발에서는 일방적일 수 있지만 상호적 우정으로 발전해야만 한다는 입장으로 해석할 수는 있다.

또한 『뤼시스』에서 친밀성은 같음과 다름, 유사성과 이질성의 아포리아에서 논의된다. 아리스토텔레스가 탁월한 사람과 탁월한 사람이 서로 진정한 친구가 될 수 있다고 말하는 것과 달리 플라톤은 오히려 같음보다 다름에서 친애의 욕구가 기집을 설명한다.[8] 그러나 그것은 어떤 경향일 뿐이고 실제로 같음과 다름 중 어떤 것도 친밀성을 구성하는 필요조건은 아니라고 덧붙인다.[9] 『뤼시스』에서 끝까지 해소되지 않는 아포리아는 자연적 욕구와 문화적 규범 사이의 충돌이다. 앞에서 언급한 것처럼 『뤼시스』에서는 친밀성의 출발인 자연적 욕구와 종착점인 윤리적 우정의 아포리아를 해소할 수

7 『뤼시스』, 214e2~215c2.

8 『뤼시스』, 215c~d.

9 "그렇다면 비슷한 것이 비슷한 것에게 친구인 것도 아니고, 반대되는 것이 반대되는 것에게 친구인 것도 아니네." 『뤼시스』, 216b.

있는 출구가 설정되어 있지 않다. 바로 이런 한계 상황에서 머뭇거리는 『뤼시스』의 설정이 이 작품의 현재적 가치를 높이는 것으로 보인다.

아리스토텔레스는 플라톤이 아포리아로 남겨둔 대부분의 문제에 개입한다. 우선 그에게 친밀성, 친밀관계, 친구는 좋은 삶의 필요조건이다. "다른 모든 좋은 것들을 다 가졌다 하더라도 친구가 없는 삶은 그 누구도 선택하지 않을 것이다."[10] 아리스토텔레스는 선진유가에서처럼 친밀성을 자연에 기초한 인륜으로 설명한다. 그에게 친밀성은 자연 생태적 거리의 가까움에서 생겨난다. 모든 동물에서 나타나듯 친밀성은 부모와 자녀의 관계가 기초이며, 이를 확장하면 종적 유사성이 클수록 친밀성도 커진다. 친밀성의 이러한 자연적 기초에 대한 입장으로부터 아리스토텔레스는 인류애의 가치를 이끌어 낸다.

아리스토텔레스에 따르면 부모와 자식은 다른 어떤 인간관계보다 자연적으로 가깝다. 마찬가지로 인간과 인간의 관계는 인간과 다른 모든 생명과의 관계보다 가깝다. 폴리스 구성원 사이의 관계는 다른 폴리스 구성원 간의 관계보다 가깝다. 이런 가까움이 친밀성을 높이는 자연적 기초다. 그렇다고 아리스토텔레스가 친밀성을 자연성 안에 가두고 있는 것은 아니다. 오히려 그는 친밀성으로서 필리아가 인륜적인 것이면서 동시에 인륜성을 수반한다고 강조한다.[11]

정서적 친밀성으로서 필리아는 자연 생태적 감각이면서도 동시에 인간의 문화적 산물, 곧 인륜적인 것이다. 더구나 아리스토텔레

10 『니코마코스 윤리학』, 1155a.

11 『니코마코스 윤리학』, 1155a 29.

스는 친밀한 사람들이 서로의 사유 능력과 행위 능력을 키워준다고 말한다. 아리스토텔레스에게 가장 중요한 것은 친밀성이 국가공동체를 결속시키는 토대라는 것이다. "필리아는 폴리스들도 결속시키는 것처럼 보인다. 입법자들도 정의(dikaiosynē)를 [구현하기 위해] 애쓰는 것보다 필리아를 [구현하기 위해] 더 애쓰는 것 같다."[12]

가족 구성원들 사이의 친밀성보다 폴리스에서 시민들 사이의 친밀성은 자연적인 성격보다 인륜적 성격이 더 강하다고 말할 수 있을 것이다. 시민적 친밀성은 현대적 언어로 표현하는 사회적 연대일 것이다. 예나 지금이나 국가 공동체가 유지되기 위해서는 정의와 연대가 균형을 유지해야 한다. 그런데 흥미로운 점은 아리스토텔레스가 폴리스 안에서 정의만큼 친밀성에, 아니 정의보다 오히려 친밀성에 우선성을 부여하는 것처럼 보인다는 것이다. 여기서 상세한 논의를 할 수는 없지만 아리스토텔레스가 시민적 친밀성으로서 연대에 우선성을 부여한 것은 무엇보다 그가 살았던 당시 폴리스를 해체시키는 가장 큰 위험요인을 서로 다른 정의관의 지나친 충돌에 의한 연대성의 상실이라고 보았기 때문일 것이다.

아리스토텔레스가 국가의 결속과 시민의 화합(homonoia)[13]을 위해 반드시 필요하다고 생각한 시민적 친밀성으로서 연대는 어떻게 형성될 수 있는가? 아리스토텔레스는 친밀성을 형성할 수 있는 근거로 다음 세 가지를 제시한다: ① 즐거움(hēdonē) 혹은 쾌락에 근거한 필리아, ② 유익(chrēsimon)이나 이익에 근거한 필리아, ③ 탁월성(aretē), 곧 덕에 근거한 필리아.[14] 아리스토텔레스에게 진정한 친밀

12 『니코마코스 윤리학』, 1155a 23~4.

13 『니코마코스 윤리학』, 1167b 5~6.

성은 ③이다. 이 맥락에서 폴리스에 요구되는 시민적 친밀성도 ③이어야 한다고 말할 수 있을 것이다. 우선 아리스토텔레스는 ①이 시민적 친밀성이어서는 안 된다고 말한다. 쾌락에 근거한 친밀성은 젊은이들의 사랑처럼 일시적이고 충동적이기 때문에 폴리스가 요구하는 지속적이고 안정적인 시민적 친밀성이 될 수 없다.[15] 그렇다면 ②는 어떤가? 아리스토텔레스는 우선 폴리스를 이익 공동체로 보지 않기 때문에 ②가 시민적 친밀성이 될 수 없다고 예상할 수 있다.

> 폴리스는 완전하고 자족적인 삶을 [위한] 가문들과 마을들의 공동체이다. 우리가 말한 바와 같이, 완전하고 자족적인 삶은 행복하고 훌륭하게(아름답게) 사는 것이다. 그러므로 폴리스적 공동체는 훌륭한(아름다운) 행위들을 위해 존재하는 것으로 받아들여져야만 하지[단순히] 모듬살이를 하기 위해 존재하는 것으로 받아들여져서는 안 된다.[16]

아리스토텔레스에게 국가는 타산성에 따른 이익 관계로서 모듬살이가 아니다. 그러니 아리스토텔레스는 ① 이익에 근거한 필리아가 아니라 ② 탁월성에 근거한 필리아를 국가에 필요한 시민적 친밀성으로 간주했다고 볼 수 있다. 더구나 그에게 즐거움이나 타산성에 근거한 필리아와 달리 탁월성에 기초한 필리아는 지속적인 것이니 당연한 것처럼 보인다.[17]

---

14 『니코마코스 윤리학』, 1156a 5~1156b 14.

15 『니코마코스 윤리학』, 1156a 21~22, 33~34; 1156b 2~5; 1157a 5~9.

16 아리스토텔레스(2017), 『정치학』, 김재홍 옮김, 도서출판 길, 1280b 40~1281a 4.

17 이에 대한 반론도 만만치 않다. 대표적으로 탁월성을 갖춘 사람이 소수이기 때문에 탁월성에 근거한 필리아는 시민적 친밀성이 될 수 없다는 반론이다. 이 반론

플라톤은 친밀성을 가족에서 사회적 관계의 규범으로 확장한다. 아리스토텔레스는 다시 친밀성을 폴리스의 지속 가능성을 위한 조건으로 그 의미지평을 확장한다. 플라톤의 폴리스에서 정의가 친밀성을 압도했다면 아리스토텔레스의 폴리스에선 친밀성이 정의보다 우선했다. 아리스토텔레스가 중시했던 폴리스의 시민적 친밀성은 프랑스 혁명의 정신인 박애(fraternité)나 사회적 연대성과 신뢰의 개념으로 발전한다. 사회 정치적 맥락에서 이런 변화와 발전에도 불구하고 친밀성은 다른 한편에서 여전히 매우 은밀하고 사적인 개인과 개인의 관계에서 사랑이나 우정처럼 가까움을 지시하는 개념으로 유지된다. 친밀성 개념은 이처럼 그 기원과 발전에서 가장 개인적이면서도 동시에 인류애로 확장될 만큼 가장 포괄적인 맥락에서 사회적이다.

의미와 해석

이항 대립에 익숙한 우리에게 친밀성과 어울리는 개념은 공공성이다. 친밀성과 공공성은 서로 어울리는 개념 쌍이지 이분법으로 분

에서는 이익에 기초한 필리아가 시민적 친밀성의 토대가 될 수밖에 없다는 생각이 스며들어 있다. 이런 관점에 대해서는 김상돈(2020), 「아리스토텔레스의 시민적 친애」, 『윤리연구』 131, 43쪽 이하 참조. 또한 시민적 친밀성의 기초를 탁월성과 타산성 양자로 볼 수도 있다. 탁월성에 기초한 시민적 친밀성을 지향하되 타산성에 기초한 시민적 친밀성을 그것에 이르는 우회로로 인정하는 것이다. 이를테면 니체는 이익과 쾌락에 근거한 교류를 아름다운 인격적 교류로 가는 우회로로 간주했다. "아름다운 것이 기쁨을 주는 것과 똑같다면—뮤즈들은 전에 그렇게 노래 불렀다—유용한 것은 흔히 아름다운 것에 이르는 필수적인 우회로이다. 기다리려 하지 않고 모든 좋은 것을 우회로 없이 달성하려고 생각하는 순간적인 사람들이 하는 근시안적인 비난은 당연히 반박할 수 있다." F. 니체(2002), 『인간적인, 너무나 인간적인 II』, 김미기 옮김, 책세상, §101(아름다운 것을 향한 우회로).

리되는 개념 쌍이 아니다. 친밀성과 공공성은 서로 구별되기도 하지만 동시에 교집합이 많다. 교집합은 두 가지 의미에서 살펴볼 필요가 있다. 첫째, 신체적인 친밀성이나 정서적인 친밀성에서처럼 매우 개인적인 친밀성조차도 공공성에 직간접적인 영향을 미친다. 실제로 개인적인 차원에서 친밀성의 생산과 재생산이 원활하게 이루어지지 않을 경우, 사회적 혐오와 증오가 확산하면서 공공성에 막대한 악영향을 미친다. 둘째, 친밀성은 더 이상 개인적이지 않고 사회적이며, 이 맥락에서 공공성과 교집합을 형성할 수밖에 없다. 친밀성은 공공성과 유사하게 개인과 개인, 개인과 집단, 집단과 집단 등 모든 사회적 관계에서 생산되고 소비되는 사회적 가치다.[18]

현대사회에서 친밀성과 공공성은 서로를 구성하면서 동시에 규제하는 관계 속에 있다. 친밀성은 그것이 아무리 개인적인 감정이고 교류라고 할지라도 공공성에 영향을 미칠 뿐만 아니라 동시에 공공성의 규제를 받는다. 친밀성과 공공성은 서로 조화를 이룰 수도 있지만 강렬하게 충돌할 수도 있다. 무엇보다 친밀성을 규율하는 규범이 공공성과의 관계에서 지체되거나 퇴행할 경우 이 충돌은 격화되기 쉽다. 따라서 친밀성을 사적 영역의 문제로 치부하거나 혹은 매우 은밀하고 신체적인 영역으로 제한함으로써 공적 담론과 분리시키는 것은 충돌을 은폐할 뿐 해소할 수 없다.

친밀성은 사적이면서 공적이고, 경우와 맥락에 따라서는 사적이지도 공적이지도 않다. 선진 유가의 시대나 고대 그리스에서 친밀성은 공사를 가로지르는 인간관계의 기초로 간주되었다. 가족 구성원

18 정학섭(2015), 「친밀성의 위기와 순수지속의 사상적 성찰」, 『사회사상과 문화』 18(3), 1쪽 이하 참조.

사이의 사적 친밀성이 곧바로 국가 구성원 사이의 공적 친밀성의 원리로 확장된 것이다. 그런데 여기서 유념해야 할 것이 있다.

먼저 고대의 전통사회에서 친밀성은 기본적으로 남성들 사이의 규범이고 가치이다. 부자유친에 여성은 없다. 플라톤과 아리스토텔레스가 말하는 필리아도 남성들 사이의 친밀성일 뿐이다. 심지어 『뤼시스』에서 이야기되고 있는 연인 사이의 사랑조차 남자들 사이의 친밀성이다. "기원전 600년부터 서기 1600년까지 서구 역사의 첫 2000년이 넘는 세월 동안 우정에 관한 거의 모든 기록은 오직 남자들만의 이야기였다."[19] 남성들은 여성의 친밀성을 무시하고 경시했다. 그러나 지난 400년 동안 친밀성의 구성과 구조변동을 이끌어 온 주체는 남성이라기보다 여성이다.

고대의 전통사회에서 친밀성은 자연주의에 기반하고 있다. 앞에서 살펴본 것처럼 전통적인 친밀관계에서도 자연과 문화는 서로 충돌한다. 하지만 친밀성의 가치와 규범에 관한 담론은 기본적으로 자연주의에 기반하고 있다. 그만큼 전통사회에서 친밀성 담론은 그것의 본질과 본성을 이론적으로 추적하거나 실전적으로 구현하는 방법에 모아져 있다. 이와 같이 자연주의, 본질주의에 기초한 친밀성 담론은 친밀관계를 형성하는 사람들의 역할에 집중할 수밖에 없다. 아버지는 아버지다워야 하고, 아들은 아들다워야 한다. 선생과 임금, 학생과 신하도 마찬가지다. 이 경우 친밀성은 모든 사람이 각자

---

19 M. 예롬·Th. D. 브라운(2016), 『여성의 우정에 관하여: 자매애에서 동성애까지 그 친밀한 관계의 역사』, 정지인 옮김, 책과함께, 15쪽. 이 책에서 저자들의 여성적 친밀성의 일반적 특징을 다음의 네 가지로 정리한다: ① 애정, ② 자기 드러내기, ③ 신체 접촉, ④ 상호 의존. 네 가지 특성은 친밀성의 구조변동에서도 매우 중요하다.

의 역할이 표시된 이름에 합당한 태도를 취해야 한다는 정의관으로 흡수되기 쉽다. 이런 방식으로 플라톤이 『국가론』에서 제시한 데미우르고스(demiurge) 정의관이나 공자의 정명론에 포섭된 친밀성은 형이상학으로 고체화된 규범의 성격이 강하다.

고대의 전통사회에서 친밀성이 남성주의와 자연주의를 기초로 한 형이상학적 고체성을 가지고 있다면 이제 현대사회에서 친밀성은 다원성, 유동성, 액체성을 가진다. 현대사회의 구성원들은 이제 특수한 친밀관계에 몰입하거나 장기적으로 고착하는 것을 바람직하다기보다 오히려 위험으로 인식하고 회피하는 경향이 강하다.[20] 지속 가능성은 그 자체로 가치가 아니다. 특히 친밀성을 대표하는 사랑의 경우 배우고 익혀서 적용하거나 사용할 수가 없다. 지난번의 사랑은 다음번의 사랑에 어떤 지혜도 제공하지 못한다. 사랑은 존재하지 않는다. 사랑은 시시각각 변화하는 활동이다. 그러니 하나의 사랑, 영원한 사랑, 마음속의 사랑은 숭고한 가치가 아니라 오히려 사랑하기를 불가능하게 만드는 위험한 세계관일 뿐이다.

계층적으로 분화된 전통사회에서 기능적으로 분화된 현대사회로의 전환 과정에서 친밀성의 구성과 구조도 변화한다.[21] 이러한 변화를 사랑 개념을 중심으로 재구성한 이론으로는 루만(Niklas Luhmann, 1927-1998)과 기든스(Anthony Giddens, 1938-)를 예로 들 수 있다. 루만은 이상적 사랑, 열정적 사랑, 낭만적 사랑 개념으로 그 변화를 추적한다. 반면 기든스는 낭만적 사랑에서 합류적 사랑

20 Z. 바우만(2013), 『리퀴드 러브: 사랑하지 않을 권리, 현대의 우울과 고통의 원천에 대하여』, 권태우·조형준 옮김, 새물결 참조.

21 N. 루만(2009), 『열정으로서의 사랑』, 권기돈·조형준·정성훈 옮김, 새물결 참조.

(confluent love)으로의 패러다임 전환에 주목한다.[22] 이들이 구사하는 이론적 프레임의 차이에도 불구하고 현대사회의 친밀성은 그 구성방식과 구조에서 전통사회와 확실히 구별된다는 점에서 공통된 지반을 갖는다.

전통사회에서 친밀성의 구성과 구조가 현대사회에서 어떻게 바뀌었는지에 대한 이론적 합의는 없다. 하지만 공공성의 영역에서와 마찬가지로 친밀성의 영역에서도 일방적이고 독단적인 개인이 홀로 주체가 될 수 없다는 것이 명확해졌다. 나 홀로 친밀성을 구성할 수 없다는 생각은 예나 지금이나 통용되는 생각이다. 다만 전통사회에서 상호성이 사회적 지위와 조건의 비교를 통해서 실체적으로 주어지는 것이었다면, 현대사회에서 상호성은 상호주관적 주체들이 만나서 소통하고 교류하면서 절차적으로 형성하는 것이다. 이 맥락에서 친밀성의 구조와 구성의 패러다임이 주관적 상호성에서 상호주관적 상호성으로 전환되었다고 말할 수 있다. 이 전환의 의미를 여섯 가지로 나누어 이해할 수 있다.[23]

첫째, ① 친밀성의 구성 주체가 가족에서 개인으로 전환되었다. 전통사회에서 친밀성은 가족 단위로 이루어진다. 우선 가족 구성원 사이의 친밀성은 다른 모든 친밀성의 원형으로 간주된다. 가족이 친밀성 구조의 자연적 본질인 셈이다. 나아가 가족은 친밀성을 구성하는 과정에서도 주체의 지위를 갖는다. 연인들은 서로의 가족을 비교와 교류의 대상으로 삼는다. 가족의 인준을 받지 못한 친밀성은 상

22 A. 기든스(2003), 『현대사회의 성·사랑·에로티시즘: 친밀성의 구조변동』, 배은경·황정미 옮김, 새물결 참조.

23 이하 서술된 여섯 가지 전환 내용은 박구용(2020), 「친밀성의 구성과 구조의 전환」(『대동철학』 93)의 내용을 재구성한 것임.

상하기조차 어렵다. 그러나 현대사회에서 친밀성은 가족에서 원형을 발견할 수 없다. 더구나 가족 내부에서조차 친밀성을 구성하는 과정이 매우 상이하고 다양하다. 심지어 가족 구성원이지만 친밀하지 않은 경우도 있고, 가족보다 더 친밀한 관계를 형성하는 타인도 있다.

둘째, 친밀성의 구성 절차는 묵시적 교류(자동과 당연)에서 명시적 합의(자율과 자발)로 전환되었다. 사랑과 우정을 포함한 모든 형태의 친밀성은 어딘가에 존재하는 것이 아니다. 친밀성은 존재나 소유가 아니라 활동과 과정의 가치다. 친밀성은 친밀관계를 형성하는 개인의 몸이나 마음속에 존재하는 것이 아니라 개인들 사이를 매개하는 신체적이고 감정적이 활동이다. 이 활동에서 가장 중요한 것이 언어적, 혹은 비언어적 표현이다. 표현되지 않은 친밀성은 상호주관성의 패러다임에서는 가치를 상실한다.

셋째, 친밀성의 구조는 총체적 인격(전인격성)의 공유에서 부분적 감정의 교환으로 전환되었다. 전통사회에서 아버지와 아들, 부모와 자식, 부부와 연인은 대체로 모든 것을 공유한다. 하지만 현대사회에서 모든 것을 공유하는 친밀관계는 형성하기 어려울 뿐만 아니라 위험에 노출될 가능성도 높다. 사회의 복잡성이 증가하는 만큼 친밀성의 구조도 복잡해지고 있다. 복잡한 사회에서 건강한 친밀관계는 다원적일 수밖에 없다.

넷째, 친밀성의 구조가 지속성에서 분절성으로 전환되었다. 전통사회에서 지속가능성은 공공성만이 아니라 친밀성의 영역에서도 높은 가치로 취급되었다. 지속가능성은 여전히 중요한 가치로 자주 언급되지만 그만큼 지속가능한 친밀관계는 점점 어려워지고 있다.

현대사회에서 친밀성은 다양해진 만큼 분절될 수밖에 없다.

다섯째, 친밀성의 구조가 유일무이한 대체불가능성에서 개방적 네트워크 체계로 전환되었다. 어떤 친밀관계가 다른 친밀관계의 형성을 방해한다면 그것은 더 이상 가치 있게 유지되기 어렵다. 다원성, 분절성을 인정하는 친밀관계가 폐쇄적인 친밀관계를 점점 압도하고 있다. 현대사회의 친밀성은 공공성과 마찬가지로 글로벌 네트워크를 형성할 수 있는 사람들에 의해서 새로운 지평으로 나아가고 있다.

여섯째, 친밀성을 규제하는 규범이 신뢰나 믿음 같은 정서에서 정의(이성)와 연대(감성)의 균형으로 전환되었다. 현대사회의 친밀성은 민주주의를 요구한다. 친밀관계의 미덕인 신뢰와 믿음조차 상호 존중과 배려가 없다면 위험한 것으로 인식되기 시작했다. 친한 사람, 가까운 사람일수록 그의 관심과 변화에 대해 모든 감각과 지성을 동원해서 알려고 하는 상호 존중이 친밀성의 민주화로 가는 첫 걸음이다.

참고문헌 및 더 읽을거리

김상돈, 「아리스토텔레스의 시민적 친애」, 『윤리연구』 131, 2020.

기든스, A., 『현대사회의 성·사랑·에로티시즘: 친밀성의 구조변동』, 배은경·황정미 옮김, 새물결, 2003.

니체, F., 『인간적인, 너무나 인간적인 II』, 김미기 옮김, 책세상, 2002.

루만, N., 『열정으로서의 사랑』, 권기돈·조형준·정성훈 옮김, 새물결, 2009.

바우만, Z., 『리퀴드 러브: 사랑하지 않을 권리, 현대의 우울과 고통의 원천에 대하여』, 권태우·조형준 옮김, 새물결, 2013.

박구용, 「친밀성의 구성과 구조의 전환」, 『대동철학』 93, 2020.
아리스토텔레스, 『정치학』, 김재홍 옮김, 도서출판 길, 2017.
아리스토텔레스, 『니코마코스 윤리학』, 강상진·김재홍·이창우 옮김, 도서출판 길, 2021.
예롬, M.·브라운, Th. D., 『여성의 우정에 관하여: 자매애에서 동성애까지 그 친밀한 관계의 역사』, 정지인 옮김, 책과함께, 2016.
윤무학, 「선진 유가의 오륜과 부자 윤리」, 『동양철학연구』 47, 2006.
정학섭, 「친밀성의 위기와 순수지속의 사상적 성찰」, 『사회사상과 문화』 18(3), 2015.
플라톤, 「뤼시스」, 『플라톤전집 II』, 천병희 옮김, 도서출판 숲, 2019.
플라톤, 『뤼시스』, 강철웅 옮김, 아카넷, 2021.
Guthrie, W. K. C., *A History of Greek Philosophy*, Vol. IV, Cambridge, 1975.
Hörber, R. G., "Plato's Lysis", *Phronesis* 4, 1955.

친족親族 Kinship

기본적 정의

친족(Kinship)은 혈연과 혼인 등으로 맺어진 사회적 집단을 지칭하는 용어이다. 친족을 구성하는 혈연의 범위와 혼인의 형태는 사회나 시대에 따라 다양한 형태로 나타나고 변화한다. 그로 인해 모든 사회는 각자의 고유한 친족 원리에 따라 상이한 친족집단을 이루고 있는데, 이는 특정 조상(祖上)에서 유래되었다는 출계율(rule of descent)에 의거하여 친족의 범주를 서로 다르게 정하기 때문이다. 따라서 특정 사회의 친족을 정확하게 알려면 출계율에 의해 이룩된 출계집단(descent group)에 대한 이해가 선행되어야 한다.

개념의 기원과 발전

친족 연구는 북아메리카 인디언 부족인 이로쿼이(Iroquois)를 직접 답사하며 가족·친족조직·혼인제도·친족용어 등을 연구한 헨리 모건(Lewis Henry Morgan)에서 시작되었다. 이후 모계사회(母系社會)의 한 유형인 트로브리안드 (Trobriand) 군도(群島)를 연구한 말

리노프스키(Bronisilaw Malinowski)를 거쳐 래드클리프 브라운(Alfred Reginald Radcliffe-Brown에 의해 출계체계(Descent system)가 이론화 되었다. 이후 인류학자들이 아프리카·오스트레일리아·아메리카 인디언 및 태평양의 폴리네시아·멜라네시아 등을 현지조사하고 자료를 수집하여, 단계출계(unilineal) 뿐만 아니라 비단계(non-unilineal) 출계집단에 대한 이해의 폭을 더욱 확장시켰다.

출계 집단의 분류는 학자마다 약간 차이가 나지만, 단계출계(單系出系)와 비단계출계(非單系出系)로 대별(大別)하는 공통점이 있다. 부나 모 어느 한 집단에 귀속되는 단계출계는 흔히 부계(父系)·모계(母系)·이중(二重) 출계로 다시 나뉜다. 한편, 비단계의 경우 그 명칭뿐만 아니라 거기에 속하는 집단의 구성에 대해 학자마다 견해의 차이가 크다. 우선 "단계가 아닌 것"을 비단계로 명명하기도 하지만, 양변(兩邊)이나 공계(共系, cognatic) 자체를 "단계가 아닌 것"의 총칭으로 사용하기도 한다. 또한 비단계의 하위집단의 선정에는 학자마다 차이가 있으나, 대체로 양변(兩邊, bilateral), 선계(選系, ambilineal), 다계(多系, multilineal) 등을 주 대상으로 꼽는다.

● Murdock의 분류[1]

- 단계 사회조직
  - 부계출계
  - 모계출계
  - 이중출계
- 코그네틱 사회조직
  - 양변
  - 의사(疑似) 단계
  - 선계

- **Firth의 분류**[2]
  - 단계
    - 부계출계
    - 모계출계
  - 이중출계
  - 비단계
    - 양변
    - 선계
    - 다계

- **Goody의 분류**[3]
  - 단계 출계집단이 있는 사회
    - 부계출계
    - 모계출계
    - 이중출계
  - 단계 출계집단이 없는 사회
    - 양변출계

의미와 해석

모든 사회에서 친족이 지역과 시대에 따라 다양한 형태로 존재하며 변화했던 것처럼, 한국에서도 친족의 의미·범주는 시대의 발전에 조응하여 변모해 왔다. 친족의 변화상은 출계규칙, 친족집단의 유무와 그 결속력, 혼인 규칙, 친족 호칭 등으로 표출된다. 한국의

1 崔在錫, 「出系와 出系集團」, 『文化人類學』 4, 1982, 76, 77쪽 참조.
2 崔在錫, 같은 책, 76, 77쪽 참조.
3 崔在錫, 같은 책, 76, 77쪽 참조.

친족제도를 다룬 초기의 연구에서는 부계 혈연집단이 일찍부터 존재했던 것으로 상정해왔고, 그로 인해 고대 이래로 부계사회가 지속되었다고 파악하였다. 이는 조선 후기에 확립된 친족 관념을 그 앞 시대에 덧씌운 결과에 불과했으며, 신라와 고려사회에 부계 성씨집단이 존재했음은 물론 부계적 성향이 강했음을 입증할 충분한 근거는 없다.

1980년대 이후 고대와 고려시대 친족제 연구는 부계사회가 아닌 '비단계 사회'로서의 모습을 분석하고 그것의 성격을 규정짓는 일에 집중했다. 예를 들어, 신라사회의 경우 왕위계승, 출계의식, 성씨 운영 등에서 엿보이는 '비부계적' 양상을 근거로 ① 모계에서 부계로의 전환기 사회, ② 이중 출계 사회, ③ 양변 출계 사회, ④ 선계 출계 사회로 보는 다양한 견해가 속출했다. 고려의 친족 연구도 유사한 과정을 거쳐, 현재 고려를 '양측적(兩側的) 친속사회'로 보는 데 어느 정도 의견의 일치를 이루고 있다. 이하에서는 고려사회에서 엿보이는 양측적 친속(bilateral Kindred)의 모습을 '살펴보고, 이를 통해 친족 연구에서 향후 나아갈 방향을 가늠해보겠다.

성씨의 운영과 법제에 반영된 친족구조

고려 친족제도 연구에서는 고려사회를 "양측적(兩側的) 친속사회" 내지 "비단계적 부계 우위 사회"로 명명하고 있다. 이런 명명은 조선 후기의 부계사회와는 다른 성격의 친족구조를 지닌 고려의 특성을 밝혔다는 점에서 중요하다. 연구자에 따라 조선 후기의 전형적인 부계사회와의 차별성을 부각하는 강도에는 차이가 있지만, 고려를 '비부계' 사회로 보는 데에는 의견의 일치를 이루고 있는 셈이다.

고려의 비부계성은 성씨 운영의 양상, 계보인식, 친족집단의 유무와 그 결속력, 혼인 규칙, 친족 호칭 등에서 잘 나타난다.

먼저 성씨의 운영 양상에서 다음과 같이 양측적 친속성이 확인된다. 고려에서 성씨 사용의 보편화는 태조 23년(940)의 '토성분정(土姓分定)'에서 비롯되었다. 신라 이래로 부계친족 집단이 아직 확립되지 않은 당시의 정황에서 중국식 성씨의 사용은 우리의 친족 전통에 뿌리를 두고 성립했다기보다는 "정치적 필요 내지는 통치 질서상의 필요"에 의해 인위적으로 도입된 결과였다.[4] 물론 아버지의 성씨를 따르는 중국식 성씨 제도의 도입은 장기적인 관점에서 부계적 친족 질서의 확산에 기여했다. 그러나 친족을 둘러싼 고려의 '비부계적' 환경이 성씨 운영에서 고려만의 독특한 특성을 만들어냈다. 중국과 마찬가지로 고려의 자녀들은 대개 아버지의 성을 따라 칭성(稱姓)했지만, 부계 계승의 원칙과는 다른 규칙을 따르는 칭성의 사례들이 간혹 존재했다. 후비(后妃)의 칭성이 대표적인 사례인데, 거기에서 다양한 혈연계통을 중시하는 양측적 친속성을 볼 수 있다.

고려 왕실의 근친혼 전통에 따라 후비로 된 공주 또는 종녀(宗女)들은 아버지의 성인 왕(王) 이외에 하나의 성을 더 가지고 있었다. 『고려사』는 그러한 현상을 "외성(外姓)을 휘칭(諱稱)"했다고 기술했는데, 사실 외가의 성 휘칭에도 일정한 규칙이 있었다. 휘칭성은 왕족이 아닌 사람의 성씨를 대상으로 하되, 모성(母姓) → 조모성(祖母姓) → 외조모성(外祖母姓) 등의 순서에 따라 결정되었다. 즉, 비왕족인 어머니의 성을 우선 따르고, 어머니가 왕족일 경우에는 할

---

4 이종서, 「羅末麗初 姓氏 사용의 擴大와 그 背景」, 『한국사론』 37, 1997.

머니의 성을, 할머니가 왕족일 경우에는 외할머니의 성을 따르는 방식으로 휘칭성이 선택되었다. 그런데 휘칭성은 단순히 근친혼을 숨기려는 의도에서 임시로 선택된 가성(假姓)에 불과했던 것은 아니었다. 그 후비들은 휘칭한 성씨(姓氏) 집단의 사람들을 자신의 친족으로, 그 성씨의 본관(本貫) 지역을 자신의 향리(鄕里)로 여기면서 때로는 그들과 정치적 운명을 함께 했다.

위와 같은 비부계적인 성씨 운영의 전통은 후비에게만 한정된 현상이 아니었다. 고려의 일반인 사이에서도 유사한 사례를 간혹 볼 수 있다. 특정한 사유로 인해 아버지의 성을 사용하지 못할 경우, 고려인들은 모측이나 조모측의 성을 사용하였다. 외가의 성을 따르는 사례의 출현은 비부계적이며 양측적 친속의 경향이 강했던 고려의 전통과 관련이 있다. 고려는 자신의 혈연계보나 친족관계를 결정하는 데에 있어 부측 뿐 아니라 모측의 혈통 역시 거의 동등하게 중요하다고 인식했던 사회였다. 그렇기에 부득이한 사정으로 아버지의 성을 따르지 못할 경우, 차선책으로 어머니나 할머니의 성을 사용하는 일이 사회적으로 용인되었다.

고려의 친족 관련 법제에서도 양측적 친속성을 엿볼 수 있다. 고려율은 대개 중국의 율령을 모법(母法)으로 하여 그 내용과 체계를 거의 그대로 준수한 경우가 많았지만, 친족 관련 법제에서의 양상은 조금 달랐다. 양국의 친족제도가 크게 달랐던 까닭에 친족과 관련한 법제는 상당히 변형되어 수용될 수밖에 없었다. 예컨대 부계 편중 구조의 중국 오복제도(五服制度)가 고려에 수용되면서 외가의 비중이 높아진 것이 대표적인 사례이다. 또한 친가 위주로 편성되었던 중국의 상피제(相避制)도 고려사회의 친족제도에 맞게 변형 수용되었다. 즉 고려의 상피제는 본족(本族)을 축소하고 처족(妻族)이나 외족(外族)의 범위를 확대한 형태로 구성되었다.

사실, 상피제는 친족간의 유대로 인해 발생할지 모를 부정행위를 방지하기 위해 마련된 제도이므로, 해당 규정에 반영된 친족들은 실생활에서 상당한 유대감을 갖는 혈족이나 인척을 대상으로 선정했다고 할 수 있다. 따라서 고려의 상피제에 외족·처족의 범위를 중국보다 확대한 사실은 현실에서 외족·처족과 상당히 교류하고 있는 고려의 실상을 보여주는 것이라고 할 수 있다. 다시 말해 고려의 상피제는 "양측적"이며 "비부계적인" 고려의 모습을 충실히 반영한 제도라고 하겠다.

계보인식과 족(族)의 범위

고려인의 계보인식은 남성을 통한 계보 관계만을 중시하는 부계적 인식과는 크게 구별되는 특징을 가지고 있다. 예를 들어, 경주의 호장(戶長) 거천(巨川)은 태조 왕건을 도운 일로 유명한 승려 광학(廣學)과 대연(大緣) 두 사람과 사신의 혈연관계를 다음과 같이 자랑했다. 그들은 "거천의 어머니의 어머니의 어머니의 아들"인데, 임금의 행차를 따라다니며 수고한 덕분에 태조로부터 돌백사(堗白寺)의 토지 약간을 하사받았다. 이러한 비부계적인 혈통인식은 고려 왕실에서도 엿보인다. 김관의(金寬毅)의 『편년통록(編年通錄)』에 수록된 「고려세계(高麗世系)」에는 고려 초기 왕실의 혈통이 기록되어 있는데, 거기에서 태조 왕건으로 이어지는 계보가 "남 → 남 → 남 → 여 → 남 → 남 → 왕건"으로 정리되어 있다.

이처럼 계보 상에 남녀가 혼재된 계보를 조상으로 내세운 거천과 왕건의 사례에서 남성을 통한 계보만이 아니라 다양한 계보를 통틀어 인식하던 고려인의 혈연의식을 엿볼 수 있다. 부계나 모계 등과 같은 하나의 특정 계보를 추종하지 않는 양측적 친속사회에서 한 개인이 인식·기억하는 친속의 범위나 계보는 개인의 기억력·거주환경 등에 따라 달라질 수 있다.[5] 하지만 대개 '잘난 조상'을 그 주요 대상으로 꼽는 경향성을 지닌다. 「고려세계」에 기술된 내용으로 보면, 고려 왕실은 왕건의 증조모로 연결되는 계보를 중시했다고 할 수 있다.

이러한 양측적 혈통 인식은 조선(祖先)만이 아니라 후손에도 그대로 통용되었다. 고려인들은 혈연관계가 있는 모든 후손을 거의 동등하게 인식하고 대우했다. 즉, 내손(內孫)과 외손(外孫)을 차별하지 않았는데, 그 점은 조종묘예(朝宗苗裔) 음서의 "협22녀(挾二十二女)"에서 잘 보인다. 고려에서는 태조 왕건이나 역대 국왕의 후손은 계보 중간에 22명의 여성을 포함한 외손 가계 출신이더라도 "국왕의 먼 후손[苗裔]"이라는 자격으로 음서의 혜택을 누릴 수 있었다. 조선에서라면 종실로 불리기는커녕 완전 남으로 취급되었을 '타성붙이'가 고려에서는 종실로서의 특혜를 누렸던 셈이다.

부측과 모측을 거의 차별하지 않는 위와 같은 혈통인식은 족보의 편찬에도 상당한 영향을 끼쳤다. 시조의 모든 혈손(血孫)을 수록한 『안동권씨성화보(安東權氏成化譜)』·『문화유씨가정보(文化柳氏嘉靖譜)』와 같은 "~씨 족보"의 등장이 그러한 모습을 잘 보여준다. 나아가 개인의 혈통이나 계보를 확인하는 데 흔히 사용되는 문서에 8조호구식(八祖戶口式)이나 8고조도(高祖圖)의 형식을 적용하던 관

5 李光奎, 『社會構造論－文化人類學各論 親族編－』, 일조각, 1984, 68쪽.

행도 양측적 혈통 인식과 관계가 있다. 8조호구식은 호주를 기준으로 6대에 이르는 모든 계보의 조상을 기재하는 형식이고, 조선 후기까지 자주 활용되었던 8고조도는 부측과 모측의 구분 없이 한 개인의 4대조까지 소급하여 계보를 정리하는 방식이었다.

한편, 양측적 친속사회에서 친족 유대는 개별 개인을 중심으로 이루어진다. 단계출계 사회에서는 조상을 기준으로 한 친족조직이 발달했다면, 양측적 친속사회에서는 '나(ego)'를 중심으로 한 친속(Kindred)이 확대·발달했기 때문이다. 개인을 중심으로 한 친속의 모습은 이의민(李義旼)의 사례에서 확인된다. 신종 3년(1200)에 경주에서 최무(崔茂)가 '이의민의 족(族)'인 사경(思敬)을 처형하자, '사경의 족'이 최무를 죽이고, 최무의 족이 '사경의 족'을 죽이는 꼬리에 꼬리를 문 사건이 발생하였다.

여기에서 '이의민의 족'·'사경의 족'·'최무의 족' 등이 개인을 중심으로 방사형으로 형성된 친속을 지칭하는 고려식 표현이라고 할 수 있다.[6] 이의민의 족에 속한 사경에게는 '이의민의 족'과는 겹치지 않는 다른 계보의 친족들이 별도로 존재했고, 『고려사』는 사경을 중심으로 유대관계를 맺고 있던 친속을 '사경의 족'이라고 지칭했다. 이처럼 개인과 관계된 다양한 계보의 친속을 '○○의 족'으로 포괄하여 부르는 고려식 어법에서 개인을 중심으로 이루어진 양측적 친속의 모습을 다시 확인할 수 있다.

6 盧明鎬, 『高麗社會의 兩側的 親屬組織 研究』 서울대 박사학위논문, 1988, 94쪽 참조.

'친족지칭'에 내포된 양측적 혈연인식

실생활에서 자주 사용되는 '친족지칭'은 상대와 나의 관계를 보여준다. 혈연으로 연결된 혈족인지, 결혼으로 맺어진 인척인지뿐만 아니라 가까운 친족인지 먼 친척인지가 친족지칭 속에 내포되어 있기 때문이다. 이에 최근에 친족지칭에 관한 심층적 검토를 통해 다양한 계보를 거의 동등하게 바라본 고려인의 혈연인식이 상세히 밝혀졌다.[7]

고려의 '친족지칭'은 ① 촌을 이용한 전통적 지칭, ② 한자어 친족지칭, ③ 고유어 친족지칭으로 분류되는데, 세 가지 친족지칭에 고려인의 양측적 친속 관념이 모두 내포되어 있다. 우선, 한국의 고유한 친족지칭은 '촌수'를 활용한 호칭이다. 중국식 지칭이 혈연의 계통을 정확히 가리키는 데 비해, 촌을 활용한 지칭은 '나(ego)'와 혈연상의 거리만을 주로 알려줄 뿐 혈연의 계통에는 그다지 관심을 두지 않는다. 다시 말해 촌을 활용한 지칭은 부계친과 외친을 구분하지 않았다.

예컨대, 중국식 지칭으로는 종조부(從祖父)나 외종조부(外從祖父)로 각기 달리 불렸을 할아버지는 고려와 조선전기에서는 둘 다 '4촌대부(四寸大父)'로 불렸다. 이는 할아버지를 의미하는 우리식 한자어인 대부(大父)에 4촌을 조합한 친족지칭인데, 그것은 해당인이 '나(ego)'와 4촌 거리에 있는 할아버지라는 사실만을 전할 뿐 친가와 외가 중 어떤 혈연계통의 할아버지인지는 알려주지 않는다. 이처럼 혈연계통의 구분 없이 모든 혈통에게 포괄적이며 동등하게 사

7 이종서, 『고려·조선의 친족용어와 혈연의식』, 신구문화사, 2009.

용되던 친족지칭의 통용은 실생활에서의 친족관계가 부계친에 한정되지 않는 '포괄적' 성격이었음을 반영하는 것이다.

위와 같이 고려의 친족제가 반영된 친족지칭은 '촌'을 활용한 지칭에만 국한되지 않았다. 대부(大父)와 같은 우리식 한자어는 물론 중국식 한자어 친족지칭의 경우에도 위와 같은 당대의 친족인식이 그대로 투영되었다. 중국에서 부계친에게만 한정하여 사용되던 종(宗), 질(姪), 숙(叔) 등이 고려와 조선전기에는 양측적 친속들에게 모두 사용되고 있었다. 한편, 고유어 친족 지칭에서도 동일한 현상을 확인해볼 수 있다. 이처럼 부측과 모측을 구분하지 않은 친족 지칭이 당시 통용될 수 있었던 전제 조건에는 실생활에서 부계친만을 따로 구별하는 인식의 부재(不在)가 있었다.

양측적 친속사회에서 부계사회로의 전환

이상에서 성씨의 운영, 친족 관련 법제, 고려인의 계보인식, 친족지칭 등을 중심으로 고려의 양측적 친속사회로서의 모습을 살펴보았다. 기왕의 연구에서는 고려를 "비부계적 부계 우위 사회"라서나 "양측적 친속사회"로 각기 다르게 부르고 있지만, 두 견해 모두 부계친족 집단의 존재를 부정했다는 점에서 용어의 어감 차이에 비해 고려 친족제도를 바라보는 견해의 차이는 그리 크지 않다. 후자가 부계친족 집단의 존재를 부인하면서 '나'를 중심으로 한 "양측적 친속"이 느슨하지만 하나의 단위 집단으로서 역할을 했음을 역설했다. 그에 비해, 전자는 "고려의 가족은 조선시대의 가족과는 달리 부계제이면서 상당히 쌍계적인 면이 있"다고 하여, 고려를 양변적 측면이 있긴 하나 부계우위의 사회로 보았다.

고려에서는 분명 부계친족 집단이 단위 집단으로 기능하지 않았고, 계보인식·친족지칭·성씨의 운영 등에서 '비부계적' 성향이 강했음은 이상의 연구에서 충분히 입증되었다. 따라서 차후 한국 친족에 대한 연구는 비부계 내지 양측적 친속사회였던 한국 사회가 조선 중기 이후 부계사회로 변모하게 된 과정, 부계친족 집단에서 엿보이는 한국적 특성 등을 천착할 필요가 있다. 예를 들어, 동일한 부계사회이지만 중국에는 없는 본관제도(本貫制度), 먼 부계 조상에 대한 지대한 관심, 문중 조직의 발달 등을 전대의 비단계적이며 양측적인 친속성과 연계하여 이해해볼 필요가 있다.

참고문헌 및 더 읽을거리

김두헌, 『한국가족제도연구』, 서울대학교 출판부, 1980.

노명호, 「고려초기 왕실출신의 향리 세력-여초 친속들의 정치세력화 양태」, 『고려사의 제문제』 삼영사, 1986.

노명호, 「高麗時代의 分家規定과 單丁戶」, 『역사학보』 제172권, 역사학회, 2001.

다이애너 기틴스, 『가족은 없다-가족이데올로기의 해부』, 안호용·김홍주·배선희 옮김, 일신사, 1997.

리햐르트 반 뒬멘, 『역사인류학이란 무엇인가』, 최용찬 옮김, 푸른역사, 2001.

마이클 앤더슨, 「가구경제학적 접근」, 『서구가족사의 세가지 접근방법 - 1500-1914』, 한울아카데미, 1994.

송준호, 『조선사회사연구』, 일조각, 1987.

앙드레 뷔르기에르 외 엮음, 『가족의 역사』 1권, 정철웅 옮김, 이학사, 2001.

이정란, 「족보의 자녀 수록방식을 통해서 본 여말선초 족보의 편찬 배경 -『安東權氏成化譜』, 『文化柳氏嘉靖譜』를 중심으로-」, 『한국중세사연구』 제25권, 한국중세사학회, 2008.

이종서, 「羅末麗初 姓氏 사용의 擴大와 그 背景」, 『한국사론』 37, 1997.

이종서, 「高麗後期 이후 '同氣' 理論의 전개와 血緣意識의 變動」, 『東方學志』 제120권, 국학연구원, 2003.

이종서, 『고려·조선의 친족용어와 혈연의식』, 신구문화사, 2009.

장병인, 「고려시대 혼인제에 대한 재검토-일부다처제설의 비판」, 『한국사연구』 제71권, 한국사연구회, 1990 ; 『조선전기 혼인제와 성차별』, 일지사, 1997.

정향진 편저, 『한국 가족과 친족의 인류학』, 서울대학교출판문화원, 2018.

최재석, 「고려시대의 친족조직」, 『역사학보』 제94·95권 합집, 역사학회, 1982.

최재석, 『한국가족제도사연구』, 일지사, 1983.

허흥식, 『고려사회사연구』, 아세아문화사, 1981.

G. P. Murdock, *Social Structure*, Macmillan Company, 1949 : 죠지 피터 머독, 『사회구조-친족 인류학의 이해-』, 조승연 옮김, 서경, 2004.

李光奎, 『가족과 친족 - 문화인류학각론 1』, 일조각, 1992.

李光奎, 『社會構造論 -文化人類學各論 親族編-』, 일조각, 1984.

崔在錫, 「出系와 出系集團」, 『文化人類學』 4, 1982.

盧明鎬, 『高麗社會의 兩側的 親屬組織 硏究』 서울대 박사학위논문, 1988.

저자소개

류도향

전남대학교 인문학연구원 조교수로 재직 중이다. 전공 분야는 사회철학, 미학이며, 대표 논문으로 「가족적인 것의 개념: 연결의 정치학을 위한 시론」, 「관계적 주체와 '함께-말하기'의 조건」 등이 있다. 한국사회의 강고한 가족이데올로기를 넘어 다양한 연대와 커뮤니티를 형성할 수 있는 조건을 철학적으로 규명하며, 인간과 자연, 주체와 객체, 이성과 감성을 새롭게 배치하는 관계의 미학를 구상하고 있다.

장복동

전남대학교 인문학연구원에서 HK연구교수로 재직 중이다. 전공은 한국철학/한국실학/동양사회철학이며, 대표논문으로는 「대대성(對待性)과 감통(感通)의 공동체: 빗장공동체에서 트임공동체로」와 「정약용의 '선제(善際)'공동체에서 공동체 윤리의 재구성」 등이 있다. 동양의 전통철학과 현대사회가 만나는 접점을 밝혀 전통철학의 중심테제를 '지금 이 시대'의 삶과 사유방식으로 재구성하는 데 관심을 가지고 있다.

조경순

전남대학교 국어국문학과 교수로 재직 중이다. 전공은 국어 의미론이며, 대표논문으로 「'NP1이 NP2 V고 싶다' 구문의 구성과 NP2 조사 교체 연구」, 「국어 보조용언의 어미 결합 제약 연구」, 「국어 감정 표현 구문에 대한 연구」와 대표 저서로 『동사의 의미 구조와 문장 구성 연구』 등이 있다. 국어 어휘의 의미와 구문의 상관관계 등 의미 구조와 통사 구조의 상호 연관성에 대한 연구를 지속하고 있으며, 최근에는 AI 말뭉치나 음성 실험 등 국어 정보학과 관련한 연구도 진행하고 있다.

최성만

1995년 독일 베를린 자유대학에서 벤야민의 미메시스론으로 박사학위를 받았으며, 2022년까지 이화여자대학교 독어독문학과 교수로 재직한 뒤 2023년 현재 명예교수로 있다. 저서로는 『발터 벤야민: 기억의 정치학』(길, 2014), 역서로는 『예술의 사회학』(아놀드 하우저, 공역| 한길사), 『윤이상의 음악세계』(공역| 한길사) 등이 있다. 그밖에 벤야민, 아도르노, 미메시스, 해체론 관련 논문들이 다수 있다. 2007년부터 『발터 벤야민 선집』(길, 총 15권) 기획과 번역을 주도하고 있으며 2023년 2월 현재까지 총 열두 권이 출간되었다.

김청우

국립부경대학교 인문사회과학대학 국어국문학과 조교수로 재직 중이다. 전공 분야는 한국현대시/문학이론이며, 대표논문으로 「'사랑' 개념에 관한 시적 탐구와 인지 시나리오로서의 시 -전봉건의 「사랑을 위한 되풀이」를 중심으로」, 「오월시의 사건 재현 방식과 정치-시학의 가능성」, 「관계 원리로서의 인접성 탐구」 등이 있다. 한국 현대시에 나타난 장소와 공간의 관계, 시적 담론을 통한 윤리(인간관계), 지역사회와 공동체 문제에 감성이 미치는 영향 등에 관심을 가지고 연구하고 있다.

김민영

경운대학교 벽강교양대학에서 조교수로 재직 중이다. 전공은 철학이며 경운대 인덕원장직을 수행하면서 학생들이 인간됨의 문제에 대해 진지하게 고민할 수 있는 환경을 마련하고자 노력하고 있다. 대표논문은 「배려윤리와 환대」 등이며, 타자의 타자성을 깊이 탐색하고 수용하는 것을 삶의 목표로 삼고자 한다. 최근에는 배려에 내재된 윤리적 관계에 관심을 갖고, 그 토대가 되는 감정의 의미와 본질에 대해 연구하고자 한다.

박준상

숭실대 철학과 교수로 재직 중이다. 전공은 예술철학·미학이며, 그동안 전공과 관련된 텍스트들을 써왔고, 몇몇 작가(화가·시인 등)들에 대한 발문들과 평문들을 쓰기도 했으며, 현재는 디지털기술을 관계·느낌·소통(또는 고립)이라는 주제들을 중심으로 살펴보고 있다. 저서들로 『떨림과 열림』, 『빈 중심』 등이 있고, 논문들로는 「기술 느낌 언어」, 「기술과 마주한 느낌」, 「몸의 언어로서의 문학적 언어」 등이 있다.

정성훈

인천대학교 인천학연구원에서 인문사회연구소지원사업 학술연구교수로 재직 중이다. 세부 전공은 사회철학이며, 니클라스 루만의 사회적 체계이론에 대한 연구로 서울대에서 철학박사학위를 받았다. 저서로는 〈도시 인간 인권〉(2013, 라움), 〈괴물과 함께 살기〉(2015, 미지북스), 〈가족과 국가 이후의 공동체〉(2022, 보고사) 등이 있다. 친밀관계와 공동체에 대한 연구를 꾸준히 진행해왔고, 최근에는 인공지능과 인공소통에 관심을 기울이고 있다.

김영걸

프랑스 스트라스부르 대학교 철학과에서 「Levinas : une éthique asymétrique de l'autre horizontal (레비나스: 수평적 타자에 대한 비대칭적 윤리)」로 철학박사 학위를 받았다. 저서로 『우리는 박해자를 위해서도 책임질 수 있는가? -레비나스가 답하다-』가 있고, 역서로 『레비나스와의 대화: 에세이와 대담』이 있다. 현재 몇몇 대학에서 철학을 가르치고 있으며, 레비나스의 정치 철학에 관해 연구 중에 있다.

정진범

강릉원주대학교 철학과 교수로 재직 중이다. 전공은 비판 이론 및 아도르노 철학이며 대표논문으로는 「아도르노 철학에서 정신의 두 가지 원칙들: 동일성(Identität)과 친화성(Affinität)」과 「자기보존, 연대, 이성성: 아도르노 철학에서 이성적 자기보존의 이념」 등이 있다. 그 외 아도르노의 강의록 『도덕철학의 문제』을 번역하였다. 자연과 규범, 감성과 정치의 관계에 관심 있으며, 현재 사회적 자유를 주제로 연구하고 있다.

이원석

전남대학교 철학과 교수로 재직 중이다. 논문으로 「북송대(北宋代) 인성론 연구」, 역서로 『주희의 역사세계』가 있다. 송대에 출현한 다양한 철학 분파를 발굴, 소개하는 한편, 한말 노사학(蘆沙學)의 근대적 전개 양상을 연구하고 있다.

최종훈

천주교 광주대교구 사제로서 현재 가톨릭목포성지를 담당하고 한국마리애기념관장으로 재직 중이다. 전공은 신약성경신학이며, 최근 저서로 『지혜여정 - 신약 2(루카복음서)』가 있다. 현재 사도행전을 중심으로 예수님을 따르고 증언하는 그리스도인들의 진정한 삶의 가치와 의미에 대해서 연구와 글을 쓰고 있다.

오창환

전남대학교 철학연구교육센터 연구원이자 철학과 강사로 재직 중이다. 주요 논문으로 「『실천이성비판』에서 도덕적 동기의 현상 문제」, 「칸트의 1770년대 도덕철학에서 판정원리와 실행원리」, 「근대 독일철학에서의 프로이센 학술원의 역할」 등이 있으며, 칸트의 실천철학과 더불어 근대 프로테스탄트 자연법 윤리학 및 18세기 서유럽 계몽철학을 지성사적 관점에서 연구하고 있다.

김연민

전남대학교 영어영문학과 부교수로 재직 중이다. 전공 분야는 현대 영시/아일랜드 문학/기억연구이다. 대표논문으로 「노스탤지어 미학: 존 맥가헌의 앵글로-아이리쉬 소설」과 "The Implosion of Irish Elegy" 등이 있다. 문화기억연구를 통해 사진, 음악 등 문화현상을 통해 세대 간 전수되고 재창조되는 기억의 양상을 추적하는 동시에 문학의 형식을 집단 기억의 측면에서 고찰하고 있다. 또한 아일랜드 해방 전후기 문학 작품에 나타난 노스탤지어에 담긴 정치적 무의식을 연구하고 있다.

김경호

전남대학교 호남학과/호남학연구원 교수로 재직 중이며, 전공 분야는 한국철학이다. 유가철학의 '감성' '마음' '영성' 문제와 관련하여 '한국인의 감성'을 연구하고 있으며, 현재 횡단적 지역학으로서 호남학의 학문적 체계를 구축하는 데 관심을 기울이고 있다. 지은 책으로는 『모던율곡』, 『감성유학의 지평』, 『동양적 사유는 어떻게 탄생했는가』 등이 있고, 『공감장이란 무엇인가』, 『한국유학사상대계』 등을 여러 사람과 함께 썼다.

한의숭

전남대학교 인문학연구원 부교수로 재직 중이다. 전공은 한문학이며, 대표 논문으로 「위계적 남성과 박탈된 여성, 그리고 약자의 연대와 위로-〈숙향전〉 독해와 교육의 시각」, 「공서(共棲)의 대상으로 인정받기-여성을 비롯한 사회적 약자 및 이종(異種)을 중심으로」 등이 있다. 조선후기 고전소설을 중심으로 위계와 권력, 욕망 등이 상호 충돌하고 갈등하는 관계의 폭력성에 대해 관심을 가지고 연구하고 있다.

박구용

전남대학교 철학과 교수로 재직 중이다. 광주시민자유대학에서 세계시민적 관점으로 학문과 예술을 연구하고 교육한다. 전공은 철학이다. 대표적인 저서로 *Freiheit, Anerkennung und Diskurs*, 『우리 안의 타자』, 『부정의 역사철학』, 『아토포스, 광주』, 『자유의 폭력』 등이 있다. 〈폭력의 최소화, 자유의 최대화〉를 학문연구와 사회적 실천의 주된 동력으로 삼고 있다. 그동안 공공성의 지평에서 다양한 문제들을 연구해왔으며 그 성과를 기반으로 친밀성의 구성과 구조의 전환 문제에 연구를 집중하고 있다.

이정란

충남대학교 국사학과에 재직 중이다. 전공은 고려시대 사회사이며, 대표 논문으로는 〈高麗王家의 龍孫意識과 왕권의 변동〉 〈시정(侍丁) 지급과 급가(給暇)로 본 고려시대 양로정책〉 〈고려 중기 官服에 투영된 차등적 위계구조와 賜服의 정치적 의미〉 등이 있다. 최근에는 고려 왕실의 특수성을 보여주는 상징체계 등에 관심을 가지고 연구하고 있다.